René Riedl

Digitaler Stress

Prof. Dr. René Riedl

Digitaler Stress

Wie er uns kaputt macht und was wir dagegen tun können

2. Auflage

Bibliografische Information der Deutschen Nationalbibliothek
Die Deutsche Nationalbibliothek verzeichnet diese Publikation in der Deutschen Nationalbibliografie; detaillierte bibliografische Daten sind im Internet über http://dnb.d-nb.de abrufbar.

Hinweis: Aus Gründen der leichteren Lesbarkeit wird auf eine geschlechtsspezifische Differenzierung verzichtet. Entsprechende Begriffe gelten im Sinne der Gleichbehandlung für beide Geschlechter.

ISBN 978-3-7093-0673-4 (Print)
ISBN 978-3-7094-1153-7 (E-Book-PDF)
ISBN 978-3-7094-1154-4 (E-Book-ePub)

1210 Wien, Scheydgasse 24, Tel.: 01/24 630
www.lindeverlag.at

Umschlag: buero8

Satz: Linde Verlag Ges.m.b.H., Wien 2021
Illustrationen: © René Riedl
Druck: Hans Jentzsch & Co GmbH
1210 Wien, Scheydgasse 31
Dieses Buch wurde in Österreich hergestellt

Gedruckt nach der Richtlinie des Österreichischen Umweltzeichens „Druckerzeugnisse", Druckerei Hans Jentzsch & Co GmbH, UW-Nr. 790

Inhalt

Vorwort zur 2. Auflage

Im Herbst 2020 erschien die 1. Auflage des vorliegenden Buches und im Oktober wurde es offiziell zusammen mit Studienergebnissen in Wien im Rahmen einer Pressekonferenz vorgestellt. Als Autor wünscht man sich, dass Resonanz und Kritik positiv sind. Was als Folge dieser Buchvorstellung und der damit einhergehenden Verbreitung des Werkes sowie seiner Thesen und Handlungsempfehlungen geschah, übertraf jedoch meine Erwartungen. Mehrere Berichte des Österreichischen Rundfunks (ORF), eine dreistellige Zahl an Artikeln in Printmedien im gesamten deutschsprachigen Raum, diverse Einladungen zu Interviews und Diskussionsgesprächen sowie etliche Online-Berichte sollten folgen. Das Thema des digitalen Stresses hatte voll „eingeschlagen“, es traf den Nerv der Zeit.

Die verstärkte Nutzung von digitalen Technologien wie Smartphone, Social Media, E-Mail, betriebliche Anwendungsprogramme und Videokonferenzsysteme in Zeiten einer nun rund ein Jahr andauernden weltweiten Pandemie hat jedoch nach aktuellsten Studienergebnissen auch dazu geführt, dass der ohnehin ausgeprägte digitale Stress noch weiter erhöht wurde. Bereits in der ersten Auflage des Buches schrieb ich: „Im Zuge der Corona-Krise und der damit verbundenen Notwendigkeit zur intensiven Nutzung von Videokonferenzsystemen wie Zoom, Skype, Microsoft Teams oder Cisco Webex kamen im Frühjahr 2020 Phänomene wie ‚video call fatigue‘ oder ‚Zoom fatigue‘ in den Fokus. Conclusio der aktuellen Diskussion ist, dass die intensive Nutzung von Videokonferenzsystemen großes Potenzial hat, Benutzer auszulaugen und zu stressen.“

Nun, Anfang 2021 und somit rund ein Jahr nach der ersten Lockdown-Welle, haben wir in der Forschung bereits einen signifikant erweiterten Kenntnisstand zu den Stressfolgen von COVID-19-bedingten Einschränkungen. Dieser erhöhte Wissensstand bezieht sich nicht nur auf Stress im Allgemeinen, sondern auch auf den digitalen Stress. Wir wissen mittlerweile mit Sicherheit, dass der fehlende Sozialkontakt Menschen stresst und mit depressiven Symptomen einhergeht. Physische Begegnungen können nicht durch technologievermittelte Kontakte ersetzt werden. Das Kommunizieren über soziale Medien wie Facebook oder WhatsApp, aber auch das Abhalten von Videokonferenzen, sind probate Mittel in Zeiten, in denen Realkontakte aufgrund einer Viruserkrankung todbringend sein können. Denken Sie hier zB an das computerbasierte Kontakthalten von Großeltern mit ihren Enkelkindern, an Video-Meetings im Geschäftsleben und an Home Schooling bzw Distance Learning auf der Basis digitaler Medien. Daraus jedoch abzuleiten, oder sogar zu fordern, dass die technologievermittelte Kommunikation nach überstandener Krise auf ähnlich hohem Niveau wie während der Corona-Krise verbleiben sollte, wäre Irrsinn.

Argumente, warum es unvernünftig ist, in sehr hohem Ausmaß über digitale Technologien zu kommunizieren, liefere ich im nun für die 2. Auflage neu hinzugekommenen Kapitel 9 mit dem Titel „Zu den Folgen von Lockdowns und Home Office: Eine Stressperspektive“, das konkret auf jene Herausforderungen eingeht, die sich aufgrund der pandemiebedingten erhöhten Digitalisierung ergeben. Dort erhalten die Leserinnen und Leser auch weitere praktische Tipps, wie man den digitalen Stress und seine negativen Folgen für Gesundheit, Zufriedenheit und Leistungsfähigkeit wirksam reduzieren kann.

Prof. Dr. René Riedl,
im März 2021

Vorwort zur 1. Auflage

Seit rund zehn Jahren befasse ich mich nun als Hochschulprofessor intensiv mit der Erforschung von digitalem Stress. Es handelt sich hierbei um eine Stressform, die durch die Nutzung und Allgegenwärtigkeit von digitalen Technologien verursacht wird. Hunderte unbearbeitete E-Mails, ständig eingehende Social-Media-Nachrichten am Smartphone, abstürzende sowie langsame Computer, permanente Updates und neue Programme, elektronische Überwachung und Verlust der Privatsphäre sowie die Prognose, dass viele Arbeitsplätze durch Digitalisierung und Künstliche Intelligenz verloren gehen könnten – diese und ähnliche Phänomene stressen sehr viele Menschen, und zwar weltweit.

Jüngste Zahlen belegen, dass mittlerweile rund vier Milliarden Menschen Internet-User sind. Zudem beläuft sich das tägliche E-Mail-Volumen auf 300 Milliarden und letztes Jahr wurden weltweit rund 1,35 Milliarden Smartphones ausgeliefert. Immer weiter und immer schneller verbreiten sich digitale Technologien in Wirtschaft und Gesellschaft. Zeitgleich spüren aber zunehmend mehr Menschen, dass ein Mehr an Digitalisierung nicht notwendigerweise nur Positives bewirkt. Digitaler Stress ist realer denn je! Die menschliche Physis und Psyche sind nicht unbegrenzt belastbar. Viele Menschen suchen daher nach Problemlösungen.

Anfang Juni 2019 interviewte mich Ruth Hutsteiner, Journalistin des Österreichischen Rundfunks (ORF), im Rahmen einer wissenschaftlichen Fachtagung in Wien zu den negativen Folgen von digitalem Stress sowie zu wirksamen Bewältigungsstrategien. Am 6. Juni wurde im Ö1-Mittagsjournal ein Bericht mit dem Titel „Stress durch Handy und Computer" gesendet. Am selben Tag kontaktierten mich mehrere Leute, um zu untermauern, wie wichtig es sei, dass die Wissenschaft eine breite Öffentlichkeit über dieses Thema informiert. Noch am Abend dieses Tages fasste ich den Entschluss, ein Buch zum Thema „digitaler Stress" zu schreiben.

Das Ziel legte ich so fest, dass auf der Basis wissenschaftlicher Befunde sowohl die negativen Auswirkungen von digitalem Stress als auch erprobte Maßnahmen zur Stressbewältigung beschrieben werden sollen. Zudem sollte das Buch in einer Weise verfasst sein, dass eine möglichst breite Leserschaft angesprochen wird. Kurzum: evidenzbasiert *und* praxisorientiert. Soweit zur Entstehung und zum Ziel des Werks.

Rund ein Jahr nach dem Entschluss, das Buch zu schreiben, reichte ich das Manuskript beim Verlag ein. Ich hoffe, das Werk trägt zu einer Intensivierung der Debatte in einer breiten Öffentlichkeit bei. Für mich als promovierten und habilitierten Wirtschaftsinformatiker und Professor für Digital Business & Innovation stehen die möglichen Vorteile der Nutzung digitaler Technologien außer Zweifel. Genauso unzweifelhaft sind jedoch die Erkenntnisse wissenschaftlicher Studien zum digitalen Stress und seinen negativen Konsequenzen für Gesundheit, Wohlbefinden und wirtschaftliche Leistungsfähigkeit. Daraus folgt, dass das Ziel in Wirtschaft und Gesellschaft nicht ein immer noch höherer Digitalisierungsgrad sein kann. Vielmehr ist nach einer Balance zu streben, die die Grenzen der menschlichen Physiologie und Psyche berücksichtigt. Digitale Technologien müssen dem Menschen Nutzen stiften, er darf ihnen nicht zum Opfer fallen!

Den Leserinnen und Lesern dieses Buches wird eine breite Palette an Strategien dargeboten, mit denen man die negativen Folgen von digitalem Stress abschwächen und in manchen Fällen sogar gänzlich eliminieren kann. Dort, wo der Mensch über die Nutzung von Informations- und Kommunikationstechnologien frei entscheiden kann, im Privatbereich, aber oft auch im beruflichen Kontext, sollten negative Handlungsmuster durchbrochen werden. Der ständige Blick auf das Smartphone und die Verwendung kaum nützlicher Technologien und Programme, die oft auch noch unzuverlässig und fehlerhaft sind, sollten hinterfragt werden. Die Inhalte dieses Buches sollen daher zu einer Reflexion des eigenen Nutzungsverhaltens anregen. Einsicht ist eine wesentliche Voraussetzung für Verhaltensänderung sowie für eine Anpassung des eigenen technologischen Umfelds.

Das Nutzenpotenzial digitaler Technologien auszuschöpfen setzt voraus, das von ihnen ausgehende Stresspotenzial zu erkennen und diesem wirksam zu begegnen. Ein *bewusster Umgang* mit Informations- und Kommunikationstechnologien reduziert Stress. Diese Botschaft richtet sich nicht nur an Nutzer, sondern auch an Verantwortungsträger in Unternehmen, Politik und weiteren Bereichen, die über den Einsatz von digitalen Technologien entscheiden. Eine Reduktion des Stresspotenzials sowie des tatsächlich erlebten Stresses wird dazu führen, dass mehr Menschen in Computer, Internet, Software und Co. einen „Freund" sehen – und keinen „Feind". Dies ist die Voraussetzung für Technologieakzeptanz. Nur so können Individuen, Unternehmen und die Gesellschaft im Allgemeinen vom Einsatz digitaler Technologien *nachhaltig* profitieren.

Prof. Dr. René Riedl,
im Juni 2020

Kapitel 1:

Die Welt ist digital geworden - und der Stress mehr

Informations- und Kommunikationstechnologien sind zu einem bestimmenden Faktor im Leben von Milliarden von Menschen geworden. Die enorme Verbreitung digitaler Technologien wird dadurch erklärt, dass diese für den Menschen, Unternehmen sowie die Gesellschaft Nutzen stiften. Aber! Digitale Technologien haben auch Nebenwirkungen, eine davon ist digitaler Stress. Zu Beginn wird daher anhand konkreter Zahlen und Statistiken aufgezeigt, wie sehr digitale Technologien mittlerweile unsere Arbeits- und Lebenswelten durchdringen. Es werden Forschungsergebnisse zur Verbreitung und den Konsequenzen von digitalem Stress vorgestellt. Conclusio ist, dass digitaler Stress negative Folgen für Gesundheit, Wohlbefinden und wirtschaftliche Leistungsfähigkeit hat. Es soll ein Problembewusstsein geschaffen werden, das eine wesentliche Voraussetzung für einen überlegteren Umgang mit digitalen Technologien ist.

Fakten zur Nutzung digitaler Technologien

In aktuellen Berichten von Statista, einem Anbieter von Marktdaten aus Deutschland, finden sich folgende Zahlen und Statistiken:

- 2019 belief sich die Anzahl der Smartphone-Nutzer weltweit auf rund 3,2 Milliarden. Weltweit gab es im Juni 2020 rund 7,7 Milliarden Menschen. Fast jeder zweite Mensch ist somit ein Smartphone-Nutzer.[1]
- 2019 wurden weltweit rund 1,35 Milliarden Smartphones ausgeliefert. Es wird prognostiziert, dass die weltweiten Absatzzahlen in den kommenden Jahren ansteigen werden.[2]
- 2019 gab es weltweit rund vier Milliarden Internet-Nutzer – mehr als jeder zweite Mensch. In Deutschland lag die Rate der Internet-Nutzer gemessen an der Gesamtbevölkerung bei 94 %, in Österreich bei 88 % und in der Schweiz bei 95 %.[3]
- 2019 lag der Anteil an Personen, die ein mobiles IT-Gerät wie zB ein Smartphone als Internetzugang außerhalb der Wohnung oder des Arbeitsplatzes verwenden, in Deutschland bei 77 %, in Österreich bei 82 % und in der Schweiz bei 89 %.[4]
- 2019 lag der Anteil der E-Mail-Nutzer an der Gesamtbevölkerung in Deutschland bei 86 %, in Österreich bei 79 % und in der Schweiz bei 87 %.[5]
- Im Januar 2020 lag der Anteil der aktiven Social-Media-Nutzer (zB WhatsApp oder Facebook) an der Gesamtbevölkerung in Deutschland bei 45 %, in Österreich bei 50 % und in der Schweiz bei 52 %.[6]
- Der weltweit 2020 mit Unternehmenssoftware gemachte Umsatz beläuft sich auf rund 500 Milliarden US-Dollar. Vereinfacht dargestellt, ist das mehr oder weniger die gesamte Wirtschaftsleistung (Bruttoinlandsprodukt, BIP) von Österreich (2019 rund 400 Milliarden Euro) bzw der Schweiz (2019 rund 700 Milliarden Franken).[7]
- 2020 lag die Anzahl der weltweiten E-Mails pro Tag bei rund 300 Milliarden.[8] Zudem wird die Anzahl der weltweiten E-Mail-Nutzer für 2020 mit rund vier Milliarden angegeben.[9] Daraus ergibt sich eine durchschnittliche Anzahl von 75 E-Mails pro User und Tag.

All diese Zahlen und Statistiken belegen, dass digitale Technologien zu einem bestimmenden Faktor in unserer Gesellschaft und in unserem Wirtschaftsleben geworden sind. Als der deutsche Ingenieur Konrad Zuse (1910–1995) im Jahr 1941 den ersten funktionsfähigen Computer baute, war die heutige Verbreitung digitaler Technologien in keinster Weise abzusehen. So soll 1943 der legendäre Chef des Technologiekonzerns IBM, Thomas J. Watson (1874–1956), das Folgende gesagt haben: „Ich glaube, es gibt einen weltweiten Bedarf an vielleicht fünf Computern." Auch Legenden können sich manchmal irren, und wie!

Doch dem nicht genug, hier noch ein paar weitere Fakten: Im März 2020 sah ich mir die Liste der 100 größten börsenotierten Unternehmen der Welt an, gemessen an der **Marktkapitalisierung**. Dieser Wert ergibt sich durch Multiplikation des Kurses einer Unternehmensaktie und der Anzahl der im Umlauf befindlichen Aktien. Hier das Ergebnis der Top-10: 1. Microsoft (USA), 2. Apple (USA), 3. Amazon (USA), 4. Alphabet (ehemals Google, USA), 5. Tencent (Internet-Unternehmen, China), 6. Facebook (USA), 7. Walmart (Einzelhandelskonzern, USA), 8. Johnson & Johnson (Pharmazie- und Konsumgüterhersteller, USA), 9. Nestlé (Nahrungsmittelkonzern, Schweiz), 10. JPMorgan Chase & Co. (Finanzservices, USA).[10] Conclusio: Die sechs wertvollsten Unternehmen der Welt erstellen und verkaufen Produkte und Leistungen in den Bereichen Software, Internet und Hardware. Im Übrigen, in den Top-100 habe ich auch *ein* deutsches Unternehmen gefunden. SAP, auf Platz 46. Bezeichnenderweise also wieder ein Unternehmen der IT-Branche. Sollten Sie SAP nicht kennen, dann dazu nur ein Satz: SAP ist am Umsatz gemessen das drittgrößte börsenotierte Softwareunternehmen der Welt, hinter Microsoft und Oracle, und entwickelt in erster Linie Software und IT-Services für Unternehmen.

Das Ranking der Top-10-Unternehmen 2019 nach dem **Markenwert** sieht wie folgt aus: 1. Amazon, 2. Apple, 3. Google, 4. Microsoft, 5. Visa (Finanzservices, USA), 6. Facebook, 7. Alibaba (Online-Marktplatz, China, manche sagen dazu auch „das chinesische Amazon"), 8. Tencent, 9. McDonald's, 10. AT&T (Telekommunikationskonzern, USA).[11] Conclusio: Acht der Top-10-Unternehmen entwickeln und/oder betreiben Informations- und Kommunikationstechnologien. Lediglich Visa und McDonald's haben es in dieser Statistik geschafft, sich unter die „digitalen Riesen“ zu mischen.

Zum Abschluss hier noch die Liste mit den **reichsten Menschen der Welt** nach dem Forbes-2020-Ranking (Top-15, im April 2020 veröffentlicht): 1. Jeff Bezos (Gründer von Amazon, USA), 2. Bill Gates (Mitgründer von Microsoft, USA), 3. Bernard Arnault (Mode und Handel, Frankreich, ua Louis Vuitton), 4. Warren Buffet (Finanzinvestor, USA), 5. Larry Ellison (Mitgründer der Software Development Laboratories, später Oracle, USA), 6. Armancio Ortega (Bekleidungsindustrie, Spanien, ua Zara), 7. Mark Zuckerberg (Mitgründer von Facebook, USA), 8. Jim Walton, 9. Alice Walton, 10. Rob Walton (alle Einzelhandel, Walmart-Erben, USA), 11. Steve Ballmer (ehemaliger Microsoft-Chef, USA), 12. Carlos Slim Helú (Telekom, Mexiko), 13. Larry Page (Mitentwickler von Google, USA), 14. Sergey Brin (Mitentwickler von Google, USA), Francoise Bettencourt-Meyers (Mode und Handel, Frankreich, ua L'Oréal).[12] Conclusio: Ein überwiegender Teil der 15 reichsten Menschen der Welt kommt aus der IT-Branche.

Wer auf der Basis der hier präsentierten Zahlen und Fakten die enorme weltweite Relevanz und Dominanz von digitalen Technologien und ihren Erfindern nicht (an)erkennt, hat keinen Bezug zur Realität.

Vom Nutzen wird die Welt regiert

Sollten Sie sich jetzt fragen, warum so viele Menschen und Unternehmen weltweit digitale Technologien verwenden und warum heute schon fast alle Lebensbereiche mit Software und Hardware durchdrungen sind, dann gibt es darauf viele Antworten. Die aus meiner Sicht wichtigste: Digitale Technologien stiften Nutzen. Friedrich Schiller (1759–1805) wird das Zitat „Nur vom Nutzen wird die Welt regiert“ zugeschrieben. Wie recht er damit hatte. Hier drei Beispiele zum Nutzen digitaler Technologien aus meinem Leben. Sehr wahrscheinlich haben Sie ähnliche Erfahrungen gemacht.

Wissen Sie noch, wie es früher war, wenn man einen Freund erreichen wollte? Bei mir war das in der Kindheit und frühen Jugendzeit so: Ich ging zum Festnetztelefon mit Wählscheibe und wählte die Nummer meines besten Freundes. In den meisten Fällen erreichte ich ihn jedoch nicht. Selten hob jemand ab. Was dann? Ich ging nach draußen zum Spielen – meist Fußball – und schaute einfach, wer denn so da war. Mit denjenigen, die dann gerade zufällig da waren, verbrachte ich meine Zeit an diesem Tag. Wenn ich Glück hatte, war mein bester Freund auch dabei. Die „Erlösung“ kam hier für mich Mitte der 1990er Jahre in Form eines gebrauchten Nokia-Handys. Es war plötzlich viel einfacher geworden, Freunde zu erreichen.

Kurze Zeit später, konkret im September 1997, ging die Suchmaschine Google online. Nach eigenen Angaben verzeichnet die Plattform heute rund 3,5 Milliarden Suchanfragen täglich.[13] Wenn Sie zu einem bestimmten Thema Informationen gesucht haben, was haben Sie in der Zeit vor Google und anderen Suchmaschinen getan? Ich habe mir zB während meiner Schul- und Studienzeit oft Bücher in der Bibliothek ausgeliehen, Zeitschriften bei Kiosken gekauft und versucht, mit Experten bei Veranstaltungen ins Gespräch zu kommen. Heute tippen wir auf Google ein Schlagwort ein und finden – praktisch auf Knopfdruck – viele Informationen vor. Das spart Zeit und Geld.

Während meiner Schulzeit lernte ich noch das Schreiben auf einer Schreibmaschine: A-S-D-F – J-K-L-Ö. Sollte Ihnen das jetzt nichts sagen, dann hatten Sie entweder in Ihrem Leben nie etwas mit einer Schreibmaschine zu tun oder Sie haben möglicherweise die vielen damit verbundenen „traumatischen Erlebnisse“ aus Ihrem Gedächtnis gestrichen. Wie auch immer, unzählige Male hatte ich mich darüber geärgert, wenn ich kurz vor dem Fertigstellen einer Textseite einen Fehler machte. Doch dann auch hier die „Erlösung“! In den frühen 1990er Jahren lernte ich Microsoft Word für Windows kennen. Ganz entspannt schrieb ich ab diesem Zeitpunkt meine Texte. Der Druck, Tippfehler zu vermeiden, war nun gänzlich weg, und schön formatieren konnte man den Text auch noch.

Jeder von uns kann eine Vielzahl solcher oder ähnlicher Beispiele benennen. Der Nutzen der Verwendung digitaler Technologien, im Privaten wie im Geschäftlichen, liegt auf der Hand:

1. Kommunikation wird vereinfacht, in manchen Fällen überhaupt erst ermöglicht.
2. Wir haben einen verbesserten Zugang zu Informationen.
3. Effizienz und Produktivität lassen sich steigern.[14, 15, 16]

Aber Achtung! Die Verwendung digitaler Technologien hat auch Nebenwirkungen. So wie auch die Einnahme von Medikamenten Nebenwirkungen haben kann. In einer in der Fachzeitschrift *Science* veröffentlichten Studie zeigen US-Wissenschaftler, dass die Nutzung von Google negative Auswirkungen auf unser Gedächtnis hat.[17] Wir merken uns oft nicht mehr die Informationen selbst, sondern nur mehr, wo wir diese online finden können bzw unter welchem Schlagwort wir sie gefunden haben.

Im vorliegenden Buch geht es aber nicht um die negativen Gedächtniseffekte digitaler Technologien. Es geht auch nicht um viele andere Phänomene, die als „dunkle Seite der IT" in der Fachwelt diskutiert werden – Beispiele sind Cyberkriminalität, der sich durch die Nutzung sozialer Medien ausbreitende Narzissmus oder strukturelle Veränderungen im Gehirn durch das intensive Spielen von Video Games bei Kindern und Jugendlichen.[18] Damit haben sich andere Autoren bereits auseinandergesetzt, wie zB der US-amerikanische Bestseller-Autor Nicholas Carr sowie der deutsche Neurowissenschaftler und Psychiater Manfred Spitzer. Letzterer hat mit seinen Werken „Digitale Demenz", „Cyberkrank!" und „Die Smartphone Epidemie" eine teilweise stark polarisierende Debatte über die Gefahren von Internet, Social Media und Computerspielen für Kinder und Jugendliche ausgelöst. Ich befasse mich im vorliegenden Buch jedoch mit einem anderen Thema, das nicht spezifisch auf Kinder und Jugendliche fokussiert. Hier geht es um digitalen Stress, der einen Großteil der Menschen betrifft und somit kein spezifisches Phänomen der jüngeren Generation ist.

Was ist digitaler Stress?

Digitaler Stress ist eine Stressform, die durch die Nutzung und Allgegenwärtigkeit von digitalen Technologien verursacht wird.[19] Digitaler Stress ist kein neues Phänomen. Bereits mit dem Einzug von PCs in die Büros und Wohnzimmer in den 1980er Jahren erkannten Wissenschaftler, dass die IT-Nutzung mit Stressreaktionen einhergehen kann. Unter den Begriffen „Technostress" und „Computerstress" erforschten insbesondere Psychologen körperliche, emotionale und kognitive Auswirkungen der Verwendung von Computern.[20, 21, 22]

Bei der Beschreibung ihrer Erkenntnisse und beim Zeichnen möglicher Zukunftsszenarien nahmen sich die Psychologen und Wissenschaftler damals kein Blatt vor den Mund. So steht zum Technostress in US-amerikanischen Schriften zu lesen: „die Krankheit, die auftritt, wenn das empfindliche Gleichgewicht zwischen Menschen und Computern verletzt wird […] Technostress kann unser Überleben als Spezies bedrohen“[23] sowie „es ist wichtig zu erkennen, dass die scheinbar kleinen Frustrationen, die Menschen jeden Tag erleben, kumulative negative Auswirkungen auf die psychologische und körperliche Gesundheit haben […] der Blutdruck steigt, der Schlaf ist gestört und die Leute schlucken Tabletten […] Menschen und Technologie sind wie Öl und Wasser: Sie lassen sich nicht einfach mischen“[24]. Selbst die weltbekannte Fachzeitschrift *Nature* widmete 1985 dem Technostress einen Beitrag, wo ua zu lesen steht: „Es ist zu hoffen, dass Umgebungen entworfen werden können, die diesen Stress minimieren.“[25]

Technostress bzw digitaler Stress ist von der Weltgesundheitsorganisation (WHO) bislang weder zu einer Krankheit erklärt worden, noch geht ein rational denkender Mensch davon aus, dass dieses Phänomen unsere Spezies tatsächlich in seiner Existenz bedrohen könnte. Dennoch! Die digitalen Technologien wurden seit damals signifikant mehr, sind heute an jeder Ecke zu finden und verbreiten sich mit großem Tempo immer weiter. Das Schaffen von Umgebungen, die digitalen Stress wirksam und nachhaltig reduzieren, konnte bislang nicht mit der rasanten technologischen Entwicklung Schritt halten.

Wie soll es in Zukunft weitergehen? Wenn wir so weitermachen wie bisher, wird der digitale Stress unsere Gesellschaft immer mehr durchdringen. Schleichend wird er sich breitmachen und Menschen werden sich zunehmend öfter fragen, warum digitale Technologien, die uns eigentlich bei Aufgaben unterstützen und unser Leben erleichtern sollten, so zur Last geworden sind. Diese Last hat das Potenzial, Gesundheit, Wohlbefinden und wirtschaftliche Leistungsfähigkeit in unserer Gesellschaft ernsthaft zu gefährden. Die in diesem Buch vorgestellten wissenschaftlichen Befunde belegen dies ohne jeden Zweifel.

Aufgrund der rasanten technologischen Entwicklungen hat der digitale Stress im letzten Jahrzehnt massiv an Bedeutung gewonnen, nachdem die Thematik nach ihrer ersten Hochphase vor rund 30 Jahren „eingeschlafen“ war.[26] Mit diesem Buch will ich die Diskussion darüber wieder aufleben lassen. Die Relevanz dieses Werks liegt weiter darin begründet, dass die bereits vor Jahrzehnten erarbeiteten Forschungserkenntnisse, wie auch die neueren Befunde, in der Praxis kaum bekannt sind und somit auch von den Menschen und Unternehmen bei der Gestaltung ihrer Lebens- und Arbeitsumgebungen nicht berücksichtigt werden. Dieses brachliegende Wissen wird hier aufgearbeitet.

Stress: Der Preis einer modernen Welt

Die USA sind gemessen am Bruttoinlandsprodukt die größte Volkswirtschaft der Welt. Nach Angaben des American Institute of Stress aus dem Jahr 2019 leiden 83 % der US-Arbeitnehmer unter arbeitsbedingtem Stress. Nur 43 % von ihnen denken, dass sich ihre Arbeitgeber um ihre Work-Life-Balance kümmern. Weiter wird angegeben, dass wegen Jobstress den US-Unternehmen bis zu 300 Milliarden US-Dollar an jährlichen Kosten entstehen. Arbeitsstress führt in den USA jährlich zu 120.000 Todesfällen und zu Gesundheitskosten in Höhe von 190 Milliarden US-Dollar.[27]

Untersuchungen in Europa belegen, dass arbeitsbedingter Stress nicht nur in den USA und natürlich auch in Asien und anderen Regionen ein massives Problem ist, sondern auch hierzulande. Befragungsstudien zeigen, dass sich in Europa jeder dritte Arbeitnehmer so sehr gestresst fühlt, dass er über einen Arbeitsplatzwechsel nachdenkt. Der Anteil jener Beschäftigten, die sich nie gestresst fühlen, ist in Deutschland im Europavergleich mit 6 % am niedrigsten.[28]

Aussagen in einem aktuellen Wissenschaftsbeitrag bestätigen die enormen Kosten und die hohe Anzahl an Betroffenen. Konkret wird auf der Basis einer Analyse von 15 Einzelstudien aus vorwiegend europäischen Ländern berichtet, dass arbeitsbedingter Stress – je nach Land und Berechnungsmethode – zu jährlichen Kosten zwischen rund 220 Millionen US-Dollar und 187 Milliarden US-Dollar führen kann.[29] Die Verteilung der Kosten wird mit 70 bis 90 % für Produktivitätsverlust und zehn bis 30 % für Gesundheit und Medizin angegeben.

Nach meinem Kenntnisstand gibt es aktuell keine wissenschaftlichen Studien, die den spezifisch durch digitalen Stress entstehenden Schaden auf volkswirtschaftlicher Ebene beziffern. Die obigen Zahlen beziehen sich auf den gesamten Stress am Arbeitsplatz, der natürlich auch andere Ursachen als digitale Technologien hat. Die Nicht-Verfügbarkeit solcher Studien ist ernüchternd. Trotz fehlender Zahlen ist davon auszugehen, dass der aus Produktivitätsverlust und Kosten für Gesundheit und Medizin entstehende Schaden nur im deutschsprachigen Raum im Milliarden-Euro-Bereich liegt.

Digitaler Stress im deutschsprachigen Raum

Eine von einer Stiftung des Deutschen Gewerkschaftsbundes in Auftrag gegebene und 2018 veröffentlichte Studie kam zu folgendem Befund: Digitaler Stress von Beschäftigten in Deutschland geht mit einer deutlichen Zunahme ihrer gesundheitlichen Beschwerden einher, er verringert die berufliche Leistung und er tritt in allen Branchen und Tätigkeitsarten auf.[30] Eine 2019 publizierte Folgestudie, an der auch die Bundesanstalt für Arbeitsschutz und Arbeitsmedizin beteiligt war und die vom Bundesministerium für Bildung und Forschung gefördert wurde, bestätigte den negativen Zusammenhang von digitalem Stress sowie Gesundheit und Wohlbefinden.[31] Zudem wurde herausgefunden, dass computerbasierte Leistungsüberwachung und die daraus resultierende Beeinträchtigung der Privatsphäre, die Unzuverlässigkeit von IT-Geräten und Software, die durch Technologie ausgelösten ständigen Unterbrechungen sowie die Informationsüberflutung die dominantesten Belastungsfaktoren sind.

Diese Ergebnisse stehen im Großen und Ganzen im Einklang mit Befunden einer groß angelegten Interviewstudie, die wir in unserem Forschungsteam 2017 und 2018 in österreichischen Unternehmen durchführten. Konkret zeigen unsere Ergebnisse, dass Unzuverlässigkeiten wie Computerabstürze und lange Systemantwortzeiten die am weitesten verbreiteten Stressfaktoren sind, und zwar unabhängig von der Branche. Informationsüberlastung, ständige Unterbrechungen, das Verschwimmen beruflicher und privater Grenzen sowie computerbasierte Leistungsüberwachung waren weitere vielfach genannte Stressoren, hier gab es jedoch teilweise beträchtliche Unterschiede zwischen den Branchen.[32] Weitere aktuelle Befunde von Befragungsstudien unserer Forschungsgruppe mit mehreren Tausend Teilnehmern in den USA und im deutschsprachigen Raum bestätigen diese Ergebnisse.[33]

Eine weitere 2019 publizierte Interviewstudie aus Deutschland zeigt, dass die menschliche Interaktion mit digitalen Technologien im Kontext von Industrie 4.0 erhebliches Stresspotenzial hat, und nennt ua technische Unzuverlässigkeiten, schlechte Usability und steigende Anforderungen an die Mitarbeiterqualitfikation als bedeutsame Stressfaktoren.[34] Bei Industrie 4.0 geht es um die umfassende Digitalisierung der industriellen Produktion.

Natürlich erleben Menschen nicht nur im beruflichen Kontext digitalen Stress. Auch die private Nutzung von Technologien wie Smartphone und Social Media birgt enormes Stresspotenzial.[35] Viele WhatsApp- und Facebook-Nutzer wissen davon ein Lied zu singen. Eine kürzlich erschienene Arbeit, in der Wissenschaftler 16 Einzelstudien zum Zusammenhang zwischen Smartphone-Nutzung und Stress analysiert haben, kommt zum Schluss, dass 15 der 16 Studien einen positiven Zusammenhang nachweisen.[36] Zudem können uns auch neuere Formen der Mensch-Maschine-Interaktion massiv stressen. Deutsche Wissenschaftler haben zB nachgewiesen, dass das autonome Fahren, aber auch schon die bloße Verwendung von Spurhalteassistenzsystemen beim Autofahren, zu signifikanten Stressreaktionen führen kann.[37] Eine weitere Untersuchung aus Deutschland zeigt, dass das Fahren batteriebetriebener Fahrzeuge mit Infoscreens zur Bereitstellung von Echtzeit-Informationen zu nahe gelegenen Ladestationen deshalb stressauslösend ist, weil dem Fahrer die begrenzte Reichweite des Fahrzeugs permanent in Erinnerung gerufen wird.[38] Das bedeutet, dass solche Systeme zwar einerseits stressreduzierend sein können, weil sie Infos zu Ladestationen verfügbar machen, andererseits aber gleichzeitig Stressquelle sind, weil sie eine negative Fahrzeugeigenschaft – die begrenzte Reichweite – ständig ins Bewusstsein rufen.

Fehlendes Problembewusstsein

Digitaler Stress ist also ein weit verbreitetes Phänomen, das sowohl im Arbeitskontext als auch im Privatbereich auftritt. Digitaler Stress beeinflusst das Wohlbefinden und die Gesundheit von vielen Menschen negativ, insbesondere deshalb, weil die Interaktion mit digitalen Technologien oft mit einer Aktivierung des Sympathikus einhergeht, einem Teil des autonomen Nervensystems, der stark mit dem Herz-Kreislauf-System interagiert. Sympathikusaktivität manifestiert sich ua in einem Anstieg von Herzschlag, Atmung und Blutdruck sowie in einer Reduktion der Herzratenvariabilität. Zudem führt digitaler Stress auch zur Freisetzung von Stresshormonen wie Adrenalin, Noradrenalin und Kortisol. All diese Effekte werden im vorliegenden Buch anhand vieler Studien im Detail ausgeführt.

In weiterer Konsequenz führen diese physiologischen Prozesse langfristig zu negativen Gesundheitsfolgen und diese wiederum gehen mit ungünstigen wirtschaftlichen Effekten einher. Betriebswirtschaftliche Kennzahlen werden negativ beeinflusst. Es wurde in mehreren Studien nachgewiesen, dass höherer digitaler Stress mit geringerer Arbeitszufriedenheit, einem geringeren Bekenntnis zum Unternehmen und somit erhöhter Bereitschaft zum Wechsel des Arbeitgebers, Burnout, reduzierter Leistung und geringerer Produktivität einhergeht.[39, 40, 41, 42, 43, 44, 45, 46, 47]

Trotz dieser signifikanten negativen Effekte ist meine Erfahrung, dass in der Praxis ein mangelndes Problembewusstsein vorherrscht. In Anbetracht der offensichtlichen Relevanz des Problems ist es verwunderlich, dass sich unsere Gesellschaft nicht stärker mit dem Phänomen und mit Problemlösungen auseinandersetzt. Viele Menschen spüren, dass es so nicht weitergehen kann. Mangels besseren Wissens tun jedoch viele nichts oder nicht ausreichend viel, um die Herausforderung zu bewältigen oder zumindest halbwegs in den Griff zu bekommen. Auch Unternehmen arbeiten oft gar nicht oder nicht konsequent genug an nachhaltigen Problemlösungen. Da digitale Technologien Wirtschaft und Gesellschaft immer weiter durchdringen und Menschen mit ihren körperlichen Voraussetzungen zur Aufnahme und Verarbeitung von Informationen immer mehr an ihre Grenzen stoßen, ist es höchste Zeit, aufzuwachen. Das menschliche Gehirn und das Nervensystem im Allgemeinen sowie damit in Zusammenhang stehende Systeme wie das Herz-Kreislauf-System sind nicht grenzenlos belastbar. Glücklicherweise hat sich die Forschung bislang nicht nur mit den negativen Folgen befasst, sondern auch die Wirksamkeit bestimmter Strategien gegen digitalen Stress untersucht. Auch darauf gehe ich in diesem Buch sehr ausführlich ein.

Der große Irrtum und meine evidenzbasierte Sichtweise

Die beiden folgenden Abbildungen fassen meine Sichtweise in Bezug auf die Nutzung digitaler Technologien und deren Auswirkung zusammen. Die Abbildungen zeigen auf der X-Achse die Intensität der Nutzung von digitalen Technologien. Diese bestimmt sich aus der Nutzungszeit und der Anzahl der verwendeten Programme. Je länger die Nutzungszeit und je größer die Programmanzahl, desto höher ist die Intensität der Verwendung. Auf der Y-Achse ist der Nutzen durch die Verwendung von digitalen Technologien dargestellt. Nützlich ist etwas dann, wenn es einen Beitrag zur Erreichung von Zielen leistet. Wichtige Ziele sind Gesundheit, Wohlbefinden und wirtschaftlicher Erfolg.

Abbildung 1 visualisiert eine Situation, in der mit zunehmender Nutzungsintensität der aus der Technologieverwendung entstehende Nutzen immer weiter ansteigt. Ich bezeichne diese Sichtweise als „großen Irrtum". Beobachtet man das Verhalten vieler Menschen, so gelangt man zum Schluss, dass sie an diesen ausschließlich positiven Zusammenhang zwischen Nutzungsintensität und Nutzen glauben. Immer mehr Programme immer länger zu verwenden geht nach ihrer Auffassung mit einem immer höheren Nutzen einher. Ein fundamentaler Irrtum!

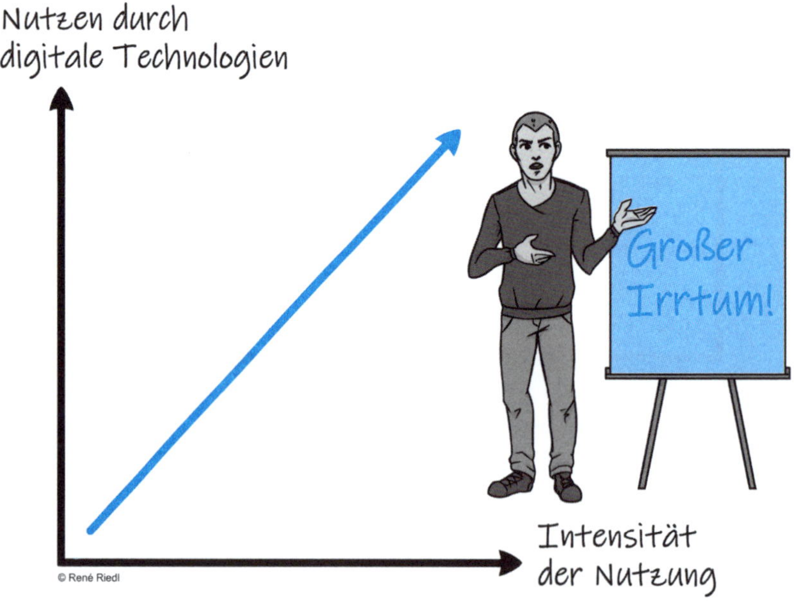

Abb 1: Der große Irrtum zum Zusammenhang von Nutzungsintensität von digitalen Technologien und dem daraus resultierenden Nutzen

Meine Sichtweise, die sich aus einer Gesamtschau der in diesem Buch vorgestellten Studienergebnisse ableitet und die somit evidenzbasiert ist, begreift den Zusammenhang als eine „umgedrehte U-Kurve". Das bedeutet, dass die Verwendung digitaler Technologien bis zu einem gewissen Punkt mit einer Nutzensteigerung einhergeht. Ab diesem Punkt und somit mit einer noch weiter ansteigenden Nutzungsintensität fällt jedoch der aus der Verwendung digitaler Technologien entstehende Nutzen wieder ab.

Abb 2: Meine evidenzbasierte Sichtweise zum Zusammenhang von Nutzungsintensität von digitalen Technologien und dem daraus resultierenden Nutzen

Die in Abbildung 2 dargestellte Kurve sieht nicht bei jedem Menschen gleich aus. Bei manchen Menschen – zB jenen, die weniger resistent gegen digitalen Stress sind – erreicht die Kurve relativ weit links ihren höchsten Punkt. Bei anderen Menschen erst weiter rechts. Ab einem bestimmten Punkt fällt jedoch bei jedem Menschen die Kurve ab. Ich kenne keine wissenschaftlichen

Studien, die zeigen würden, dass es einen Menschen gibt, der ein oder mehrere Programme täglich 24 Stunden nutzt und dabei bestmögliche Gesundheit, Wohlbefinden und wirtschaftlichen Erfolg hat. Sollten Sie einen solchen Menschen kennen, dann lassen Sie es mich wissen!

Kapitel 2:

Was ist Stress? Eine kurze Zeitreise in die Geschichte der Stressforschung

Stress ist ein so grundsätzliches Phänomen, dass der Mensch seit seinen Anfängen vor Millionen von Jahren damit konfrontiert ist. Um mit Stress umgehen zu können, hat der menschliche Körper einen spezialisierten Mechanismus evolutionär entwickelt. Im Mittelpunkt der nun folgenden kompakten Darstellung von Grundlagen der Stressforschung steht das in Wissenschaft und Praxis weltweit etablierte Modell zur Erklärung von menschlichen Stressreaktionen von Richard Lazarus. Das Kapitel enthält auch Wesentliches zur menschlichen Stressphysiologie und geht auf bedeutsame Meilensteine der Stressforschung ein. Nach dem Lesen dieses Kapitels sind Sie mit den Grundlagen der Stressforschung soweit vertraut, dass Ihnen das Verständnis der in den nachfolgenden Kapiteln vorgestellten Forschungsbefunde leichtfällt, auch wenn Sie noch kein Vorwissen hatten.

Bevor es nun mit einer kurzen Zeitreise in die Geschichte der Stressforschung losgeht, vorab wichtige Definitionen.[48]

- **Stress** ist ein Muster spezifischer und nichtspezifischer Reaktionen eines Menschen auf Ereignisse, die sein physiologisches und psychologisches Gleichgewicht stören. Die Fähigkeiten, diese Ereignisse zu bewältigen, werden dabei stark beansprucht oder sie reichen zur Bewältigung nicht aus.
- Ein **Stressor** bzw **Stressfaktor** ist ein externes oder internes Ereignis, das zu Stress führen kann. Ein externes Ereignis ist zB ein in der Umgebung stattfindendes Vorkommnis, wie die Einführung eines neuen Informationssystems im Unternehmen. Ein internes Ereignis ist zB ein Gedanke an die Zukunft, wie ein möglicher Arbeitsplatzverlust durch Digitalisierung.
- **Akuter Stress** ist ein vorübergehender Erregungszustand, im Regelfall mit klarem Anfangs- und Endzeitpunkt. Ein Beispiel ist der Absturz eines Computers, der zu physiologischer Aktivierung wie dem Anstieg von Herzschlagrate und Blutdruck führt, die jedoch nach einiger Zeit wieder auf das Ausgangsniveau zurückgeht.
- **Chronischer Stress** ist ein länger andauernder Erregungszustand, wobei dem Individuum die Anforderungen größer erscheinen als die Ressourcen, die zur Bewältigung der Anforderungen zur Verfügung stehen. Ressourcen können innerer (zB mentale Stärke) oder äußerer Art (zB soziale Unterstützung) sein. Ein Beispiel sind die durch bestimmte Technologien (zB Smartphone und Systeme zur elektronischen Zusammenarbeit in Teams) begünstigten und oftmalig auftretenden Unterbrechungen, die ausgeprägte Erschöpfungszustände auslösen können, im Extremfall sogar Burnout und depressive Symptome.

Zu den Anfängen der Stressforschung

Die Stressforschung ist untrennbar mit bedeutenden Wissenschaftlern aus der Medizin und Physiologie verbunden, von denen viele im 19. Jahrhundert geboren wurden, wie zB Claude Bernard, Walter Cannon sowie Sir William Osler. Am Beginn der folgenden Darstellungen steht aber Hans Selye.

Hans Selye

Als „Vater der Stressforschung" gilt der 1907 in Wien geborene und 1982 in Montréal verstorbene Mediziner Hans Selye.[49, 50] Er entwickelte in den 1930er-Jahren bedeutsame Grundlagen der Lehre vom Stress, insbesondere beschrieb er erstmalig das Allgemeine Adaptationssyndrom, im englischen Original als General Adaptation Syndrome bezeichnet.

Mit dem **Allgemeinen Adaptationssyndrom** wird ein allgemeines Reaktionsmuster eines Organismus auf länger anhaltende Stressoren beschrieben. Erste Erkenntnisse dazu veröffentlichte Selye 1936 in der Fachzeitschrift *Nature*.[51] Konkret erkannte er auf der Basis von Experimenten mit Ratten, dass das Verabreichen von Substanzen wie Morphium oder Atropin nach einiger Zeit zu relativ unspezifischen physiologischen Reaktionen wie der Bildung von Magengeschwüren führt – im Übrigen, Atropin macht ua die Schwarze Tollkirsche, die Atropa belladonna, giftig. Solche Effekte konnte Selye bei den Tieren auch als Reaktion auf widrige Situationen wie extreme Kälte und enorme körperliche Belastung beobachten. Die Conclusio von Selye war, dass die physiologischen Veränderungen eine unspezifische Reaktion auf verschiedene Arten von Stressoren sein müssten. Heute wissen wir, dass diese Hypothese korrekt ist.[52] Mit dieser Veröffentlichung aus dem Jahr 1936 und vielen weiteren Arbeiten legte Selye den Grundstein für die Theorie des Allgemeinen Adaptationssyndroms, wobei drei Phasen unterschieden werden:[53]

- **Phase 1 – Alarmreaktion**: Bei Konfrontation mit einem Stressor werden Stresshormone wie Adrenalin und Noradrenalin ausgeschüttet. Der Körper kommt so in einen Zustand erhöhter Aktivität und Leistungsbereitschaft.
- **Phase 2 – Widerstand**: Wirken die Stressoren längerfristiger ein, so ist der Körper bestrebt, eine Anpassung an den Widerstand zu erreichen, insbesondere durch Änderung seines inneren physiologischen Gleichgewichts. Dies geht ua mit einer Erhöhung des Stresshormons Kortisol und einer ansteigenden Leistungsfähigkeit des Immunsystems einher.
- **Phase 3 – Erschöpfung**: Die Stressoren wirken weiter auf den Körper. Der Organismus ist aufgrund fehlender Ressourcen nicht mehr imstande, mit

dieser lang andauernden Belastung fertigzuwerden. Erholungsphasen stehen nicht oder in einem nicht ausreichenden Ausmaß zur Verfügung. Konsequenzen sind ua Magengeschwüre, Erkrankungen des Herz-Kreislauf-Systems, eine Beeinträchtigung des Immunsystems sowie daraus resultierend eine erhöhte Wahrscheinlichkeit für Infektionskrankheiten. Wirken die Stressoren noch weiter ein, kommt es letztendlich zum Tod des Organismus.

Hans Selye hat mit seiner Theorie vor allem zum Verständnis über die Auswirkungen von **chronischem Stress** beigetragen.

Walter Cannon

Walter Cannon (1871–1945), der als Professor für Physiologie an der Harvard Universität arbeitete, erforschte ua die akuten körperlichen Veränderungen bei Angst.[54, 55] Er tat dies auch unter Rückgriff auf schwer traumatisierte Soldaten aus dem Ersten Weltkrieg. In diesem Zusammenhang publizierte er einen Beitrag mit dem Titel „Voodoo Death“ (deutsch: Voodoo-Tod). Er beschreibt, dass ganz stark ausgeprägte Angstzustände, im Sinne eines emotionalen Schocks, zum Tod führen können.[56, 57] Cannon hat zudem den Begriff **Fight-or-flight** geprägt, also die typische Reaktion eines Lebewesens in einer Stresssituation, nämlich zu kämpfen oder zu fliehen.[58] Dieses Reaktionsmuster wurde im weiteren Verlauf der Stressforschung jedoch revidiert. Es wurden zwei Reaktionen ergänzt und die ursprüngliche Reihenfolge wurde verändert.[59]

Heute gilt, dass viele Säugetiere und oft auch Menschen in Stresssituationen entlang von vier Phasen reagieren: **Freeze – Flight – Fight – Fright**. 1. Freeze = „gefrieren“ im Sinne von nicht bewegen, um eine potenzielle Gefahrensituation mit maximaler Aufmerksamkeit und Wachsamkeit wahrnehmen zu können und um vom Gegner nicht erkannt zu werden. Das Erkennen von anderen Lebewesen und Objekten hängt hirnphysiologisch bei Säugetieren und somit auch beim Menschen in erster Linie vom Wahrnehmen einer Bewegung ab.[60, 61, 62] Auch deshalb kann es zweckmäßig sein, sich in gefährlichen Situationen nicht zu bewegen. Dies reduziert die Wahrscheinlichkeit, erkannt zu werden. 2. Flight = flüchten, um der Situation zu entkommen, wenn diese als gefährlich eingestuft wurde. 3. Fight = sich zur Wehr setzen, kämpfen, wenn man der Situation nicht entkommen kann oder konnte. 4. Fright = sich bewegungslos zeigen, von der Situation abkapseln bzw totstellen, um die Situation zu überstehen bzw zu überleben – dies hat auch den Zweck, sehr negative Situationserinnerungen zu vermeiden.[63] Wir haben dieses im Vergleich zu Cannon validere vierstufige Reaktionsmodell dem britischen Psychologen Jeffrey Gray (1934–2004) zu verdanken, der dazu in den 1980er Jahren ein weithin beachtetes Werk mit dem Titel „The Psychology of Fear and Stress“ (deutsch: Die Psychologie von Furcht und Stress) vorlegte.[64]

Zurück zu Walter Cannon: Er prägte auch den Begriff der Homöostase.[65, 66, 67] Darunter versteht man, dass der Körper physiologisch in einem stabilen und ausgeglichenen Zustand ist. Viele körperliche Reaktionen in Stresssituationen haben die Funktion, den Organismus in einem stabilen Zustand zu halten oder ihn wieder dorthin zurückzubringen.

Cannon starb 1945 an Strahlenkrebs. Eines seiner Forschungsgebiete war die Untersuchung von Kontraktionsvorgängen im Verdauungsprozess auf der Basis von Röntgenstrahlen. Er untersuchte diesen Prozess zB mit Hunden, die Gegenstände verschluckten. Dabei beobachtete er, dass die Kontraktionsvorgänge im Verdauungsbereich unter Stress abnahmen bzw überhaupt eingestellt wurden.[68] Das erklärt, warum gestresste Menschen oftmals unter Verstopfung leiden. Cannon bezahlte diese und weitere Erkenntnisse mit dem Leben.

Claude Bernard

Der erste, der das Phänomen der **Homöostase** systematisch beschrieb, war aber nicht Cannon, sondern der französische Physiologe Claude Bernard (1813–1878). In seinem Werk zum „Milieu Intérieur“ (deutsch: Inneres Milieu) aus dem Jahr 1872 gibt er an, dass der Körper ständig an der Aufrechterhaltung eines stabilen Zustands arbeitet.[69, 70] Unter anderem identifizierte Bernard jenen Teil des Nervensystems, der die Verengung und Erweiterung der Blutgefäße in Bezug auf Temperaturkontrolle steuert. Sie haben wahrscheinlich schon einmal von diesem Effekt gehört: Wenn es kalt ist, dann verengen sich die Blutgefäße, wenn es warm ist, dann erweitern sie sich. Die Verengung hat den Zweck, das Entweichen von Körperwärme zu verhindern. Wenn Sie also das nächste Mal einen heißen Sommertag erleben oder in der Sauna sind, dann denken Sie an Claude Bernard und den Umstand, dass er die komplexe physiologische Reaktion Ihres Körpers auf Wärme bereits vor rund 150 Jahren entdeckt hat.

Weiter erkannte Bernard die Funktion der Leber bei der Regulierung des Blutzuckerspiegels. Wenn in Stresssituationen der Körper Energie in Form von Glukose benötigt, um zu kämpfen oder zu fliehen, dann ist das eine entscheidende Überlebensfunktion, die sich evolutionär entwickelt hat. Claude Bernard und später auch Walter Cannon haben mit ihren Arbeiten zur Homöostase insbesondere zum Verständnis über die Auswirkungen von **akutem Stress** beigetragen.

Sir William Osler

Sir William Osler (1849–1919) war ein kanadischer Mediziner, der nach einem Wechsel nach England lange Zeit an der Universität Oxford forschte und lehrte. Er wird insbesondere wegen seiner für die damalige Zeit revolutionären Lehrmethoden als „Vater der modernen Medizin" bezeichnet.[71, 72, 73] Er führte zB in der Medizin die Konsultation am Patientenbett ein.

Aus Stressperspektive besonders bemerkenswert ist, dass er erkannte, dass die Psyche einen Einfluss darauf hat, wie der Mensch auf seine Umgebung reagiert. Dies wirkt sich wiederum auf die Gesundheit aus. Es verwundert daher nicht, dass Osler in der Geschichte der Stressforschung einen „Fixplatz" hat.[74] Er erkannte auch, dass Patienten mit Herzerkrankungen oftmals sehr ehrgeizige Menschen sind. Die von ihm systematisch beschriebene Interaktion psychischer und körperlicher Zustände führte dazu, dass er auch als „Vater der psychosomatischen Medizin" angesehen wird.

Wie in der folgenden Stresstheorie von Richard Lazarus noch dargelegt wird, ist es heute gesicherter Wissenstand und herrschende Lehrmeinung, dass Stress ein Phänomen ist, das weder nur psychisch noch rein körperlich ist. Vielmehr ist die **Interaktion zwischen Geist und Körper** entscheidend. Osler hat mit seinem Beitrag zur Entwicklung einer psychosomatischen Sichtweise in der Medizin einen bedeutenden Grundstein für das heutige Verständnis von Stress gelegt.

Stressmodell von Richard Lazarus

Der US-amerikanische Psychologe Richard Lazarus (1922–2002), der die meiste Zeit seines Lebens an der kalifornischen Berkeley Universität wirkte, hat 1966 eines der weltweit bedeutsamsten Stressmodelle veröffentlicht.[75] Eine Weiterentwicklung des Modells wurde 1984 publiziert.[76] Das Modell erklärt menschliche Stressreaktionen. Im Vergleich zu anderen Forschern wie Hans Selye oder Walter Cannon sieht Lazarus Stress nicht primär als biologisches Phänomen, sondern als etwas Komplexes, das erst aus den Wechselwirkungen zwischen einem Individuum und den Anforderungen einer Situation entsteht. Vor allem werden die **kognitiven Beurteilungsprozesse** einer Situation von Lazarus berücksichtigt.

Konsequenz dieser Sichtweise ist, dass nicht die Beschaffenheit eines Stressfaktors oder die Situation für eine Stressreaktion maßgeblich sind, sondern deren Beurteilung durch das Individuum. Jede Stressreaktion hat daher eine ausgeprägte subjektive Komponente. Ein und derselbe Stressor kann somit bei Person A eine Stressreaktion auslösen, bei Person B hingegen nicht.

Stellen Sie sich folgende Situation vor: Sie sitzen im Büro vor dem Computer und sind mit der Erledigung einer Aufgabe unter Zuhilfenahme eines Anwendungssystems betraut. Sie nutzen zB ein Textverarbeitungsprogramm oder betriebswirtschaftliche Software. Plötzlich tritt ein akuter Stressor auf, das System stürzt ab und Sie können nicht mehr weiterarbeiten. Was passiert in einer solchen Situation? Es könnte sich wie folgt zutragen:[77]

Zunächst werden Sie den externen Reiz wahrnehmen, also den Systemabsturz. Vielleicht sehen Sie eine Fehlermeldung am Bildschirm oder dieser ist überhaupt schwarz. Der Absturz stellt einen potenziellen Stressor dar. Danach wird der Reiz unter Zugrundelegung der gegenständlichen Situation beurteilt. Dies wird als **primäre Beurteilung** bezeichnet.

Diese Beurteilung läuft im gegenständlichen Beispiel in wenigen Sekunden ab und wird von einer Reihe von physiologischen Reaktionen im Körper begleitet, insbesondere im Gehirn. Die Beurteilung kann nach Lazarus zu drei Ergebnissen führen: Der potenzielle Stressor wird als irrelevant, positiv oder gefährlich eingestuft. Ist Letzteres der Fall, so bedeutet dies, dass ein Schaden entstehen könnte, eine Bedrohung vorliegt und/oder die Situation als Herausforderung wahrgenommen wird. Angenommen, Sie sind ein Wertpapierhändler, der in einer Bank arbeitet und ein Finanztransaktionssystem nutzt. In diesem Beispiel – und natürlich in Tausenden anderen Anwendungssituationen – wird die Situation insofern als gefährlich eingestuft, als ein Systemabsturz die Aufgabenausführung behindert. Somit liegt eine Bedrohung mit Schadenspotenzial vor.

Wird nun ein Reiz in einer bestimmten Situation als gefährlich eingestuft, so erfolgt ein weiterer Beurteilungsprozess, der als **sekundäre Beurteilung** bezeichnet wird. Hierbei wird festgestellt, ob die Situation mit den verfügbaren Ressourcen bewältigt werden kann. Im Beispiel könnte der vom Systemabsturz betroffene User über Ressourcen materiell-institutioneller, persönlicher oder sozialer Art verfügen. Die Verfügbarkeit eines gut funktionierenden IT-Helpdesks ist ein Beispiel für eine materiell-institutionelle Ressource. Sie können einfach zum Telefonhörer greifen, um einer sachkundigen Person den Absturz zu schildern, im Vertrauen darauf, dass rasch Abhilfe geschaffen wird. Eigenes technisches Wissen zur Problemlösung ist ein Beispiel für eine persönliche Ressource. Sie wären dann in der Lage, das technische Problem mit hoher Wahrscheinlichkeit selbst zu lösen. Ein guter Bekannter im Kollegenkreis mit technischem Wissen ist eine soziale Ressource, weil diese Person bei der Problembehebung Unterstützung leisten könnte. Wie auch immer, am Ende des Beurteilungsprozesses steht die Feststellung, dass die **verfügbaren Ressourcen** für die Problembewältigung ausreichend sind – oder nicht.

Sind die Ressourcen *nicht* ausreichend, kommt es zu einer Stressreaktion. Diese kann auf vier Ebenen stattfinden: Physiologie, Emotion, Kognition und Verhalten. So könnte zB ein Benutzer, der die Situation als gefährlich einstuft und die Ressourcen für nicht ausreichend erachtet,

- eine erhöhte Herzaktivität aufweisen (Physiologie),
- Angst empfinden (Emotion),
- mögliche negative Wirkungen antizipieren (Kognition) und
- sich nervös zeigen (Verhalten).

In einem weiteren Schritt befasst sich nun ein User mit **Bewältigungsstrategien**, die zu einer Verbesserung der Situation beitragen können. Solche Strategien können problem- oder emotionsbezogen sein.[78]

Bei der *problembezogenen Strategie* versucht der Benutzer, unmittelbar in Bezug auf die Situation zu agieren. Dies könnte zB durch das Hinzuziehen einer Person geschehen, in der Hoffnung, dass diese das Problem lösen kann. Zudem könnte bei dieser Strategie versucht werden, die eigene Handlungsfähigkeit in zukünftigen ähnlichen Situationen durch eine Verbesserung der Ressourcenlage zu erhöhen. Der User könnte sich zB weiterbilden, um sein technisches Wissen zu erhöhen, was ihn besser dazu befähigt, zukünftig auftretende Probleme mit dem Computer selbst zu lösen. Bei der *emotionsbezogenen Strategie* passt der Benutzer hingegen die Beurteilung der Situation an. So könnte im genannten Wertpapierbeispiel ein Bankmitarbeiter die möglichen negativen Folgen eines Systemausfalls herunterspielen. Man redet sich also ein, dass die Folgen eines technischen Problems schon nicht so schlimm sein werden. In Abhängigkeit davon, ob eine bestimmte Bewältigungsstrategie erfolgreich war, kann die gewonnene Erfahrung zu Lerneffekten und somit zu einer Anpassung der primären Reiz- und Situationsbeurteilung führen. Diese ist dann die Grundlage künftiger Stressreaktionen.[79]

Die Beurteilung von Ressourcen zur Stressbewältigung spielt im Modell von Lazarus als sekundäre Beurteilung bereits eine große Rolle. In den späten 1980er Jahren hat der heute in Chicago lebende Wissenschaftler Stevan Hobfoll eine eigenständige Theorie vorgelegt, in der **Ressourcen und Stress** integriert betrachtet werden. Konkret nimmt er an, dass eine wesentliche Ursache menschlichen Denkens und Verhaltens im Bestreben liegt, die eigenen Ressourcen zu erhalten und zu schützen sowie neue aufzubauen. Weiter besagt die in der Praxis vielfach bestätigte Theorie, dass der mögliche oder tatsächliche Verlust von Ressourcen für Menschen eine Bedrohung darstellt. Die Wahrnehmung einer solchen Bedrohung geht mit Stress einher.[80] Die Anwendung dieser Ressourcen-Theorie ist weit verbreitet, um Stress im privaten Kontext sowie im Arbeitskontext zu erklären. Studien zeigen, dass der potenzielle oder tatsächliche Verlust von Ressourcen nicht nur mit Stress einhergeht, sondern auch einen signifikanten Einfluss auf Zufriedenheit, Leistungsfähigkeit, Burnout und Gesundheit haben kann.[81]

Menschliche Stressphysiologie

Lazarus begreift Stress als ein primär psychologisches Phänomen.[82] Eine Limitation seiner Sichtweise besteht somit darin, dass die Physiologie nur am Rande Beachtung findet. Diese Vernachlässigung engt das Erkenntnis- und Gestaltungspotenzial in Wissenschaft und Praxis beträchtlich ein. Die Beachtung der Physiologie ist nicht zuletzt deshalb wichtig, weil sie mit objektiven Stressmessungen einhergeht. Man denke hier zB an die Bestimmung von Stresshormonen oder die Messung von Herzschlag oder Blutdruck. Solche objektiven Messungen ermöglichen eine gute Vorhersage von Gesundheit und Verhalten.[83] Zudem stellen sie eine Grundlage von „intelligenten" Systemen des Stressmanagements dar, die ich im letzten Kapitel dieses Buchs vorstelle.

Aufgrund der Allgegenwärtigkeit von Bedrohungen haben sich im menschlichen Körper im Laufe der Jahrmillionen physiologische Stresssysteme entwickelt, die zur Bewältigung verschiedenster Situationen einen wirksamen Beitrag leisteten und somit in letzter Konsequenz das Überleben sicherten. Diese Entwicklung reichte vom Entstehen von Säugetieren, über erste Vorläuferformen des heutigen Menschen wie dem *Australopithecus afarensis*, der vor rund 3,5 Millionen Jahren lebte[84, 85], bis zum heutigen Menschen, dem *Homo sapiens*, was so viel heißt wie „vernünftiger Mensch". Im Folgenden beschreibe ich wesentliche Komponenten der menschlichen Stressphysiologie.

Stress im Gehirn

Von herausragender Bedeutung sind das Hypothalamus-Hypophyse-Nebennieren-System, kurz HPA-System (englisch: Hypothalamic Pituitary Adrenal), und das SAM-System (sympathisch-adrenal-medullär). Die Wahrnehmung von potenziellen Stressoren beeinflusst die Aktivierung spezifischer Hirnregionen. Zuerst wird ein Reiz in bestimmten Hirnregionen wie dem Thalamus verarbeitet. Diese Region legt ua fest, welche Informationen für den Organismus im Moment so wichtig sind, dass sie an den Cerebral Cortex (deutsch: Großhirnrinde) weitergeleitet werden sollen. Dies geht im Normalfall damit einher, dass die Informationen ins Bewusstsein kommen. Das Gehirn legt so rasch die Bedeutung eines potenziellen Stressors fest.

Diese Relevanzfeststellung hängt eng mit Aktivierung im **limbischen System** zusammen. Dieser Teil im Gehirn ist insbesondere für die Verarbeitung emotionsbezogener Informationen bedeutsam. Der Hypothalamus ist eine wichtige Struktur im limbischen System. Er leitet die Ausschüttung von Stresshormonen ein, entweder über das HPA- oder SAM-System. Eine Aktivierung des HPA-Systems bewirkt eine Ausschüttung von Kortisol, wohingegen eine Aktivierung des SAM-Systems zu einer Freisetzung von Adrenalin und Noradrenalin führt. Beide Systeme wirken über die Nebennieren, und zwar auf Basis mehrerer zwischengeschalteter physiologischer Prozesse, ua Aktivität in der Hypophyse (deutsch: Hirnanhangdrüse), eine erbsengroße Hormondrüse im Gehirn. Eine weitere wichtige Hirnstruktur im limbischen System in Stresssituationen ist die Amygdala (deutsch: Mandelkern). Aktivität in dieser Region geht mit Angst und allgemeiner Erregung einher.[86, 87, 88]

Störungen im Zusammenspiel von spezifischen Hirnregionen und dem autonomen Nervensystem führen zu einer erhöhten Wahrscheinlichkeit für Herz-Kreislauf-Erkrankungen wie Herzinfarkt.[89, 90, 91] Das autonome Nervensystem ist deshalb so wichtig, weil es ua Herzschlag, Blutdruck und Atmung an veränderte Situationsbedingungen anpasst, wie eben bei Stress. Wenn diese Anpassung jedoch nicht angemessen erfolgt, dann kommt es zu Überreaktionen von Herzschlag, Blutdruck, Atmung und weiteren ungünstigen Effekten. Solche Überreaktionen sind langfristig für die Gesundheit schädlich.

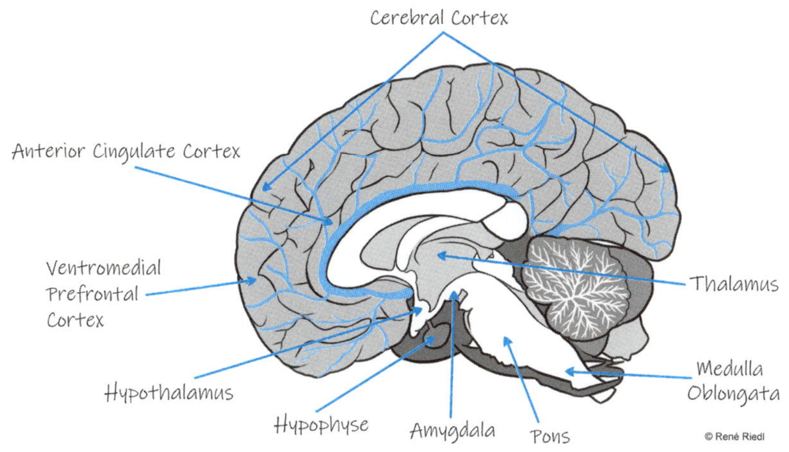

Abb 3: Hirnregionen, die in Stresssituationen von hoher Bedeutung sind

In einer Studie der Universität Pittsburgh wurden über 300 Probanden in einen Kernspintomographen gelegt, um die Hirnaktivität in Stresssituationen zu beobachten.[92] Stress wurde ua durch die Anwendung der Stroop-Aufgabe ausgelöst (benannt nach dem US-amerikanischen Psychologen John Stroop, 1897–1973). Die Testpersonen müssen hierbei die Farben von dargebotenen Wörtern benennen, wobei in manchen Fällen das geschriebene Wort und die Schriftfarbe korrespondieren (zB das Wort „BLAU“ ist in blau geschrieben), in anderen Fällen ist keine Korrespondenz gegeben (zB das Wort „BLAU“ ist in grün geschrieben). Schon lange weiß man, dass eine solche Aufgabe kognitiven Stress auslöst und die Benennung von Farben bei Nicht-Korrespondenz mit einer ansteigenden Reaktionszeit bei der Antwort und einer höheren Fehlerzahl einhergeht. Die Wissenschaftler haben zudem, während die Testpersonen im Tomographen waren, Herzschlagrate und Blutdruck gemessen. Bei der Datenanalyse verglich man die Hirnaktivität während der Stressbedingung (Stroop-Aufgabe) mit einer Situation ohne kognitiven Stress.

Unter Stress zeigten sich spezifische Hirnaktivierungsmuster, die mit höheren Blutdruckanstiegen einhergingen. Unter anderem wurde festgestellt, dass Aktivierung im Anterior Cingulate Cortex (deutsch: anteriorer cingulärer Kortex) sowie in der rechten Insula (deutsch: Insel) zu einer erhöhten Reaktivität des systolischen Blutdrucks führte, wohingegen eine vermehrte Aktivität in spezifischen Bereichen des ventromedial Prefrontal Cortex (deutsch: ventromedialer präfrontaler Kortex) sowie in der linken Insula eine reduzierte Reaktivität zur Folge hatte. In anderen Arbeiten der Forscher aus Pittsburgh wurden noch weitere Hirnregionen identifiziert, die mit „zu hoher“ Aktivität des Sympathikus einhergehen und/oder mit „zu niedriger“ Aktivität des Parasympathikus, nämlich Thalamus, Amygdala sowie Pons (deutsch: Brücke), der ein Teil des Hirnstamms ist. Den Sympathikus und Parasympathikus erläutere ich weiter unten im Abschnitt „Stress und autonomes Nervensystem“ noch näher.

Zusammenfassend kann festgehalten werden, dass in Stresssituationen verschiedenste Hirnareale in einem Netzwerk zusammenarbeiten, um die Situation zu meistern. Leider ist es jedoch so, dass bei manchen Menschen bestimmte Areale „zu aktiv“ (zB Amygdala) oder „zu wenig aktiv“ (präfrontaler Kortex) sind, was mit „Überreaktionen“ des Sympathikus oder mit „Unterreaktionen“ des Parasympathikus einhergeht. Dies kann langfristig negative

Gesundheitskonsequenzen haben, insbesondere erhöht es die Wahrscheinlichkeit für Herz-Kreislauf-Erkrankungen.[93]

HPA-System

Wie sieht eine Stressreaktion entlang des HPA-Systems aus? Der Mensch nimmt einen Reiz wahr. Dies könnte zB der bereits beschriebene Absturz eines Computers sein.[94] Der User wird die Situation kognitiv beurteilen, was innerhalb weniger Sekunden abläuft und im Regelfall sowohl die primäre als auch die sekundäre Beurteilung nach dem Lazarus-Modell umfasst. Wird die Situation nun als potenziell schädlich eingestuft, so passiert Folgendes: Der Hypothalamus setzt das Corticotropin-Releasing-Hormon (CRH) frei. CRH beeinflusst Aktivität in der Hypophyse, was wiederum zu einer Ausschüttung des Adrenocorticotropic-Hormons (ACTH) führt. Über den Blutstrom gelangt ACTH dann in die Nebennieren, wo es die Freisetzung von Kortisol in den Blutstrom stimuliert. Sie sehen, physiologisch passiert in unserem Körper in Stresssituationen einiges.

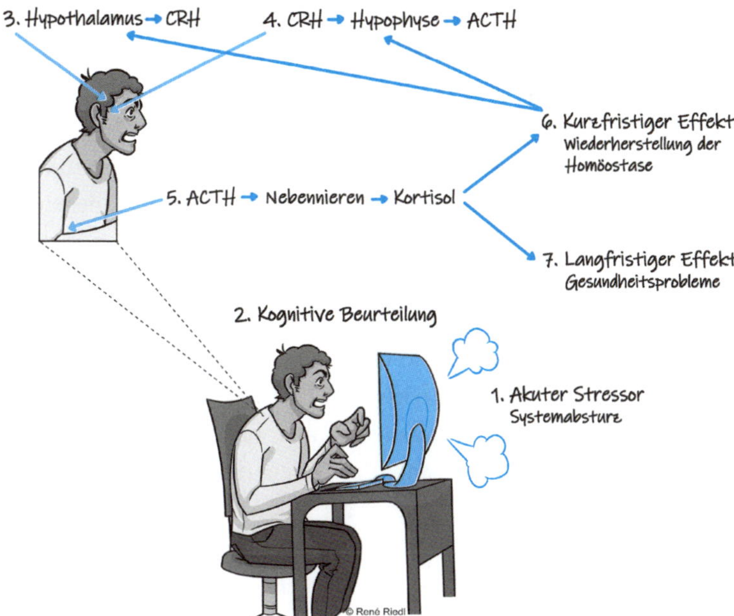

Abb 4: HPA-System im Kontext von digitalem Stress (Systemabsturz)

Stresshormone

Adrenalin, Noradrenalin und Kortisol beeinflussen Stressreaktionen auf der Physiologie-, Emotions-, Kognitions- und Verhaltensebene. Wichtige Funktionen von Adrenalin sind Herzfrequenzsteigerung, Blutgefäßverengung und dadurch ausgelöste Blutdrucksteigerung, Bronchialerweiterung und dadurch verbesserte Atmung, Freisetzung von Glukose und dadurch ausgelöst Energiebereitstellung sowie Hemmung der Magen-Darm-Tätigkeit. Die Blutgefäßverengung und die dadurch bewirkte Blutdrucksteigerung ist auch eine bedeutsame Funktion von Noradrenalin, das im Großen und Ganzen ähnliche Wirkungen wie Adrenalin hat. Ein im Vergleich zu Adrenalin wesentlicher Unterschied ist aber, dass Noradrenalin auch ein sehr wichtiger Neurotransmitter ist. Es überträgt also Signale im Nervensystem, konkret sowohl im Gehirn als auch im sympathischen Nervensystem. Nun noch zum Kortisol. Es erhöht den Blutzucker und leistet somit in Stresssituationen einen Beitrag zur Energiebereitstellung. Weiter verzögert es nicht relevante Abläufe im Körper wie die Verdauung, beeinflusst Gedächtnisprozesse und hat eine dämpfende Wirkung auf das Immunsystem. Letzteres erklärt, warum gestresste Menschen eine höhere Anfälligkeit für Infektionskrankheiten haben.[95, 96, 97]

Adrenalin und Noradrenalin sind die Grundlage von Kampf oder Flucht bei Stress. Beide Reaktionen gehen mit ausgeprägter Erregung einher, die neurobiologisch vor allem durch Aktivität des Sympathikus erzeugt wird. Kortisol hat zudem auch noch die Funktion, den Körper nach erfolgter Stressreaktion wieder in Homöostase zurückzubringen. Würde diese Wiedererlangung eines ausgeglichenen Zustands nicht erfolgen, so könnte ein Organismus nicht lange überleben, weil er in permanenter Erregung wäre.

Bei der Ausschüttung von Stresshormonen handelt es sich um eine evolutionär entstandene Reaktion des Körpers auf Ereignisse, die eine signifikante Bedrohung darstellen können und potenziell das Überleben gefährden. Beispielsweise geht ein Kortisolanstieg in Stresssituationen mit einer Veränderung der Wahrnehmung einher und beeinflusst Kognition, Affekte, Verhalten und Gesundheit. Forschungsergebnisse zeigen, dass experimentell verabreichtes Kortisol emotionale Zustände verbessern kann.[98] Weiter können akute Kortisolanstiege in Stresssituationen zu einer verbesserten Gedächtnisleistung führen.[99, 100] Nichtsdestotrotz gilt, dass neben diesen positiven kurzfristigen Effekten anhaltende oder wiederholte Anstiege von Stresshormonen auf lange Sicht gesundheitsschädliche Wirkungen haben, ua Burnout, Depression, Schlaflosigkeit, Fettleibigkeit, eine geschwächte Immunabwehr, bestimmte Tumorarten, chronisch hoher Blutdruck sowie Atherosklerose, also eine krankhafte Einlagerung von Cholesterin und Fettsäuren in die innere Wandschicht arterieller Blutgefäße, im Volksmund auch Arterienverkalkung genannt.[101, 102, 103, 104, 105, 106, 107, 108, 109]

Stress und autonomes Nervensystem

Viele Funktionen des autonomen Nervensystems (ANS), das auch vegetatives Nervensystem genannt wird, können nicht willentlich kontrolliert werden. Einige Funktionen wie zB die Atmung können jedoch teilweise auch bewusst gesteuert werden. Viele ANS-Aktivitäten werden vom Hirnstamm, insbesondere der Medulla Oblongata (deutsch: verlängertes Mark), sowie dem Hypothalamus gesteuert. Die wichtigsten Funktionen sind hierbei die Steuerung von Herzschlag und Atmung sowie der vasomotorischen Aktivitäten – vasomotorisch bedeutet die Gefäßnerven betreffend und dies hat somit einen Einfluss auf den Durchmesser der Blutgefäße, was wiederum Blutdruckveränderungen bewirkt. Das ANS besteht aus dem sympathischen Teil (kurz Sympathikus), dem parasympathischen Teil (kurz Parasympathikus) sowie dem enterischen Nervensystem. Letzteres ist ein eigenständiges Regelsystem des Magen-Darm-Trakts, wird jedoch durch Signale aus dem sympathischen und parasympathischen Teil beeinflusst.

Aus Stressperspektive, und somit auch aus der Sicht des digitalen Stresses, sind Sympathikus und Parasympathikus entscheidend. Der Sympathikus ist aktiv, wenn wir in einer Stresssituation sind. Der Parasympathikus ist die physiologische Grundlage des Körpers im Ruhezustand. **Als optimal gilt, wenn das Zusammenspiel von Sympathikus und Parasympathikus perfekt funktioniert.** Die negativen Wirkungen von Stress kommen insbesondere beim Vorliegen von zumindest einer der beiden folgenden Bedingungen zum Tragen:[110]

- Der **Sympathikus** reagiert in potenziellen Stresssituationen unangemessen sensitiv oder er steht überhaupt „unter Dauerfeuer", weil dem Körper nicht ausreichend Ruhephasen gegönnt werden.
- Der **Parasympathikus** funktioniert nicht zufriedenstellend, dh man kehrt nach Stressphasen nicht ausreichend und/oder nur langsam in eine Ruhephase zurück.

In Stresssituationen wird der Sympathikus aktiv und stimuliert eine Reihe von Reaktionen: Herzschlagbeschleunigung, Blutdruckanstieg, Erhöhung der Atemfrequenz, Erweiterung der Bronchien (was die Leistungsfähigkeit steigert, da vermehrt Sauerstoff für das Gehirn und die Muskulatur bereitsteht), Pupillenerweiterung (was erhöhte visuelle Aufmerksamkeit bewirkt), Erhöhung der Schweißbildung und somit Anstieg des Hautleitwerts (was bewirkt, dass bei anstehendem Kampf oder Flucht die Körpertemperatur nicht zu stark ansteigt), Glukosefreisetzung in der Leber (was die Leistungsfähigkeit erhöht, da Glukose für Hirn- und Muskelaktivität notwendig ist), Anstieg der Muskelspannung (um auf körperliche Aktivität vorbereitet zu sein) und Unterdrückung von Prozessen, die in Stresssituationen nicht wichtig sind (zB Speichelfluss und Verdauung, daher haben wir bei Aufregung oft einen trockenen Mund). Aktivität des Parasympathikus hat im Wesentlichen gegenteilige Wirkungen. Abbildung 5 fasst wichtige körperliche Reaktionen bei Aktivität von Sympathikus und Parasympathikus zusammen.

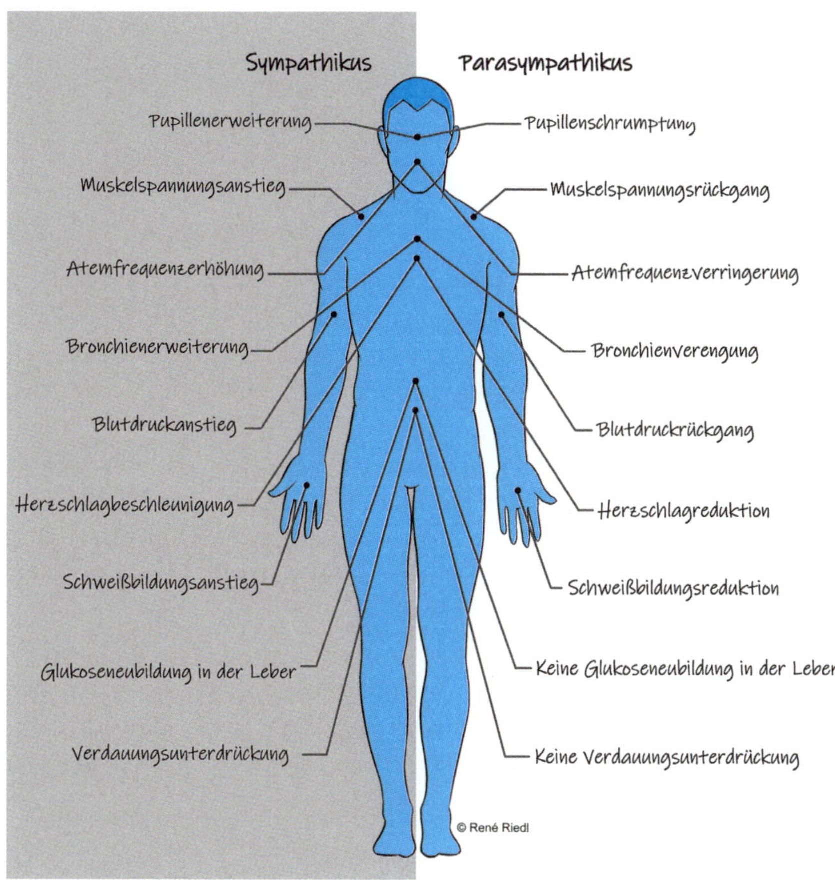

Abb 5: Wichtige körperliche Reaktionen bei Aktivität von Sympathikus (Stress) und Parasympathikus (Ruhe)

Sind Stressreaktionen genetisch veranlagt?

Jeder Mensch hat eine spezifische genetische Veranlagung, die Einfluss auf seine äußeren Merkmale wie Körpergröße oder Augenfarbe hat. Was viele Menschen jedoch nicht wissen, ist, dass die Genetik – in teilweise recht hohem Ausmaß – auch die kognitiven und emotionalen Prozesse in einem Menschen sowie sein Verhalten bestimmt. Daraus folgt, dass die genetische Veranlagung auch Reaktionen auf Stressoren beeinflusst.[111] Beispielsweise liegen der Produktion und Freisetzung von Stresshormonen spezifische Gene zugrunde. Selbiges gilt für die zahlreichen physiologischen Abläufe, die mit der Aktivierung des Sympathikus und Parasympathikus zusammenhängen.

Aber warum unterscheiden sich Menschen in ihren Stresswahrnehmungen und Reaktionen auf Stressoren? Gene können verschiedene Varianten annehmen. Die DNA kann also an einer bestimmten Stelle eines Chromosoms zwischen verschiedenen Menschen variieren. Solche Varianten eines Gens nennt man **Allele** und unterschiedliche Allele können mit unterschiedlichen Stressreaktionen einhergehen. In Stresssituationen spielt insbesondere der Einfluss der Genetik auf die Anatomie und Funktionalität des Gehirns eine Rolle. Dies ist deshalb der Fall, weil Zellen in bestimmten Hirnregionen Hormone freisetzen und andere Regionen Rezeptoren für spezifische Hormone haben. Freisetzung und Aufnahme eines Stresshormons bzw seiner Vorläufersubstanzen in einer bestimmten Hirnregion beeinflussen die Aktivierung dieser Region. Aktivierungsmuster im Gehirn haben wiederum einen Einfluss auf Wahrnehmung, Emotion, Kognition und Verhalten.[112, 113]

HPA-System und Genetik

Untersuchungen weisen darauf hin, dass die durch psychosozialen Stress hervorgerufene Aktivierung des HPA-Systems teilweise vererbbar ist.[114] Ein entscheidendes Gen mit Auswirkungen auf die Reaktion des HPA-Systems ist das Gen zum Wachstumsfaktor BDNF. Dies steht für brain-derived neurotrophic factor, „vom Gehirn stammender neurotropher Faktor", also eine Art Nervenwachstumsfaktor. Dieses Gen spielt ua bei der Aktivierung des Hypothalamus eine Rolle. Sie erinnern sich sicher, diese Hirnregion ist an Stressreaktionen entscheidend beteiligt.

In einer Studie wurde der Zusammenhang zwischen einer bestimmten Variante des BDNF-Gens (Val66Met-Polymorphismus) und HPA-Reaktivität ermittelt, wobei die Reaktivität über das Stresshormon Kortisol sowie Blutdruck und Herzschlagfrequenz gemessen wurde.[115] Es wurde ein geschlechterspezifischer Effekt festgestellt. Konkret wurde gezeigt, dass bei Männern mit einer bestimmten Variante des Gens eine abgeschwächte physiologische

Stressreaktion vorliegt. In einer Folgestudie konnte zudem gezeigt werden, dass diese reduzierte physiologische Reaktion mit niedrigeren Fragebogenwerten bei wahrgenommenem Stress und wahrgenommener Nervosität einhergeht.[116] Beachten Sie aber, dass Männer *nicht* grundsätzlich eine genetische Veranlagung haben, die sie weniger für Stress anfällig macht als Frauen.

Was lernen wir aus all diesen Erkenntnissen? Wenn ein Mensch Glück hat, ist er mit einer spezifischen Variante eines für Stressreaktionen wichtigen Gens ausgestattet, so dass seine physiologische Reaktion milder ausfällt als bei Menschen mit einer anderen Genvariante.

Emotionale Instabilität und Genetik

Die Forschung zeigt weiter, dass der Val66Met-Polymorphismus mit verändertem Neurotizismus einhergeht, eine wichtige Komponente der menschlichen Persönlichkeit.[117] Hoher Neurotizismus bedeutet hohe emotionale Instabilität. Forscher geben an, dass 40 bis 60 % von neurotischem Verhalten und der dadurch ausgelösten Stressreaktionen auf genetische Veranlagung zurückgeführt werden können.[118] Man kann daher sagen, dass folgende Verhaltenstendenzen zum Teil genetisch veranlagt sind: Reizbarkeit und Launenhaftigkeit; Neigung zu Nervosität, Unsicherheit und Verlegenheit; Klagen über Ärger und Ängste sowie über körperliche Schmerzen; Neigung zu Melancholie und Traurigkeit; tendenziell negative Affektlage sowie oftmalige Unzufriedenheit.[119]

Bedenken Sie aber, dass spezifische Genvarianten im Regelfall mit Umweltfaktoren wie Bewegung, Ernährung und dem sozialen Umfeld interagieren und erst durch diese Interaktion die Auswirkungen auf Stressreaktionen entstehen. Es handelt sich somit um ein **epigenetisches Phänomen**. Diese Erkenntnis wird durch Befunde gestützt, die zeigen, dass eine spezifische Genvariante des neuroaktiven Hormons Serotonin in Kombination mit einer Biografie sehr stressvoller Lebensereignisse die Wahrscheinlichkeit für Depression erhöht.[120] Neben Serotonin spielt auch das neuroaktive Hormon Oxytocin bei Stressreaktionen eine Rolle. Eine Studie hat gezeigt, dass eine spezifische Variante des Oxytocin-Rezeptor-Gens mit einer erhöhten physiologischen Reaktion in Stresssituationen einhergeht, konkret wurde eine erhöhte Herzschlagrate festgestellt.[121]

Conclusio

Zusammenfassend zeigt der hier nur beispielhaft dargestellte Forschungsstand zur Genetik, dass ein signifikanter Anteil von menschlichen Stressreaktionen genetisch vorbestimmt sein dürfte.[122, 123] Trotz dieser Tatsache besteht unter Wissenschaftlern jedoch weitgehende Übereinstimmung darüber, dass solche genetischen Veranlagungen im Allgemeinen – und damit auch diejenigen, die mit Stress zu tun haben – ihre Wirkung im Regelfall erst durch die Interaktion mit der Umwelt entfalten.[124, 125]

Daher können Sie sich Folgendes merken: Ob Sie nun die Natur in Bezug auf Stress eher mit „guten" oder „schlechten" Genvarianten ausgestattet hat, es gilt, dass Ihre Umgebung (zB soziales Umfeld), Ihr eigenes Verhalten (zB gesunder Lebensstil) und Ihr Denken (zB kognitive Interpretation von Stressfaktoren) einen großen Einfluss darauf haben, wie stark Ihre Stressreaktionen ausfallen und welche gesundheitlichen Konsequenzen sich daraus langfristig ergeben. Der Mensch ist also im Stresskontext kein Opfer seiner eigenen genetischen Veranlagung, sondern kann durch Gestaltung seiner Lebensumstände auf den Stress und seine Folgen aktiv einwirken. Das gilt natürlich auch spezifisch für digitalen Stress.

Kapitel 3:

Die Informations- und Kommunikations-misere

Das folgende Kapitel beschreibt Phänomene wie mangelnde Usability, niedrige Informationsqualität, Multitasking, ständige Unterbrechungen durch digitale Technologien, E-Mail-Stress, eine gestörte Work-Life-Balance sowie der aus der Nutzung von Smartphones und Social Media (zB WhatsApp, Facebook) resultierende Stress. Insbesondere zeigt es, dass Multitasking zu Stress, Burnout und Depression führen kann. Weiter ist belegt, dass die ständige mentale Verarbeitung von Informationen das Herz-Kreislauf-System der Benutzer ungünstig beeinflussen kann (zB Blutdruckanstieg). Besonders wird auf die negativen Auswirkungen der heutigen Unterbrechungskultur eingegangen, die durch die enorme Verbreitung digitaler Technologien zu einem fundamentalen Problem in Wirtschaft und Gesellschaft geworden ist. Es werden auch Maßnahmen erläutert, wie man der Informations- und Kommunikationsmisere wirksam begegnen kann.

Da Informationsversorgung ohne Kommunikationsprozesse nicht möglich ist und auch keine Kommunikation möglich ist, bei der nicht irgendeine Form von Information übermittelt wird, spricht man bei Betrachtung von Information und Kommunikation vom „siamesischen Zwillingscharakter“. Man könnte auch sagen, Information und Kommunikation sind die zwei Seiten derselben Medaille. In diesem Kapitel befasse ich mich mit der Informations- und Kommunikationsmisere. Das Wort „Misere“ bedeutet laut Duden „bedauernswerte Lage, Notlage“ und geht auf den lateinischen Ausdruck „miser“ zurück, also „elend, erbärmlich“. Ich habe dieses Wort sehr bewusst für die Bezeichnung dieses Kapitels ausgewählt, denn was in Bezug auf Information und Kommunikation in Wirtschaft und Gesellschaft abläuft, ist damit gut beschrieben.

Wann haben Sie das letzte Mal nach Informationen gesucht, diese aber nicht gefunden? In einem von mir mitverfassten Buch zum betrieblichen Informationsmanagement befassen wir uns damit, wie wichtig eine optimale Informationsversorgung der Mitarbeiter in Unternehmen ist.[126] Manager treffen Entscheidungen, dafür brauchen sie Informationen. Mitarbeiter erledigen Aufgaben, dafür brauchen sie auch Informationen. Ein Unternehmen kann ohne entsprechende Informationsversorgung nicht funktionieren.

Die zur Erfüllung von betrieblichen Aufgaben erforderlichen Informationen sind als Informationsangebot zur Verfügung zu stellen. In modernen Unternehmen wird dieses Angebot größtenteils über computerbasierte Informationssysteme bereitgestellt. Das Problem in vielen Unternehmen ist jedoch, dass sich die Informationsnachfrage der Mitarbeiter und das durch die Systeme bereitgestellte Informationsangebot nicht decken. Die benötigten Informationen werden oft nicht in entsprechender Weise zur Verfügung gestellt. Dies hat etliche negative Konsequenzen wie Stress, Technologieakzeptanzprobleme und Unzufriedenheit.[127, 128] Entscheidungen können nicht optimal getroffen und Aufgaben nur unzureichend erledigt werden. Dies führt dazu, dass die Leistung der Mitarbeiter und die Performance des Unternehmens zurückgehen.[129, 130] Mangelndes Gleichgewicht zwischen Informationsnachfrage und -angebot kann viele Ursachen haben. Mit zwei wesentlichen Ursachen befasse ich mich im Folgenden: Probleme mit der Usability und niedrige Informationsqualität. Diese beiden Faktoren sind laut aktuellem Kenntnisstand zentrale Einflussgrößen bei der Bestimmung von Technologieakzeptanz.[131]

Usability: Fehlanzeige!

In einer Veröffentlichung der deutschen Bundesanstalt für Arbeitsschutz und Arbeitsmedizin steht zu lesen:

„Die Berufstätigen von heute [...] Rund um die Uhr flutet in ihr Gehirn ein Strom von Informationen dank Computer [...] und anderer Medien – sowohl im Unternehmen als auch zu Hause [...] Psychische Belastung ist die Gesamtheit aller erfassbaren Einflüsse, die von außen auf den Menschen zukommen und psychisch auf ihn einwirken [...] Beispiele: Computersystemabstürze ohne ersichtlichen Grund [...] Grundsätze der Ergonomie sind insbesondere auf die Verarbeitung von Informationen durch den Menschen anzuwenden. Die Kriterien der Software-Ergonomie (Gebrauchstauglichkeit von Software) nach DIN EN ISO 9241 sind zu berücksichtigen: 1. Aufgabenangemessenheit 2. Selbstbeschreibungsfähigkeit 3. Steuerbarkeit 4. Erwartungskonformität 5. Fehlertoleranz 6. Individualisierbarkeit 7. Lernförderlichkeit [...] Fallbeispiel: Herr Schmidt hat große Probleme beim Umgang mit dem neuen PC-Programm [...] Herrn Schmidt gelingt gar nichts. Innerlich ist er von den Tagesaufgaben bereits erschöpft, er reagiert fahrig und macht zahlreiche Fehler – sogar bei Dingen, die ihm sonst leicht von der Hand gehen (psychische Ermüdung durch Überforderung) [...] Langfristige Folge: Der Chef ist mit der Erfüllung der Aufgabenstellung unzufrieden. Da das kein Einzelfall ist, wächst die Unsicherheit von Herrn Schmidt. Er weiß nicht mehr aus noch ein, schläft schlecht, geht gar nicht mehr gern zur Arbeit. Depressive Verstimmungen stellen sich ein – zunächst selten, später häufiger (Krankheit)."[132]

So wie Herrn Schmidt geht es vielen Menschen. Computersysteme sind oft unzuverlässig und zudem ist die Software-Ergonomie mangelhaft. Daraus folgende Probleme bei der Aufgabenerfüllung führen zu Ermüdung und langfristig kann dies die Gesundheit schädigen.

Normen, Gesetze und Richtlinien

Probleme mit der Software-Ergonomie sind seit den Anfängen des Computers bekannt. Im Textauszug der Bundesanstalt für Arbeitsschutz und Arbeitsmedizin wird auf die **Usability-Norm ISO 9241 (Teil 110)** hingewiesen. Diese und ähnliche Normen werden von der International Organization for Standardization (ISO) mit Sitz in der Schweiz sowie dem Deutschen Institut für Normung e.V. (DIN) mit Sitz in Berlin herausgegeben. Ernest Wallmüller, ein angesehener Experte im Bereich Softwarequalität, schreibt zur besagten ISO-Norm: „[Die] Berücksichtigung und Einhaltung dieser Grundsätze stellt bereits ein Ausmaß an Usability sicher, das jenes der meisten in der Praxis anzutreffenden Benutzerschnittstellen übertrifft.“[133] Normen zur Gebrauchstauglichkeit von Computersystemen einzuhalten dürfte somit in der Praxis eher Seltenheitswert haben, obwohl diese als Mindeststandard denn als Plafond höchster Qualität anzusehen sind.

Doch nicht nur Normen sind im Bereich der **Ergonomie** relevant, sondern auch Gesetze. Sollten Sie sich jetzt fragen, von welchen Gesetzen hier die Rede ist, dann geht es in Deutschland zB um Regelungen in der Arbeitsstättenverordnung (ArbStättV). Dort werden die Sicherheit und der Schutz der Gesundheit von Beschäftigten geregelt und Anforderungen an die menschengerechte Gestaltung der Arbeit formuliert. In einer Veröffentlichung des deutschen Bundesministeriums für Arbeit und Soziales aus dem Jahr 2018 steht zur ArbStättV zu lesen:

„Die fortschreitende Digitalisierung wird die Arbeitswelt tiefgreifend und in rasanter Weise verändern. Die Einführung neuer technischer Geräte und Fertigungsverfahren sowie daran angepasste neue Arbeitsformen werden diese Änderungsprozesse beschleunigen […] Bildschirmarbeitsplätze sind zum Kennzeichen der modernen ‚digitalen' Arbeitswelt geworden. Computer, Tablet und Smartphone sind in der vernetzten Arbeitswelt nicht mehr wegzudenken [...] Ungenügend gestaltete Arbeitsplatz- und Arbeitsumgebungsbedingungen [...] unzureichende Ergonomie und Softwaregestaltung [...] führen zu Belastungen, die zu psychischen Erkrankungen der Beschäftigten beitragen können [...] Die Grundsätze der Ergonomie sind auf die Bildschirmarbeitsplätze und die erforderlichen Arbeitsmittel sowie die für die Informationsverarbeitung durch die Beschäftigten erforderlichen Bildschirmgeräte entsprechend anzuwenden."[134]

In Österreich sollten Sie einen Blick in § 68 des ArbeitnehmerInnenschutzgesetzes (ASchG) werfen, dort steht ua zu lesen:

„Besondere Maßnahmen bei Bildschirmarbeit – § 68. (1) Im Rahmen der Ermittlung und Beurteilung der Gefahren ist auch auf die mögliche Beeinträchtigung des Sehvermögens sowie auf physische und psychische Belastungen besonders Bedacht zu nehmen. Auf Grundlage dieser Ermittlung und Beurteilung sind zweckdienliche Maßnahmen zur Ausschaltung der festgestellten Gefahren zu treffen, wobei das allfällige Zusammenwirken der festgestellten Gefahren zu berücksichtigen ist. (2) Bei der Konzipierung, Auswahl, Einführung und Änderung der Software sowie bei der Gestaltung von Tätigkeiten, bei denen Bildschirmgeräte zum Einsatz kommen, haben die Arbeitgeber folgende Faktoren zu berücksichtigen [...] Die Software muß benutzerfreundlich sein und gegebenenfalls dem Kenntnis- und Erfahrungsstand der Benutzer angepaßt werden können [...] Die Grundsätze der Ergonomie sind insbesondere auf die Verarbeitung von Informationen durch den Menschen anzuwenden."[135]

Eine Beachtung dieser und weiterer gesetzlicher Vorschriften, Normen und Richtlinien erhöht die Usability signifikant, hat aber in der Praxis meiner Erfahrung nach eher Seltenheitswert. Hohe Usability reduziert digitalen Stress und erhöht die Benutzerzufriedenheit.[136] Die wahrscheinlich weltweit bedeutendsten **Usability-Richtlinien** stammen vom US-amerikanischen Informatiker Ben Shneiderman („Die 8 Goldenen Regeln des Designs von

Benutzeroberflächen“[137]) und vom dänischen IT-Berater Jakob Nielsen („Die 10 Usability-Heuristiken“[138]).

Usability einfach bestimmen

Es gibt eine Vielzahl an Methoden, mit denen Usability bestimmt werden kann, diese reichen von Expertenbeurteilungen bis zu neurophysiologischen Messverfahren, wo zB mit der funktionellen Magnetresonanztomografie in das Gehirn der Benutzer geblickt wird.[139] Eines der praktikabelsten Verfahren ist jedoch die **SUS – System-Usability-Skala**. Sie wurde vom britischen IT-Berater und ehemaligen ISO-Komitee-Mitglied John Brooke 1986 entwickelt und 1996 veröffentlicht.[140, 141] Es handelt sich hierbei um einen Fragebogen mit zehn Fragen, mit dem „quick and dirty“ (O-Ton Brooke) die Usability eines Systems bestimmt werden kann. Voraussetzung für die Anwendung ist, dass die beurteilende Person Erfahrung im Umgang mit dem System hat, also ein User ist. Zu jeder der zehn Fragen gibt der Benutzer seine Ablehnung oder Zustimmung an. Die fünfstufige Skala reicht von 1 = „stimme überhaupt nicht zu“ bis 5 = „stimme voll und ganz zu“. Zwischenwerte sind 2, 3 und 4, hierzu gibt es keine sprachlichen Bezeichner. Wenn ein User bei einer bestimmten Frage kein Urteil abgeben kann, soll die Mitte der Skala angegeben werden, also „3“. Abbildung 6 zeigt die zehn Fragen mit einem Rechenbeispiel.

Die Punkte bei jeder Frage reichen von 0 bis 4. Die Rechenvorschrift ist wie folgt: Für die Fragen 1, 3, 5, 7 und 9 ist der Punktebeitrag die Skalenposition minus 1; für die Fragen 2, 4, 6, 8 und 10 beträgt der Punktebeitrag 5 minus der Skalenposition. Danach muss die Summe aller Punkte mit 2,5 multipliziert werden. So ergibt sich der Gesamtscore. SUS-Werte liegen zwischen 0 und 100. Je höher der Score, desto besser die Usability. In Abbildung 6 sind am rechten Rand jene Werte dargestellt, die sich durch Anwendung der Rechenvorschrift ergeben, ihre Summe ist 22. SUS liefert daher im Beispiel einen Gesamtscore von 55 (= 22×2,5).

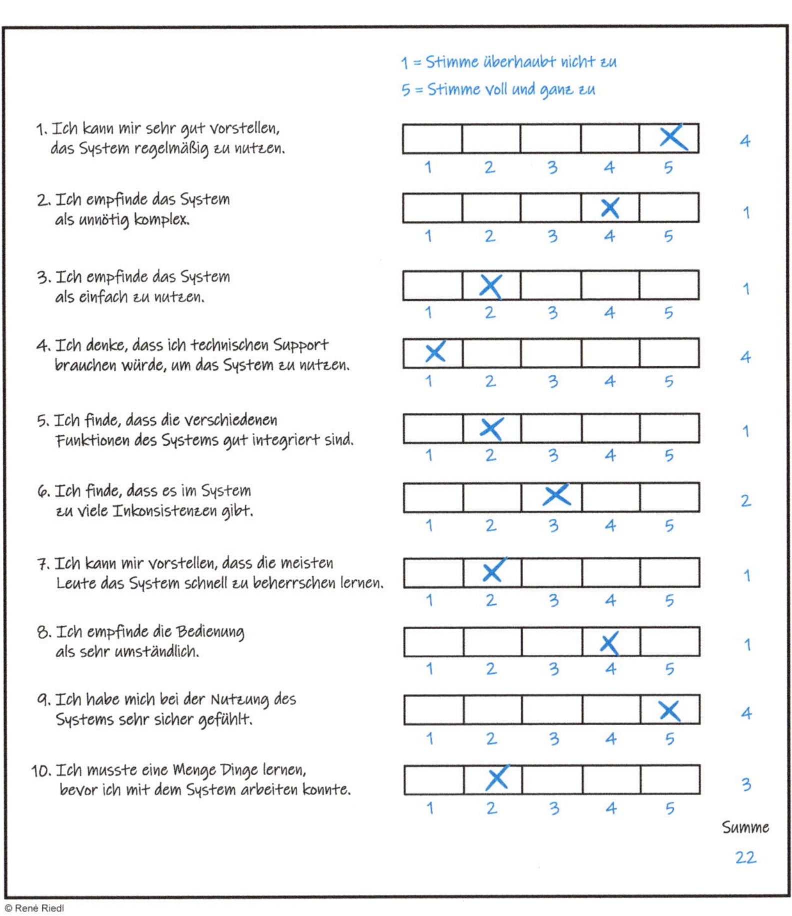

Abb 6: Rechenbeispiel SUS – System-Usability-Skala[142]

Untersuchungen mit rund 1.000 Testpersonen haben gezeigt, dass der SUS-Gesamtscore einen sehr starken Zusammenhang mit dem Score auf folgende Frage aufweist: *Im Großen und Ganzen würde ich die Benutzerfreundlichkeit dieses Produkts wie folgt einstufen*: 1 = „das schlimmste Vorstellbare", 2 = „schrecklich", 3 = „schlecht", 4 = „ok", 5 = „gut", 6 = „exzellent", 7 = „das beste Vorstellbare".[143, 144] Mit „Produkt" ist jede Form von digitaler Technologie gemeint.

Wenn Sie den SUS-Fragebogen anwenden, stellt sich die Frage nach dem Grenzwert, bei dem die Usability eines Produkts noch akzeptabel ist. Die Quintessenz umfangreicher Forschungen ist, dass Produkte, die zumindest als passabel gelten wollen, einen Gesamtscore von mindestens 70 haben müssen.[145, 146] Wirklich souveräne Produkte haben einen Score größer 90. Produkte mit einem Score von unter 70 sollten als Kandidaten für eine verstärkte Prüfung und kontinuierliche Verbesserung angesehen werden. Produkte mit einem Score kleiner 50 geben Anlass zu großer Sorge und sind inakzeptabel. Diese Sorge ist nicht nur im Stresspotenzial des Produkts begründet, sondern auch darin, dass Nutzer solcher Produkte bei ihrer Aufgabenerledigung nicht entsprechend unterstützt werden.

Wie sieht es im Ihrem Unternehmen aus? Wenn die User ein Anwendungssystem verwenden, das einen Score kleiner 50 hat, dann ist die Wahrscheinlichkeit sehr groß, dass das System bei der Aufgabenerledigung eher hinderlich als nützlich ist. Wenn nun aber bestimmte Abläufe in Unternehmen ausschließlich auf der Basis eines bestimmten Systems abgewickelt werden und das System eine inakzeptable Usability hat (Score < 50), dann kann man das durchaus als eine Form der „Nötigung" der Mitarbeiter bezeichnen.

Handeln Sie jetzt! Verwenden Sie den SUS-Fragebogen und schlagen Sie auch Ihren Kollegen, der IT-Leitung, der HR-Leitung sowie dem Top-Management die Verwendung vor. Diagnostizieren Sie den Status der Usability Ihrer Systeme. Im Falle eines bedenklichen Gesamtscores evaluieren Sie die Systeme im Detail und regen Sie Verbesserungen an. Die verbesserten Systeme werden Ihren Stress reduzieren und auch die Arbeitsleistung wird sich erhöhen.

Niedrige Informationsqualität

Neben Usability-Problemen ist niedrige Informationsqualität eine weitere wichtige Ursache für Benutzerstress.[147, 148] Doch was ist Informationsqualität überhaupt? Und wie kann sie bestimmt werden? Nach herrschender Lehre gibt es 15 Kriterien zur Bestimmung von Informationsqualität:[149, 150, 151]

- Zugänglichkeit: Informationen sind zugänglich, wenn sie anhand einfacher Verfahren und auf direktem Weg für den Benutzer abrufbar sind.

- Angemessener Umfang: Informationen sind von angemessenem Umfang, wenn die Menge der verfügbaren Information den gestellten Anforderungen genügt.
- Glaubwürdigkeit: Informationen sind glaubwürdig, wenn die Informationsgewinnung und -verbreitung mit hohem Aufwand betrieben werden.
- Vollständigkeit: Informationen sind vollständig, wenn keine Details fehlen und zu den festgelegten Zeitpunkten in den jeweiligen Arbeitsschritten zur Verfügung stehen.
- Übersichtlichkeit: Informationen sind übersichtlich, wenn genau die benötigten Informationen in einem passenden und leicht fassbaren Format dargestellt sind.
- Einheitliche Darstellung: Informationen sind einheitlich dargestellt, wenn die Informationen fortlaufend auf dieselbe Art abgebildet werden.
- Bearbeitbarkeit: Informationen sind leicht bearbeitbar, wenn sie leicht zu ändern und für unterschiedliche Zwecke zu verwenden sind.
- Fehlerfreiheit: Informationen sind fehlerfrei, wenn sie mit der Realität übereinstimmen.
- Eindeutigkeit: Informationen sind eindeutig, wenn sie in gleicher, fachlich korrekter Weise begriffen werden.
- Objektivität: Informationen sind objektiv, wenn sie streng sachlich und wertfrei sind.
- Relevanz: Informationen sind relevant, wenn sie für den Benutzer notwendige Informationen liefern.
- Verlässlichkeit: Informationen sind als verlässlich anzusehen, wenn die Informationsquelle, das Transportmedium und das verarbeitende System im Ruf einer hohen Vertrauenswürdigkeit stehen.
- Aktualität: Informationen sind aktuell, wenn sie die tatsächliche Eigenschaft des beschriebenen Objekts zeitnah abbilden.
- Verständlichkeit: Informationen sind verständlich, wenn sie unmittelbar von den Benutzern verstanden und für deren Zwecke eingesetzt werden können.
- Wertschöpfung: Informationen sind wertschöpfend, wenn ihre Nutzung zu einer monetären und somit quantifizierbaren Steigerung eines Ziels führen kann.

Eine 2019 veröffentlichte Studie weist nach, dass Informationsqualität einen positiven Einfluss auf den Unternehmenserfolg hat.[152] Informationsqualität wurde in der Studie mit Vollständigkeit, Übersichtlichkeit, Fehlerfreiheit und Aktualität gemessen; Unternehmenserfolg mit Kundenbindung, Umsatzanstieg und Rentabilitätssteigerung. Bemerkenswert an der Studie ist, dass der Einfluss von Informationsqualität auf den Unternehmenserfolg nicht direkt erfolgt, sondern via **Nutzeremotionen**. Bei hoher Informationsqualität ergeben sich positive Emotionen und Benutzerzufriedenheit, was wiederum den Unternehmenserfolg positiv beeinflusst. Bei niedriger Informationsqualität ergeben sich hingegen negative Emotionen und Stress, was den Unternehmenserfolg negativ beeinflusst.

Informationsüberlastung und die magische Zahl Sieben

Wenn Programme das Auffinden von Information nicht durch ein benutzungsfreundliches Design, ausgeklügelte Funktionen und eine einfache Navigation unterstützen, dann entsteht rasch Informationsüberlastung.[153] Diese Überlastung wird durch überbordende E-Mail-Kommunikation und die unreflektierte Verwendung von Enterprise Social Software (zB Microsoft Teams, IBM Connections, Slack) und Social Media (zB Facebook, WhatsApp, Instagram) weiter erhöht.[154, 155] Zu große Mengen an Information, insbesondere wenn diese nicht ausreichend strukturiert und benutzungsfreundlich visualisiert sind, können zu erhöhter mentaler Belastung und Stress führen.[156]

Bei den meisten Menschen tritt eine Informationsüberlastung ziemlich rasch ein. Eine wesentliche Ursache hierfür ist die Beschränkung des Kurzzeitgedächtnisses. Im Jahr 1956 hat der US-amerikanische Psychologe George Miller (1920–2012), der an der Princeton Universität lehrte, eine viel beachtete wissenschaftliche Arbeit veröffentlicht. Der Titel des Artikels bringt die Erkenntnis bereits auf den Punkt: „Die magische Zahl Sieben, plus oder minus Zwei“. Im englischen Original „The Magical Number Seven, Plus or Minus Two: Some Limits on our Capacity for Processing Information“.[157] Es wird das Phänomen beschrieben, dass ein Mensch gleichzeitig nur 7±2 Informationseinheiten im Kurzzeitgedächtnis präsent halten kann.

Stellen Sie sich ein Blatt Papier vor, auf dem neun Ziffern von links nach rechts aufgeschrieben sind und Sie haben die Möglichkeit, die Ziffern kurz anzusehen. Nun drehen Sie das Blatt um und versuchen, die Ziffern in der richtigen Reihenfolge aufzuschreiben. Ein durchschnittlich begabter Mensch merkt sich sieben Ziffern in der richtigen Reihenfolge, manche um ein oder zwei weniger oder um ein oder zwei mehr. Sehr selten merkt man sich weniger als fünf oder mehr als neun Ziffern.

Interessant ist in diesem Zusammenhang, dass schon mehrere Hundert Jahre davor der englische Philosoph John Locke (1632–1704) ein ähnliches Phänomen beschrieb, als er das Auffassungsvermögen von Erwachsenen beobachtete.[158] Er stellte fest, dass Menschen, die eine größere Anzahl von Gegenständen einen kurzen Augenblick lang sehen konnten, bei bis zu sieben Objekten eine Trefferquote von fast 100 % hatten, wenn die Objekte aus dem Gedächtnis wieder benannt werden sollten. Bei mehr als sieben Gegenständen kam es zu einem schlagartigen Abfall der Trefferquote.

Jüngere Forschungsergebnisse aus den 2000er Jahren zeigen, dass die „magische Zahl" vielleicht gar nicht 7 ist, sondern eventuell nur 4.[159] Mit anderen Worten: Das menschliche Kurzzeitgedächtnis ist möglicherweise noch beschränkter, als lange Zeit angenommen. Dieser Umstand erklärt auch, warum heutzutage so viele Menschen digitalen Stress wahrnehmen, unser Kurzzeitgedächtnis ist nicht für die großen Informationsmengen einer digitalen Welt angelegt!

Multitasking

Eine wesentliche Ursache von Informationsüberlastung ist, dass immer mehr Menschen mehrere IT-Geräte wie PC, Tablet und Smartphone sowie diverse Programme und Apps parallel verwenden. „Parallel" meint dabei aus hirnphysiologischer Sicht nicht wirklich parallel, denn die

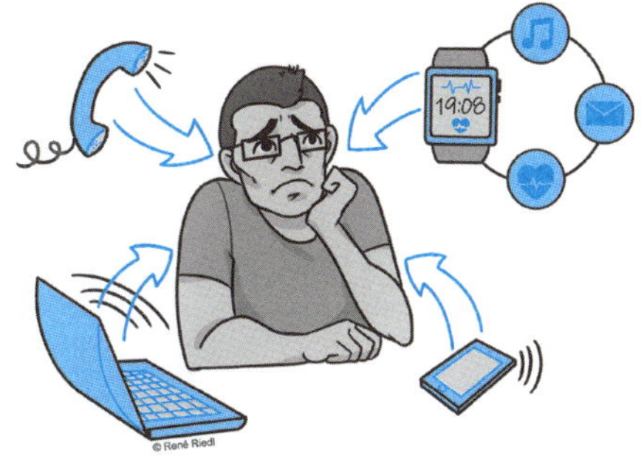

mentale Aufmerksamkeit auf zwei Dinge gleichzeitig zu richten, ist nicht möglich.[160, 161] Es ist aber natürlich möglich, dass geistige und motorische Prozesse parallel ablaufen, zB autofahren und dabei telefonieren. Hoffentlich mit Freisprechanlage! Die Tätigkeiten von Managern und Büroangestellten sind fast ausschließlich geistiger Art. Motorische Prozesse spielen hierbei keine bedeutende Rolle. Daher ist Informationsüberlastung beim parallelen Bearbeiten mehrerer mentaler Aufgaben ein weit verbreitetes Phänomen in unserer heutigen Digitalwelt.[162]

Multitasking = Schlechtere Leistung

Eine Untersuchung, in der die Ergebnisse von 56 Einzelstudien zu den Folgen von Multitasking unter Jugendlichen analysiert wurden, kommt zum Schluss, dass schulische Leistung negativ mit dem Ausmaß an Multitasking zusammenhängt.[163] Mehr Multitasking = schlechtere Leistung. Die Untersuchung hat auch herausgefunden, dass die Verwendung sozialer Medien wie Facebook und das Schreiben von Textnachrichten während des Unterrichts mit besonders negativen Leistungen einherging.

Diese Forschung mit Jugendlichen legt nahe, dass Multitasking auch die Leistung von erwachsenen Menschen negativ beeinflusst, weil jüngere Menschen beim parallelen Verarbeiten von Informationen typischerweise besser sind als ältere Menschen.[164] Ein wichtiger Grund hierfür ist, dass die für das rasche Wechseln zwischen Aufgaben relevanten Hirnregionen mit zunehmendem Alter an Funktionsfähigkeit verlieren.[165, 166] Zudem erfolgen im Zuge des normalen Alterungsprozesses stressrelevante Veränderungen in Hirnregionen wie dem präfrontalen Kortex, dem Hippocampus, der Insula, dem Thalamus und den Basalganglien. Auch verändern sich mit zunehmendem Alter Hormone wie Kortisol und Noradrenalin, die unmittelbar mit Stress in Verbindung stehen.[167]

Internet-Multitasking kann zu Stress, Burnout und Depression führen

In Deutschland wurde eine Befragungsstudie zum Multitasking durchgeführt.[168] Es wurden drei Altersgruppen analysiert: 14–34 Jahre, 35–49 Jahre und 50–85 Jahre. Die Studie umfasst somit Digital Natives und Digital Immigrants. Erstere sind Personen, die in einer digitalen Welt bereits aufgewachsen sind. Letztere sind Personen, die die digitale Welt erst im Erwachsenenalter kennengelernt haben. Ziel der Studie war es, Ursachen und Konsequenzen von Internet-Multitasking und Kommunikationsbelastung zu erforschen. Internet-Multitasking wurde über die Häufigkeit der Internetnutzung *während* der folgenden Aktivitäten erfasst: andere Medien benutzen, in einem Gespräch mit einer anderen Person sein, mit einer anderen Person zu Abend essen, mit dem (Ehe-)Partner interagieren und mit Freunden ausgehen. Kommunikationsbelastung wurde mit der Anzahl täglich gesendeter und empfangender E-Mails und Social-Media-Nachrichten erfasst (sowie ein paar weiteren Faktoren). Als Ursachen für Kommunikationsbelastung und Internet-Multitasking wurden der soziale Druck, permanent verfügbar zu sein, und die Angst, etwas zu verpassen, untersucht. Als Konsequenzen standen wahrgenommener Stress, Burnout sowie Depression und Angst im Fokus.

Wichtige Ergebnisse der Studie sind: 1. Der soziale Druck, permanent verfügbar zu sein, beeinflusst die Kommunikationsbelastung und das Internet-Multitasking bei der jungen Altersgruppe mehr als bei der mittleren, bei der älteren ist kein Einfluss festzustellen. 2. Die Angst, etwas zu verpassen, beeinflusst die Kommunikationsbelastung und das Internet-Multitasking bei allen drei Altersgruppen signifikant, wobei der Einfluss mit zunehmendem Alter ansteigt. 3. Die Kommunikationsbelastung beeinflusst den wahrgenommenen Stress bei den 50–85-Jährigen, nicht jedoch in den beiden anderen Gruppen. 4. Das Internet-Multitasking beeinflusst den wahrgenommenen Stress bei den jungen und mittleren Gruppen, nicht jedoch bei den 50–85-Jährigen. 5. Der wahrgenommene Stress beeinflusst in allen drei Gruppen Burnout sowie Depression und Angst.

In der Gesamtschau zeigen diese Studienergebnisse, dass ein „Always-on"-Verhalten und die dadurch ausgelöste Informationsbelastung einen starken Einfluss auf den wahrgenommenen Stress haben kann, der wiederum die Wahrscheinlichkeit für Burnout sowie Depression und Angst erhöht. Zudem zeigen die Befunde, dass zwischen den Altersgruppen Unterschiede bestehen. Bezüglich der Befunde zu **Depression** ist anzumerken, dass eine 2016 veröffentlichte Studie aus Südkorea mit rund 49.000 Befragten zeigt, dass das Verwenden von Computern in mehr als 75 % der Arbeitszeit mit depressiven Symptomen einhergeht.[169] Ähnliche Ergebnisse wurden im Übrigen bereits 2007 von schwedischen Forschern berichtet. Konkret zeigt diese Studie, dass eine ausgeprägte Nutzung von Informations- und Kommunikationstechnologien mit Stress, Schlafstörungen und depressiven Symptomen einhergeht.[170] Auch die Verwendung mobiler Geräte führt zu Stress, der dann negative Auswirkungen auf die Zufriedenheit und Arbeitsproduktivität hat.[171, 172] Daher mein Tipp: Versuchen Sie – wenn möglich – nicht zu viel Ihrer Arbeitszeit direkt am Computer zu verbringen. Privat sollten Sie auch davon absehen, permanent mit digitalen Technologien wie dem Smartphone zu interagieren.

Multitasking erhöht Herzschlag und Blutdruck

In einer Studie aus England wird darüber berichtet, dass sich Multitasking nicht nur auf die Psyche auswirkt, sondern auch auf die Physiologie.[173] Testpersonen mussten hierbei in einem Experiment an einem Computer vier Aufgaben gleichzeitig bearbeiten (Rechnen, akustische Signalverarbeitung, visuelle Signalverarbeitung, Verarbeitung eines mentalen Konflikts). Die Erhebungen fanden an drei Tagen hintereinander statt, wobei die mentale Belastung je nach Tag von den Forschern unterschiedlich hoch angesetzt wurde. Die reine Aufgabenbearbeitungszeit pro Tag dauerte je Testperson 15 Minuten. Mit einem Fragebogen wurden die wahrgenommene Arbeitsbelastung sowie die Stimmung der Probanden erhoben. Zudem wurden Herzschlagrate und Blutdruck gemessen. Das Ergebnis ist eindeutig, die Forscher schreiben:

„Multitasking über einen Zeitraum von 15 Minuten löste mehrere Veränderungen hinsichtlich psychobiologischer Stressreaktionen aus, deren Intensität von der objektiven Arbeitsbelastung abhing [...] die Teilnehmer gaben an, dass die Aufgaben schwieriger und frustrierender waren und mehr Anstrengung abverlangten [...] Multitasking-Stress führte zu signifikanter kardiovaskulärer Aktivierung, belegt durch die Anstiege der Herzschlagrate sowie des systolischen und diastolischen Blutdrucks.“[174]

Im Beitrag wird auch angesprochen, dass dysfunktionale kardiovaskuläre Reaktionen in Stresssituationen mit einem erhöhten Risiko für Herz-Kreislauf-Erkrankungen einhergehen.[175] Dieses Forschungsergebnis legt daher das Folgende nahe: Die durch Multitasking ausgelöste hohe mentale Belastung und die daraus resultierende Aktivierung des Sympathikus hat langfristig ungünstige Effekte auf das Herz-Kreislauf-System.

Unterbrechungen: Der hohe Preis einer digitalen Welt

Leute, die im Büro arbeiten, werden rund 70 Mal täglich bei der Erledigung einer Aufgabe durch IT-Geräte und Programme unterbrochen und es dauert bis zu 24 Minuten, um die ursprüngliche Tätigkeit wieder aufzunehmen.[176] Rund ein Viertel aller unterbrochenen Tätigkeiten werden gar nicht mehr wiederaufgenommen.[177] Die Konsequenzen für den einzelnen User, die Unternehmen und die gesamte Volkswirtschaft sind dramatisch. Eine Vielzahl von Forschungsarbeiten berichtet darüber, dass permanente Unterbrechungen nicht nur den Benutzerstress erhöhen und somit die Gesundheit gefährden, sondern auch, dass dadurch die Arbeitsproduktivität stark beeinträchtigt wird.[178, 179, 180, 181]

Unterbrechungen = Kein Flow

Ein wesentliches Konzept im Zusammenhang mit Unterbrechungen ist Flow. Der US-amerikanische Psychologe Mihály Csíkszentmihályi beschreibt Flow als positives Gefühl, das mit einem mentalen Zustand völliger Vertiefung in eine Tätigkeit einhergeht.[182] Im Flow-Zustand verliert man das Zeitgefühl, das Erledigen einer Tätigkeit verläuft wie von selbst. Eine wichtige Voraussetzung für Flow ist, dass eine Tätigkeit nicht zu einfach und auch nicht zu schwierig ist, also ein Gleichgewicht zwischen den Anforderungen der Tätigkeit und den Fähigkeiten der Person besteht. Sie haben Flow sicherlich schon erlebt. Beim Lesen eines Buches oder vielleicht beim Sport.

Viele Menschen erleben Flow auch, wenn sie am Computer arbeiten, insbesondere dann, wenn sie sich mit einer spannenden Aufgabe befassen. Was spannend ist, ist von Person zu Person verschieden. Ich bin beispielsweise meist im Flow, wenn ich an einem Buch schreibe. Softwareentwickler berichten mir, dass sie beim Programmieren in einen Flow-Zustand kommen. Unabhängig davon, was Sie konkret am Computer machen, wenn Sie ungestört einer Aufgabe mit Leidenschaft nachgehen, dann besteht eine gute Chance, dass Sie dabei in einen Flow-Zustand kommen.

Warum Flow wichtig ist

Doch warum ist Flow so wichtig? Zum einen macht er uns glücklich, das hat Csíkszentmihályi in seinem Buch „Flow im Beruf: Das Geheimnis des Glücks am Arbeitsplatz" ganz eindrücklich dargelegt.[183] Zudem belegen Studien, dass Flow mit einer höheren Leistung und gesteigerter Produktivität einhergeht.[184, 185, 186] Flow führt auch zu mehr Zufriedenheit.[187, 188]

Wenn also Flow zu Glück und Zufriedenheit sowie zu gesteigerter Leistung und Produktivität führt, dann müssten doch viele Unternehmen alles dafür tun, Arbeitsbedingungen zu schaffen, die Flow begünstigen. Weit gefehlt! Nur wenige Unternehmen schaffen derartige Voraussetzungen. Noch schlimmer, in vielen Unternehmen herrschen Bedingungen vor, die Flow geradezu verhindern. Wenn jemand im Flow-Zustand ist und zB durch eine Pop-up-Nachricht unterbrochen wird, dann wird die Person aus dem Flow gerissen. Die positiven Wirkungen von Flow können dann nicht zur Entfaltung kommen.

Eine in der breiten Öffentlichkeit bekannt gewordene Studie der Universität Bonn gibt zum Smartphone-Nutzungsverhalten das Folgende an:[189] 88 Mal am Tag wird im Durchschnitt der Bildschirm des Smartphones eingeschaltet. 35 Mal davon wird ein Nachrichteneingang geprüft oder auf die Uhr geschaut. 53 Mal wird das Handy entsperrt, um mit dem Gerät zu interagieren. Bei 16 Stunden Wachphase am Tag wird somit im Schnitt alle 11 Minuten eine Tätigkeit unterbrochen. Ein Durchschnittsnutzer hat täglich 2,5 Stunden Handyzeit, wobei sieben Minuten davon fürs Telefonieren verwendet werden. In der restlichen Zeit werden andere Aktivitäten ausgeführt.

Insbesondere werden Social Media wie Facebook oder WhatsApp genutzt. Man unterbricht sich oft selbst durch das Prüfen eingehender Nachrichten.

Viele Mitarbeiter verwenden Social Media sowohl zur Aufgabenerledigung im Unternehmen als auch zur privaten Kommunikation mit Freunden und Bekannten während der Arbeitszeit.[190] Es ist davon auszugehen, dass das ständige Checken von Messages stark produktivitätsvernichtend wirkt. Doch warum? Erstens wird während der privaten Social-Media-Zeit die eigentliche Tätigkeit nicht oder nicht ordentlich ausgeführt. Diese Zeit ist für produktives Arbeiten verloren. Zweitens kann man nicht „auf Knopfdruck" in den Flow-Zustand kommen, das kann ca 15 Minuten dauern.[191]

Nun zum Problem: Alle 11 Minuten wird im Schnitt eine Tätigkeit unterbrochen und es dauert 15 Minuten, um in einen Flow-Zustand zu kommen. Unter der Annahme, dass Unterbrechungen über einen Tag gleich verteilt sind, bedeutet das, dass heutzutage viele Menschen bei ihrer Arbeit nie in einen Flow-Zustand kommen. Das erklärt, warum immer weniger Mitarbeiter glücklich, zufrieden und produktiv sind. Im Übrigen, alle 11 Minuten unterbrechen wir uns selbst durch unser Smartphone. Bei den 11 Minuten ist somit noch gar nicht berücksichtigt, dass uns auch das Telefon, Kollegen oder am PC eingehende Nachrichten unterbrechen. Wenn wir diesen Umstand auch noch beachten, dann ist klar: Es gibt heutzutage kaum noch Menschen, die in einen Flow kommen – eine Katastrophe für Wohlbefinden, Zufriedenheit und Arbeitsproduktivität!

Mehr computerbasierte Teamarbeit = Weniger Flow

Teamarbeit und die damit einhergehende Nutzung von Systemen zur computerbasierten Zusammenarbeit können Stress auslösen. Insbesondere deshalb, weil dadurch viele Unterbrechungen während der Arbeit wahrscheinlich werden.[192] Beispiele für Systeme zur computerbasierten Kollaboration sind IBM Connections, Microsoft Teams oder Slack. Forscher der Universität Münster formulieren das Ziel, das moderne Unternehmen anstreben sollten, treffend:

„Das Hauptproblem scheint darin zu liegen, ein Gleichgewicht zwischen kollaborativer und nicht unterbrochener Arbeit zu finden […] Ein ausgewogenes Verhältnis dieser Aktivitäten am teamintensiven Arbeitsplatz des 21. Jahrhunderts ist aktueller denn je. Eine Zusammenarbeit, die sich an organisatorischen Normen und Regeln orientiert und durch geeignete Technologien unterstützt wird, ist wichtig und notwendig, um unternehmenskritische Probleme zu lösen, die kaum von einzelnen Mitarbeitern gelöst werden können. Ohne ausreichende, nicht unterbrochene individuelle Zeit können sich die Mitarbeiter jedoch nicht auf die anstehenden Aufgaben konzentrieren und die notwendige individuelle Arbeit in der erforderlichen Qualität erledigen."[193]

Erfolgreiche Unternehmen in einer digitalisierten Welt sind daher primär dadurch charakterisiert, dass sie eine **Balance zwischen kollaborativer und nicht unterbrochener Arbeit** schaffen. Das bloße Einführen von Technologie ohne begleitende organisatorische Maßnahmen wie das Entwickeln und Inkraftsetzen von Kommunikationsregeln bei Teamarbeit ist meiner Erfahrung nach zum Scheitern verurteilt. Benutzer werden sich mental überlastet fühlen und die betriebswirtschaftlichen Kennzahlen des Unternehmens werden sich verschlechtern (sofern sie überhaupt gemessen werden).

Viele Unternehmen meinen, dass die Einführung von Collaborationtools stressreduzierend wirke, weil dadurch weniger über die „Stress-Technologie Nr. 1", nämlich E-Mail, kommuniziert wird. Die Vorteile von Collaborationtools sind unbestritten, zB die Zusammenarbeit von Kollegen an unterschiedlichen Standorten.[194, 195] Dass die Echtzeit-Kommunikationsmöglichkeiten dieser Tools mit Pop-up-Nachrichten mindestens gleich großes Stresspotenzial haben wie E-Mail, bleibt jedoch oft unbeachtet. Zudem zeigt die Forschung, dass der digitale Stress mit zunehmender Anzahl an verwendeten Programmen ansteigt.[196] Weniger ist somit mehr!

Unterbrechung ≠ Unterbrechung

Nicht jede Unterbrechung ist schlecht. Teammitglieder müssen sich koordinieren, wenn sie gemeinsam ein Ziel erreichen wollen. Die Arbeitsergebnisse eines Mitarbeiters sind oft Input für die Tätigkeit eines anderen Mitarbeiters. Kurzum: Es bestehen Abhängigkeiten zwischen den Teammitgliedern und daher ist die gemeinsame Zielerreichung ohne Kommunikationsprozesse nicht möglich. Kommunikationsvorgänge gehen jedoch oft mit Unterbrechungen einher. Person A ruft Person B an, schreibt über Live-Chat eine Nachricht, schaut im Büro vorbei oder verfasst eine E-Mail mit der Erwartung, sofort eine Antwort zu erhalten.

Forscher haben auf der Basis von Beobachtungen in der betrieblichen Praxis vier Typen von IT-Unterbrechungen erkannt:[197]

- **Typ 1** sind Unterbrechungen, die für eine Primäraufgabe irrelevante Informationen liefern. Beispiel: Ein Büromitarbeiter bekommt auf seinem Smartphone eine Pop-up-Nachricht, in der Sportergebnisse oder Wetterberichte angezeigt werden.
- **Typ 2** sind Unterbrechungen, die für die Primäraufgabe relevante Informationen bereitstellen. Beispiel: Ein Mitarbeiter einer Bank arbeitet gerade am PC an einem neuen Online-Vertriebskonzept und eine Kollegin ruft ihn an, um ihn auf eine brandaktuelle Studie zum Smartphone-Nutzungsverhalten der erwerbstätigen Bevölkerung hinzuweisen.
- **Typ 3** sind Unterbrechungen, die für eine Primäraufgabe irrelevante Informationen liefern und zudem weitere Kommunikationsprozesse bzw Handlungen auslösen. Beispiel: Ein Mitarbeiter arbeitet gerade an der Aktualisierung einer Namensliste für einen E-Mail-Newsletter und bekommt von einem Kollegen eine SMS, in der er um rasche Übermittlung von Dokumenten zu einem anderen Projekt bittet.
- **Typ 4** sind Unterbrechungen, die für eine Primäraufgabe relevante Informationen liefern und weitere Kommunikationsprozesse bzw Handlungen auslösen. Beispiel: Zwei Teammitglieder arbeiten gerade an Aufgaben in einem Projekt und Person A sendet Person B eine als dringend markierte E-Mail-Nachricht, in der um Übermittlung projektrelevanter Dokumente ersucht wird.

Ich bin sicher, Sie haben alle vier Typen von Unterbrechungen schon in Ihrem Berufsalltag erlebt. Eine entscheidende Frage ist, welcher Unterbrechungstyp am meisten stresst. Grundsätzlich gilt, dass eine Unterbrechung, die nicht nur Informationen liefert, sondern weitere Kommunikationsprozesse bzw Handlungen auslöst, als stressiger wahrgenommen wird als eine Unterbrechung, die reinen Informationscharakter hat. Das gilt unabhängig von der Relevanz der

Information für eine Primäraufgabe. Das betrifft somit die Typen 3 und 4. Die Begründung hierfür liegt darin, dass die Antizipation von Kommunikation und Handlungen bereits ausreichend ist, um Aufmerksamkeit zu mobilisieren und erhöhte physiologische Aktivierung herbeizuführen.[198]

Zu Typ-3-Unterbrechungen ist zu sagen, dass von ihnen das größte Stresspotenzial ausgeht und auch die möglichen negativen Produktivitätswirkungen am größten sind. In diese Kategorie fallen zB jene Unterbrechungen, die durch eingehende Socia-Media-Nachrichten ausgelöst werden, die mit sozialem Druck zum Antworten einhergehen.

Typ-1-Unterbrechungen werden im Regelfall als nicht stressvoll wahrgenommen. Wenn jemand mal kurz eine Nachricht zu einem aktuellen Fußballergebnis als Push-Notification in einem Liveticker erhält, ist das kaum stressauslösend. (Dies gilt natürlich nur insofern, als jemand im Wettbüro oder bei einer Online-Wettplattform *nicht* auf eine bestimmte Mannschaft gesetzt hat, die vielleicht auch noch in Rückstand ist ;-))

Typ-2-Unterbrechungen sind dann besonders stressvoll, wenn ein unpassendes Kommunikationsmedium gewählt wird. Im Beispiel wird angegeben, dass ein Anruf erfolgt. Angebrachter wäre es hier sowie in den meisten Situationen dieses Typs, ein asynchrones Medium zu verwenden, insbesondere E-Mail. Asynchron meint hierbei, dass überhaupt keine Unterbrechung erfolgt, weil die Kommunikation nicht unmittelbar abläuft, da der Empfänger der Mail selbst entscheiden kann, ob und wann eine Antwort erfolgt. E-Mail hat aber auch großes Stresspotenzial – einfach weiterlesen!

E-Mails verursachen Stress – und wie!

Die durchschnittliche Anzahl an E-Mails pro User und Tag liegt weltweit bei 75 Nachrichten.[199, 200] In akademischen Quellen wird zudem darüber berichtet, dass Wissensarbeiter wie Büroangestellte alle 15 Minuten ihre Mails lesen und durchschnittlich rund zwei Stunden täglich mit Mails verbringen.[201] In Anbetracht solcher Zahlen verwundert es nicht, dass E-Mail einer der bedeutsamsten Stressfaktoren im modernen Arbeitsumfeld ist.[202, 203] Eine wichtige Frage in diesem Zusammenhang ist: Hat die Häufigkeit, mit der täglich E-Mails gecheckt werden, einen Einfluss auf den gefühlten Stress und das Wohlbefinden? Kanadische Forscher sind dieser Frage nachgegangen.

Weniger E-Mail = Weniger Stress

Die Forscher haben Testpersonen angewiesen, in einer Woche ihre E-Mails nur dreimal am Tag zu lesen, in einer anderen Woche konnten sie ihre Mails so oft sie wollten lesen. Mit Fragebögen wurden der gefühlte Stress sowie weitere Faktoren erfasst.[204] Die Studienergebnisse zeigen ein eindeutiges Bild.[205] Während der Woche mit Mail-Begrenzung hatten die Teilnehmer deutlich weniger Stress als während der Woche unbegrenzter Nutzung. Weniger Stress stand wiederum mit einem besseren Wohlbefinden in Zusammenhang. Weiter wurde herausgefunden, dass höherer Stress mit schlechterer Schlafqualität sowie verringerter Produktivität in Verbindung stand. Die Forscher schreiben zu ihren Befunden: „Diese Ergebnisse unterstreichen die Vorteile des selteneren Abrufens von E-Mails zum Abbau von psychischem Stress."[206]

Persönlichkeit und E-Mail-Stress

Vielleicht haben Sie schon mal beobachtet, dass manche Kollegen trotz eines hohen E-Mail-Volumens verhältnismäßig wenig Stress haben. Diese Ergebnisse sind vor dem Hintergrund einer wissenschaftlichen Studie britischer Forscher durchaus plausibel. Es wurde untersucht, inwieweit die Persönlichkeit eines Benutzers mit der wahrgenommenen E-Mail-Überlastung sowie Burnout und Arbeitsengagement zusammenhängt. Die Ergebnisse zeigen, dass neurotische Menschen sowie sehr gewissenhafte Menschen mit höherer Wahrscheinlichkeit durch E-Mail überlastet sind als Menschen, die emotional stabiler, weniger verletzlich sowie weniger gewissenhaft sind.[207, 208] Eine hohe wahrgenommene Belastung ging wiederum mit einer höheren Wahrscheinlichkeit für Burnout und einer geringeren Wahrscheinlichkeit für hohes Arbeitsengagement einher.

E-Mail als Stresssymbol

E-Mail ist nicht nur Stressquelle, sondern auch Stresssymbol. In einer US-Studie wurde analysiert, wie Mitarbeiter eines Technologieunternehmens den Einfluss von elektronischen Kommunikationsmedien auf ihren Arbeitsalltag empfinden. Ein zentraler Befund der Studie ist, dass Videokonferenzen und Telefonate auch signifikant zur Entwicklung von Stress beitragen können, jedoch E-Mail eine noch stärkere Stressquelle ist.[209] Weitere interessante Ergebnisse sind, dass die Erwartungshaltung des Senders in Bezug auf die Reaktionszeiten auf Nachrichten einen Einfluss auf den gefühlten Stress hat. Manche erwarten innerhalb kürzester Zeit Antwort, am liebsten sofort. Für andere sind ein paar Tage Antwortzeit ok. Weiter wird darüber berichtet, dass Personen, die sich eine Reputation als engagierte Mitarbeiter aufbauen wollen, durch übertrieben rasches Antworten in eine Spirale geraten können, die schnell zu E-Mail-Überlastung führt.

Die Autoren der US-Studie kritisieren auch das überbordende CC-Setzen. Ich nehme an, darüber haben Sie sich in Ihrem Unternehmen auch schon öfter geärgert. Oft ist das primäre Ziel weniger, einen erweiterten Personenkreis mit relevanten Informationen zu versorgen, sondern es geht vielfach darum, „Präsenz" zu zeigen. Daher ist E-Mail nicht nur eine Stressquelle, sondern auch ein Stresssymbol. Auch soll in manchen Situationen gegenüber Kollegen Druck aufgebaut werden, wenn Vorgesetzte in CC gesetzt werden. Weiter ist zu beobachten, dass risikoscheue Menschen eine Tendenz haben, nicht unmittelbar in einen Geschäftsvorfall involvierte Kollegen in CC zu setzen. Sie tun dies deshalb, um sich dem Vorwurf einer Informationsvorenthaltung zu entziehen. Dass sie durch eine solche Vorgehensweise bei anderen Mitarbeitern eine E-Mail-Überlastung herbeiführen, die zu Stress und Burnout führen kann, ist ihnen selten bewusst. Gleiches gilt für die negativen wirtschaftlichen Konsequenzen aufgrund der Zeit, die für das Lesen irrelevanter Nachrichten aufgewendet werden muss.

Zwei Thesen zu E-Mail-Stress

In einem von mir mitverfassten und an Praktiker gerichteten Artikel, der Befunde wissenschaftlicher Studien zu E-Mail-Stress zusammenfasst, werden Thesen formuliert, zwei davon sind im Folgenden erläutert.[210]

- **These 1:** *E-Mail-Überlastung wird durch unzweckmäßige Verwendung von E-Mail als Kommunikationsmedium und durch ineffektive Gestaltung von E-Mail-Nachrichten begünstigt.* Das wahrscheinlich einfachste Gestaltungselement ist die Betreffzeile. Eine Studie hat herausgefunden, dass eine nicht aussagekräftige Betreffzeile ein erstes Anzeichen für eine schlecht gestaltete E-Mail ist. Ein weiterer Befund ist, dass lediglich 27 % von insgesamt 875 Befragten angaben, dass sie im Regelfall E-Mails erhalten, deren Betreffzeile ausreichend Informationen enthält, um eine Priorisierung der Nachricht vornehmen zu können.[211]
- **These 2:** *E-Mail ist als primär textbasiertes Medium beschränkt zur Kommunikation von Emotionen geeignet.* Vor allem ist die Unsicherheit, die bei der Interpretation von emotional geladenen Nachrichten entstehen kann, zu berücksichtigen. Im Gegensatz zu direkter persönlicher Kommunikation wie ein Telefonat oder Face-to-Face-Interaktion gehen bei E-Mails Teile der Emotion verloren. Denken Sie hier an Tonfall bzw Mimik und Gestik. Somit ist es bei E-Mail schwieriger, Nachrichten korrekt zu interpretieren. Eine Folge ist, dass eigentlich positiv gemeinte Nachrichten als neutral interpretiert und leicht negativ formulierte Nachrichten als deutlich negativer als vom Sender beabsichtigt gedeutet werden.[212] Ersteres nennt man Neutralitätseffekt, letzteres Negativitätseffekt.

Ich will betonen, dass E-Mail, sofern es adäquat verwendet wird, ein wirksames Instrument für inner- und außerbetriebliche Kommunikation ist. Dieser Eindruck wird durch aktuelle Forschung, die in einer der weltweit führenden Management-Zeitschriften veröffentlicht ist, bestätigt.[213] Wie ein adäquater Umgang mit E-Mail aussehen kann, wird nachfolgend erläutert.

E-Mail-Stress durch Regeln reduzieren

Die durch organisationale Maßnahmen herbeigeführte Eindämmung der E-Mail-Flut wird im deutschsprachigen Raum seit rund einem Jahrzehnt diskutiert. Vielfach wurde darüber nachgedacht, Mail-Server außerhalb der Dienstzeiten abzudrehen. Dies bewirkt, dass Mitarbeiter Mails gar nicht mehr zugestellt bekommen. In einem Bericht findet man folgende Darstellung:

„Porsche-Betriebsratschef Uwe Hück will aus Sorge vor Burnout in der Belegschaft neue E-Mail-Regeln einführen. Um die Arbeitsbelastung zu senken, sollten Mailkonten von Mitarbeitern im Zeitraum zwischen 19 Uhr und 6 Uhr sowie am Wochenende und im Urlaub gesperrt werden, sagte Hück, der eine entsprechende Betriebsvereinbarung für den Autobauer anstrebt [...] Demnach sollen Mails automatisch an den Absender zurückgeschickt werden und nicht mehr in der Mailbox des Mitarbeiters vorhanden sein, also automatisch gelöscht werden. Dadurch würde die Arbeitsbelastung sinken. Das Vorhaben wäre eine Verschärfung von Regeln des Porsche-Mutterkonzerns Volkswagen. Bei dem Wolfsburger Autobauer können Tarifbeschäftigte unter der Woche zwischen 18 Uhr und 6 Uhr sowie an Wochenenden keine Dienstmails mehr bekommen oder versenden. Gelöscht werden diese aber nicht – am Morgen ist die elektronische Post dann zu lesen [...] So eine Regel geht Hück nicht weit genug. ‚Was nützt Dir eine Mailsperre, wenn Du ins Büro kommst und erstmal Unmengen an Mails abarbeiten musst.' Allerdings soll es Ausnahmen geben. So soll die angestrebte Regel nur für Tarifmitarbeiter gelten, Führungskräfte wären außen vor. Hück hält das auch betriebswirtschaftlich für sinnvoll. ‚Der Fachkräftemangel wird sich verschärfen, die Suche nach Mitarbeitern wird immer schwieriger – also muss man doch die Belegschaft hegen und pflegen, damit sie möglichst lange im Unternehmen bleibt.' Würde man hingegen nichts tun gegen die hohe Arbeitsbelastung, würde sich die Personalnot in der Wirtschaft verschärfen. Ein in Ansätzen ähnliches System gibt es beim Autobauer Daimler. Dort können Mitarbeiter ihr Mailkonto so einstellen, dass die elektronische Post im Urlaub automatisch gelöscht und der Absender informiert wird. Das beruht aber auf Freiwilligkeit – eine Pflichtvorgabe gibt es nicht. Das Löschangebot werde durchaus genutzt, so ein Daimler-Sprecher. Eine Statistik über die Nutzung gebe es aber nicht. Das sei eine individuelle Entscheidung des einzelnen Mitarbeiters, die ‚gefördert und respektiert' werde. Bei BMW wiederum gibt es ein ‚Recht auf Nichterreichbarkeit nach Feierabend, im Urlaub und am Wochenende'. Zwischendurch blockiert werden die Mailserver bei den Münchnern aber nicht."[214]

Was halten Sie von diesen Maßnahmen? Mails außerhalb von Dienstzeiten sowie im Urlaub gar nicht mehr zugestellt zu bekommen oder das automatische Löschen, wären das Maßnahmen, die Sie begrüßen würden? Für all jene, denen diese Vorschläge von Betriebsräten und Arbeitnehmervertretern zu weit gehen, gibt es eine Vielzahl weiterer Maßnahmen gegen E-Mail-Stress, deren Wirksamkeit durch wissenschaftliche Studien belegt ist. Drei wichtige Regeln beschreibe ich nachfolgend.[215]

Drei Goldene Regeln der E-Mail-Nutzung

➔ **Regel 1:** *Um aus Sicht des Empfängers mit E-Mail-Überlastung fertigzuwerden, ist eine Einschränkung auf zwei bis vier tägliche Zeiträume empfehlenswert, in denen E-Mails bearbeitet werden.*

Diese Empfehlung kann natürlich nur dann umgesetzt werden, wenn nicht aufgrund betrieblicher Anforderungen in Echtzeit reagiert werden muss. Dies könnte zB im Kundendienst der Fall sein. Um diese Empfehlung zu erarbeiten, führten US-amerikanische Wissenschaftler eine Simulationsstudie auf der Basis von acht Mail-Bearbeitungsstrategien durch.[216] Ziel der Simulation war es, herauszufinden, welche Strategie die geringste Aufmerksamkeit der Empfänger benötigt, die Reaktionszeiten auf die eingehenden Nachrichten optimiert und die Bearbeitungszeit anderer betrieblicher Aufgaben nicht zu sehr belastet. Das Ergebnis der Studie ist eindeutig: Die beste Strategie ist, auf E-Mails zwei bis viermal am Tag zu antworten.[217]

Bei der Interpretation der Ergebnisse dieser Simulationsstudie ist zu beachten, dass in einer anderen Studie der Carnegie-Mellon-Universität herausgefunden wurde, dass die gefühlte E-Mail-Überlastung dann niedrig war, wenn neue Nachrichten immer sofort bei deren Eingang geprüft wurden und nicht erst zu bestimmten Zeitpunkten.[218] Es gibt also Leute, die dann gestresst sind, wenn sie Mails nicht sofort bearbeiten können. Unter Verweis auf Empfehlungen der Harvard Business School[219], die das Prüfen von Mails auch nur zu wenigen Zeitpunkten am Tag nahelegen, betonen die Wissenschaftler der Carnegie-Mellon-Universität jedoch, dass ihre Ergebnisse in krassem Widerspruch zur allgemeinen Befundlage stehen. Die Autoren begründen ihre vom Mainstream abweichenden Ergebnisse damit, dass sich beim Überprüfen von Nachrichten zu bestimmten und eher wenigen Zeitpunkten die Mails anhäufen, so dass beim Abrufen der Nachrichten dann im Durchschnitt mehr

E-Mails bearbeitet werden müssen. Dies kann die Belastung erhöhen. Zudem kann schon der Anblick einer langen Liste unbearbeiteter Mails Stress auslösend wirken. Obwohl diese Argumentation nachvollziehbar ist, lässt sie unberücksichtigt, dass man sich bei permanenter Bearbeitung eingehender Mails kaum noch anderen Aufgaben widmen kann, schon gar nicht mit mentalem Tiefgang. Man kommt nicht in den Flow. Daher empfehle ich Ihnen, eingehende E-Mails *nicht* permanent zu checken!

Es gibt jedoch eine Ausnahme. Aktuelle Forschung, die im Mai 2019 bei einer Tagung in Glasgow vorgestellt wurde, untermauert die enorme Bedeutung der **Persönlichkeit** eines Benutzers für E-Mail-Stress. Konkret wurde in einem Experiment herausgefunden, dass neurotische Menschen im Vergleich zu nicht neurotischen signifikant mehr gestresst sind, wenn sie Mails nicht permanent bearbeiten können.[220, 221] Das Abarbeiten von Nachrichten in Stapeln zu bestimmten Zeitpunkten ist für solche emotional instabilen Menschen daher eine ungeeignete Strategie. Wenn man sie dazu anhalten würde, wären sie wahrscheinlich dauerhaft gestresst. Stress wurde in dieser Studie objektiv mit einer thermischen Kamera und über die Schweißabsonderung der Poren im Bereich zwischen Oberlippe und Nase gemessen, im Fachjargon als perinasale Transpiration bezeichnet. Diese Art der Transpiration spiegelt Aktivität des Sympathikus wider.[222, 223]

➜ **Regel 2:** *Schulen Sie Ihre Mitarbeiter im Umgang mit eingehenden E-Mails.*

Der Schwerpunkt solcher Schulungen sollte darauf liegen, rasch zu erkennen, welche stressreduzierenden Funktionen Mail-Programme haben, welche E-Mails überhaupt relevant sind und wie diese verwaltet werden sollten, zB in Ordnern und mit Filterregeln.

Wissenschaftler der Universität Erlangen-Nürnberg haben in einem Projekt mit Unterstützung der Bundesanstalt für Arbeitsschutz und Arbeitsmedizin die Wirksamkeit eines Trainingsprogramms zum Umgang mit E-Mail evaluiert.[224] Konkret wurden 16 Trainingseinheiten in sechs Unternehmen verschiedener Branchen abgehalten. Die Gruppengrößen bei den Schulungen variierten dabei zwischen acht und 13 Personen. Die Datenerhebung erfolgte durch Befragung zu drei Zeitpunkten: Zeitpunkt t1 zwei Wochen vor dem Start des Trainings, t2 unmittelbar nach Abschluss des Trainings und t3 drei bis vier Wochen nach Trainingsabschluss. Daten wurden zum Wissen über die Funktionen des E-Mail-Programms, zur Anwendung dieser Funktionen bei der Arbeit sowie zur wahrgenommenen Arbeitsbelastung erhoben. In allen sechs Unternehmen wurde dasselbe Mail-Programm verwendet. Die Trainings waren so gestaltet, dass ein Coach Funktionen des Mail-Programms sowie Prinzipien beim Umgang mit E-Mail erklärte und über einen für alle Personen sichtbaren Bildschirm live demonstrierte. Dieses Wissen wurde dann von den Schulungsteilnehmern angewendet und gemeinsam mit dem Coach in einer Reflexionsrunde besprochen. In die Analyse gingen die Daten von 90 Personen ein, welche die Fragebögen zu allen drei Messzeitpunkten ausgefüllt hatten.

Nun zu den Ergebnissen. Bezüglich dem Wissen über die Funktionen des Mail-Programms wie die Nutzung von Ordnern oder das Erstellen von Filterregeln zeigte sich, dass von zehn untersuchten Funktionen vor dem Training im Durchschnitt 3,76 soweit bekannt waren, dass sie die Teilnehmer auch tatsächlich anwenden hätten können. Durch die Teilnahme am Trainingsprogramm erhöhte sich dieser Wert auf 8,84 Funktionen unmittelbar nach Abschluss des Trainings und ging dann geringfügig auf 8,01 in den folgenden drei bis vier Wochen zurück. Das Training erhöhte somit das Wissen der Schulungsteilnehmer signifikant.

Bezüglich der Anwendung der Funktionen bei der Arbeit zeigte sich Folgendes: Vor dem Training wurden im Durchschnitt 2,96 Funktionen angewendet. Durch die Teilnahme am Trainingsprogramm erhöhte sich dieser Wert auf 5,87 Funktionen unmittelbar nach Abschluss des Trainings und ging dann auf 4,39 in den folgenden drei bis vier Wochen zurück. Das Training erhöhte somit auch die Anwendung von Funktionen des Mail-Programms signifikant.

Bezüglich der wahrgenommenen Arbeitsbelastung zeigte sich, dass beim Vergleich der Werte zu Zeitpunkt t1 zwei Wochen vor Trainingsstart mit den Werten von Zeitpunkt t3, also drei bis vier Wochen nach Trainingsabschluss, ein signifikanter Rückgang festgestellt werden konnte. Die Arbeitsbelastung wurde zu t2, also unmittelbar nach Abschluss des Trainings, nicht erhoben.

In der Gesamtschau legen die Forschungsergebnisse nahe, dass durch die Teilnahme an einem Mail-Trainingsprogramm deshalb eine stressreduzierende

Wirkung eintritt, weil ein erhöhter Wissensstand im Umgang mit nützlichen Programmfunktionen sowie ein diesbezügliches Üben die Nutzungskompetenz soweit erhöhen, dass für den Arbeitsalltag hilfreiche Funktionen souverän angewendet werden können.

→ **Regel 3:** *Schulen Sie Ihre Mitarbeiter hinsichtlich Verwendung und Gestaltung von E-Mail-Kommunikation.*

Der Schwerpunkt der Schulung sollte darauf liegen, zu vermitteln, wann überhaupt E-Mail verwendet werden sollte und wie dessen Bestandteile wie Betreffzeile und Inhalte effektiv gestaltet werden können. Ein paar allgemeine Empfehlungen sind hierbei:[225]

- → Im Fall komplexer oder schwer interpretierbarer Angelegenheiten wie bei emotionalen Inhalten sollten andere Formen der Kommunikation genutzt werden. Insbesondere sind dies Telefon oder ein Face-to-Face-Gespräch.
- → Es sollte zudem überlegt werden, ob es nötig ist, außerhalb der gewöhnlichen Arbeitszeiten E-Mails zu versenden. Warum? Empfänger könnten sich dazu gedrängt fühlen, unmittelbar zu antworten.
- → Weiter sollte das Versenden redundanter Information wie Erinnerungsmails bis auf Ausnahmen vermieden werden, weil ansonsten die ohnehin große Anzahl an Nachrichten noch weiter erhöht wird.

Britische Wissenschaftler erforschten die Wirksamkeit der Schulung von E-Mail-Absendern in Bezug auf die Qualität von Nachrichten.[226] Die Forscher boten hierzu 20 Paaren mit jeweils einem Sender und Empfänger von Mail-Nachrichten ein einstündiges Seminar an, bei dem Best Practices für die Gestaltung von E-Mails vermittelt wurden. Die Empfänger beurteilten entlang von neun Kriterien die Qualität von Nachrichten. Sie taten dies vor und nach dem Training und verwendeten dazu eine fünfstufige Skala (1 = Kriterium ist bestens erfüllt, 5 = Kriterium ist überhaupt nicht erfüllt).

Es wurden folgende Kriterien beurteilt: (1) Angemessenheit von E-Mail als Kommunikationsmedium, (2) einfache Lesbarkeit der Nachricht, (3) Prägnanz der Nachricht im Sinne von „direkt auf den Punkt kommen", (4) Relevanz der Nachricht für den Empfänger, (5) klare Erwartungsformulierung an den Empfänger, (6) klare Angabe des Zeitpunkts, bis wann eine Handlung notwendig ist,

(7) aus der Betreffzeile kann die Wichtigkeit der Nachricht erkannt werden, (8) aus der Betreffzeile kann der Inhalt der Nachricht geschlossen werden und (9) Zeitdauer, um die Nachricht zu lesen und zu verstehen.

Die Ergebnisse zeigen, dass die Schulung zu einer Verbesserung aller neun Kriterien beigetragen hat, die höchsten Unterschiede im Vergleich zwischen vor und nach der Schulung ergaben sich bei den Kriterien (2), (3), (7) und (8). Daraus folgt, dass die Schulung insbesondere dazu beitrug, dass Absender deutlich klarere und prägnantere Nachrichten inklusive Betreffzeilen formulierten. Bedenkt man, dass diese positiven Veränderungen einen günstigen Einfluss auf Mail-Bearbeitungszeiten haben, dann scheint die Investition in eine solche Schulung auch aus betriebswirtschaftlicher Sicht allemal lohnend zu sein. Der Stress bei den E-Mail-Empfängern wird dadurch ohnehin reduziert.

Zur Unart von CC-Mails: Richtlinien versprechen Abhilfe

Das schiere Volumen an Mails, mit dem wir heutzutage konfrontiert sind, ist bereits stressauslösend.[227] Eine triviale Möglichkeit, Stress zu reduzieren, ist daher der sorgsamere Umgang mit dem CC-Setzen.[228] Einer Studie der Stanford Universität zufolge kann im Mail-Verhalten vieler Menschen beobachtet werden, dass Nachrichten oft inflationär als „dringend“ markiert werden.[229] Haben sich die Empfänger erst einmal daran gewöhnt, dann muss multimedial vorgegangen werden und es erfolgt oft kurz nach der Mail ein Anruf oder der Kollege „steht in der Tür“. So wird auf die Dringlichkeit der Nachricht noch einmal hingewiesen. Aber was, wenn auch dann keine entsprechende Reaktion des Nachrichtenempfängers erfolgt? Dann wird laut Studie oftmals die nächste Hierarchieebene im Unternehmen eingeschaltet und es wird eine weitere Nachricht versendet, die auf das Anliegen in der ersten Nachricht hinweist, wobei ein oder mehrere Vorgesetzte in CC gesetzt werden.

Die psychologische Forschung hat gezeigt, dass es neben dem Ausüben von Druck auf den Empfänger noch andere Motive gibt, warum CC-Mails versendet werden, ua sind dies folgende Gründe:[230] 1. Political Correctness: Alle, die irgendwie Interesse am Sachverhalt haben könnten, werden informiert. 2. Verantwortungsdelegation und/oder Risikoaversion: Man sichert sich für den Fall des Eintritts eines Fehlers ab, indem behauptet werden kann, dass anderen Personen die Informationen übermittelt wurden. 3. Dem Vorgesetzten sowie Kollegen zeigen, dass man beschäftigt ist. 4. Erhöhtes Mitteilungsbedürfnis. 5. Zeitdruck: der dazu führt, dass man zu wenig Zeit hat, sich über den Adressatenkreis Gedanken zu machen, daher versendet man die Nachricht lieber an zu viele als an zu wenige Personen.

Die Psychologin Annette Kielholz schreibt zur Funktion von CC-Mails: „CC-Mails sind richtig eingesetzt, wenn sie jemanden über einen Sachverhalt nur in Kenntnis setzen und ihm daraus keine weiteren Aufträge entstehen. CC-Mails müssen ungelesen gelöscht werden können, ohne dass jemandem daraus Schaden entsteht."[231] Reflektiert man diese Aussage unter Berücksichtigung obiger Motive für das CC-Setzen, dann muss man zu dem Schluss kommen, dass diese im betrieblichen Kommunikationsverhalten weithin gelebte Praxis des CC-Setzens eine Unart ist. In Anbetracht der großen praktischen Relevanz des „CC-Problems" verwundert es nicht, dass zunehmend mehr Forderungen der folgenden Art formuliert werden:

„Es ist wichtig und hilfreich, innerhalb der Firma die Bedeutung von CC-Mails genau zu definieren und das dann auch so durchzuziehen. Wenn durch diese Vereinbarung sichergestellt ist, dass man keine wichtigen Informationen verpasst, kann man die CC-Mails mit einem vordefinierten Filter direkt in einen separaten Mail-Ordner umleiten und nur dann abarbeiten, wenn man zeitlich nicht unter Druck ist."[232]

Wenn Sie diese Zeilen lesen, sollten Sie bereits darüber nachdenken, wann Sie das Kick-off zur Entwicklung von E-Mail-Richtlinien für Ihr Unternehmen anberaumen. Handeln Sie jetzt!

Work-Life-Balance

Mit Work-Life-Balance bezeichnet man einen Zustand, in dem das Arbeitsleben und das Privatleben im Einklang stehen. Das Ergebnis einer internationalen Studie in sieben Kulturräumen zeigt, dass eine Work-Life-Balance mit einer erhöhten Arbeits- und Lebenszufriedenheit sowie mit reduzierten Angst-

und Depressionszuständen einhergeht.[233] Zudem ist wissenschaftlich belegt, dass eine gute Work-Life-Balance mit einem besseren Gesundheitszustand korreliert.[234] Eine gute Work-Life-Balance reduziert auch die Wahrscheinlichkeit, dass Mitarbeiter den Job wechseln.[235] Eine gestörte Work-Life-Balance zu vermeiden, zahlt sich somit aus – für Arbeitnehmer und für Arbeitgeber.

Mobile IT-Geräte und insbesondere das Smartphone haben die Möglichkeit geschaffen, immer und überall erreichbar zu sein sowie selbst seine Kommunikationspartner jederzeit und von überall kontaktieren zu können. Viele Menschen lesen heutzutage berufliche E-Mails in ihrer Freizeit bzw greifen auf andere Programme und Daten über das Internet von zu Hause oder sonstwo zu. Viele Menschen tun dies, weil sie ansonsten gar nicht mehr in der Lage wären, die schiere Masse an Nachrichten sowie die Arbeitslast zu bewältigen. Wissenschaftler berichten, dass 90 % der Manager außerhalb der Dienstzeit via IT-Geräte arbeiten, und das in einem Ausmaß von einem ganzen unbezahlten Arbeitstag pro Woche.[236] Suchtähnliches oder tatsächliches Suchtverhalten sind in Bezug auf die Nutzung von Smartphone und Social Media wie WhatsApp oder Facebook heute keine Seltenheit mehr.[237, 238, 239]

Bevor ich weitere Befunde wissenschaftlicher Studien präsentiere, will ich vorab betonen, dass die Verwendung mobiler Geräte grundsätzlich aus betriebswirtschaftlicher Sicht positiv zu sehen ist. Aus der Nutzung mobiler IT-Geräte ergeben sich viele Vorteile. Denken Sie beispielsweise an einen Außendienstmitarbeiter ohne Laptop, Tablet oder Smartphone, für mich als Wirtschaftsinformatiker gar nicht denkbar. Weiter ist zu erwähnen, dass Telearbeit und Home Office einen wirksamen Beitrag zur Erhöhung von Flexibilität, Zufriedenheit und Produktivität leisten können.[240] Dennoch gilt: Die permanente Verwendung von digitalen Technologien außerhalb des Unternehmens kann massiv zu einer gestörten Work-Life-Balance beitragen. Dies geht mit Stressreaktionen und möglichen negativen Gesundheitskonsequenzen einher.[241, 242, 243, 244]

Die Geister, die ich rief

Leslie Perlow, Professorin an der Harvard Universität und Autorin des Buchs „Sleeping with your Smartphone“, wird wie folgt zitiert:

„Das Smartphone hat uns von den ‚Büroketten' befreit und wir haben das Gefühl, dass wir an jedem Ort und zu jeder Zeit arbeiten können. Wir wurden jedoch von all den Vorteilen des Smartphones verführt und stellen keine Fragen zum Preis, den wir zahlen, wenn wir den Erwartungen der Arbeitgeber, Tag und Nacht erreichbar zu sein, bereitwillig nachgeben."[245]

Der negative Wirkmechanismus sieht wie folgt aus:[246] Die Verwendung von Smartphone und Co. führt anfangs zu einem gesteigerten Autonomiegefühl. Man fühlt sich unabhängiger und freier, man hat von überall und jederzeit Zugang zu Informationen und muss nicht notwendigerweise in der gewohnten Arbeitsumgebung seiner Tätigkeit nachgehen. Mehr oder weniger rasch wird man aber bemerken, dass damit oft auch die Erwartungshaltung einhergeht, nicht nur während der gewohnten Arbeitszeiten erreichbar zu sein. Man wird abends und vielleicht sogar am Wochenende kontaktiert, Dienstzeit und Freizeit beginnen zu verschwimmen. Weiter wird man bemerken, dass kurze Reaktionszeiten von einem selbst auf eingehende E-Mails sowie WhatsApp-Nachrichten die Erwartungshaltung beim Kommunikationspartner beeinflussen. Je schneller man auf Nachrichten reagiert, desto größer wird die Erwartung, dass man auch in künftigen Interaktionssituationen rasch reagiert. Und selbst wenn man zu dieser Erwartungshaltung durch sein eigenes Verhalten nichts beiträgt, die meisten anderen Menschen tun es, wenn sie auf eingehende Nachrichten immer sofort reagieren. Damit wird in einer digitalen Welt die allgemeine Erwartung geschaffen, dass jeder Mensch auf eingehende Nachrichten unmittelbar reagiert. Das ist fatal! Diese scheinbar grenzenlose Beschleunigung von Kommunikationsprozessen führt wiederum zu einer Intensivierung der Arbeit, weil in einem bestimmten Zeitraum nun mehr Aufgaben erledigt werden können.[247] Was lernen wir daraus? Was anfangs nach mehr Autonomie aussah, endet für viele Menschen in weniger Autonomie und mehr Stress.[248]

Nicht alle User über einen Kamm scheren

Doch nicht jeder Mensch nimmt diese negativen Wirkungen der Nutzung mobiler Geräte gleich ausgeprägt wahr.[249, 250] Es ist daher davon auszugehen, dass das durch mobile Geräte ausgelöste Stresspotenzial sowie die erlebte Work-Life-Balance zwischen Individuen stark variieren. Wesentliche Gründe hierfür sind, dass sich Menschen in ihrer Stresswahrnehmung und Resistenz signifikant unterscheiden können.[251] Selbiges gilt für Präferenzen in Bezug auf die Gestaltung von Berufs- und Privatleben.[252] Zudem unterscheiden sich die im Privatleben bestehenden Anforderungen zwischen Menschen oft sehr deutlich.

Wenn ein 25-jähriger Single, der in einem Softwareunternehmen arbeitet und IT-affin ist, am Wochenende Mails beantwortet und für Kollegen erreichbar ist, dann ist das meines Erachtens wenig(er) kritisch zu beurteilen. Anders würde es bei einer 40-jährigen alleinerziehenden Mutter aussehen, die sich um ihre Kinder zu kümmern hat, oder bei einem kurz vor der Pensionierung stehenden Mitarbeiter, der ohnehin froh ist, sich am Samstag und Sonntag von der Arbeitswoche erholen zu können. Daraus folgt: Will man das Stresspotenzial der ständigen Erreichbarkeit beurteilen, dann ist das kaum in generalisierender Weise möglich.

In diesem Zusammenhang ist das Ergebnis einer aktuellen Studie aus den USA interessant. Es zeigt, dass „Unterstützung zu Hause" den negativen Einfluss der ständigen Erreichbarkeit auf die Work-Life-Balance abschwächt.[253] Sollten Sie daher bei Ihrem Partner merken, dass seine bzw ihre Work-Life-Balance in Gefahr ist, dann können Sie durch Unterstützung bei Haushaltsaufgaben einen wirksamen Beitrag leisten, die Balance zu halten. Wir leben heute jedoch in einer Gesellschaft, in der oft beide Partner großem Stress ausgesetzt sind. Somit kämpfen beide um die eigene Balance. Es ist daher oft kaum Energie übrig, um den Partner zu unterstützen.

Tipps für Arbeitgeber, HR-Verantwortliche und Vorgesetzte

Für Arbeitgeber, HR-Verantwortliche und Vorgesetzte habe ich auch noch ein paar Empfehlungen. **Transformative Führung** kann den ungünstigen Einfluss von Zeitdruck auf die Work-Life-Balance und Erschöpfung abschwächen.[254, 255] Doch was ist transformative Führung? Sie zeichnet sich durch folgende Merkmale aus:

- die Führungskraft motiviert und befähigt den Mitarbeiter,
- sie unterstützt diesen und fordert ihn auf, neue Fähigkeiten zu entwickeln, um für Probleme kreative Lösungen zu finden,
- weiter werden gute Leistungen anerkannt und es wird geschätzt, wenn der Mitarbeiter eine inspirierende Vision für die Zukunft hat und danach handelt,
- schließlich ist die Interaktion zwischen Führungskraft und Mitarbeiter persönlich und somit in der Tendenz wenig formal.

Eine andere Studie legt nahe, dass die negativen Stressauswirkungen einer gestörten Work-Life-Balance durch die Möglichkeit, die Kontrolle über seine Tätigkeit zu haben oder wiederzuerlangen, stark abgemildert werden können.[256] Kontrolle hat man im Arbeitskontext insbesondere dann, wenn man selbst bestimmen kann, wann und wie man seine Aufgaben erledigt.

Was heißt das jetzt für Arbeitgeber? Installieren Sie transformative Führung und geben Sie Ihren Mitarbeitern Entscheidungs- und Handlungsspielräume (zurück), dann können Sie davon ausgehen, dass die negativen Wirkungen ständiger Erreichbarkeit relativ niedrig sind bzw merklich reduziert werden.

Schließlich hat das Aussprechen von Erwartungen in Bezug auf Reaktionszeiten bei elektronischen Nachrichten entscheidenden Einfluss auf die Work-Life-Balance.[257] Wenn Sie also das nächste Mal in Ihrer Rolle als Vorgesetzter einem Mitarbeiter an einem Freitagnachmittag eine E-Mail schreiben, in der Sie einen Arbeitsauftrag festlegen, dessen Abarbeitung ein bis zwei Stunden in Anspruch nimmt, dann sollten Sie explizit ansprechen, bis wann Sie die Erledigung erwarten. Noch am selben Tag oder in der folgenden Woche? Sie reduzieren damit die Unsicherheit beim Mitarbeiter und das wirkt stressreduzierend.[258]

Smartphone, Social Media und Stress

Haben Sie sich schon einmal gefragt, wie die Nutzung von Smartphone bzw Social Media mit Stress zusammenhängt? Nein? Kein Problem! Meine Sichtweise dazu erläutere ich Ihnen im Folgenden. Ich habe mir dazu viele Forschungsarbeiten angesehen, die im letzten Jahrzehnt veröffentlicht wurden. Das Ergebnis meiner Analyse sieht wie folgt aus.

In unserer schnelllebigen Gesellschaft haben viele Menschen Stress, in der Arbeit sowie im Privatbereich. Dieser Stress muss abgebaut werden, er braucht ein „Ventil". Studien zeigen, dass immer mehr Menschen soziale Medien wie Facebook und WhatsApp verwenden, um durch die dort stattfindende soziale Interaktion Stress abzubauen, und das gelingt in vielen Fällen auch.[259, 260, 261, 262] Eine Studie konnte sogar belegen, dass die Nutzung sozialer Medien zum Abbau von Depressionssymptomen und zu einer erhöhten Lebenszufriedenheit führen kann.[263] Das bedeutet, dass die Nutzung von Facebook, WhatsApp und Co. durchaus auch Positives bewirken kann. Das war die eine Seite der Medaille, die andere sieht so aus.

Nachricht checken = Belohnung im Gehirn

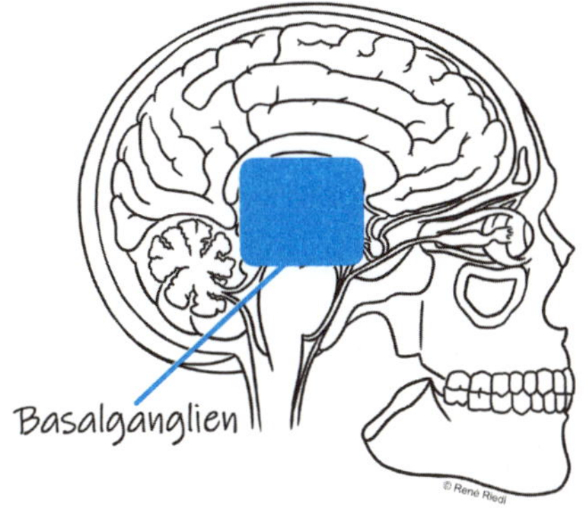

Die meisten Funktionen in Social-Media-Programmen sind so gestaltet, dass User diese nach und nach immer öfter verwenden wollen. Man nennt dies im Fachjargon **Gamification**. Damit wird der Transfer von spieltypischen Elementen und Vorgängen wie Fortschrittsbalken oder Ranglisten in spielfremde Kontexte bezeichnet, mit der Absicht, beim Anwender die Motivation für ein bestimmtes Verhalten zu steigern.[264] Ein spielfremder Kontext sind zB Benutzungsoberflächen in Social-Media-Programmen. Gamification führt zur Aktivierung von Belohnungszentren im Gehirn, konkret in den Basalganglien.[265] Mit zunehmender Verwendungsdauer besteht somit die Gefahr, dass die Benutzer von Smartphone und Social Media Suchtsymptomatiken entwickeln.[266] Dies kann jedoch selbst ohne Gamification passieren. Das bloße Lesen von Social-Media-Nachrichten kann hirnphysiologisch schon sehr belohnend sein. Mehrere Studien haben nachgewiesen, dass dies mit Aktivität in den Basalganglien einhergeht.[267, 268, 269] Dabei wird in unserem Körper Dopamin ausgeschüttet. Diese Substanz wirkt überwiegend als erregender Neurotransmitter im Gehirn und bewirkt somit eine Erhöhung von Aktivität in bestimmten Arealen. In Folge werden Motivation und Antriebssteigerung „hochgeschaltet". Unsere Gedanken und unser Verhalten werden dann verstärkt auf das genutzte Programm und das Smartphone gerichtet – wir fühlen uns glücklich und gut.

Wichtige Grundlagen der Neurophysiologie und Wirkmechanismen von Dopamin hat der deutsch-britische Neurowissenschaftler Wolfram Schultz entdeckt, er lehrt an der Universität Cambridge.[270, 271, 272] In den 1990er und 2000er Jahren, als er bedeutsame Erkenntnisse seiner Forschung veröffentlichte, hätte er sich wohl nie träumen lassen, dass diese später einmal die Grundlage der Erklärung und Behandlung von Internet- und Social-Media-Sucht sein werden.

Die Problematik dieser Süchte ist weltweit stark ausgeprägt. Im Januar 2020 gab es weltweit 2,8 Milliarden Menschen, die einen der Dienste Facebook, Instagram, WhatsApp oder Messenger nutzten.[273] Zudem wird in einem Suchtreport der gesetzlichen Krankenkasse DAK-Gesundheit im Jahr 2017 darüber berichtet, dass in Deutschland 2,6 % der Jugendlichen „einen problematischen Gebrauch" sozialer Medien zeigen.[274] Für Erwachsene werden dort keine Daten angegeben. Es ist jedoch davon auszugehen, dass bei Erwachsenen Social-Media-Sucht schwächer ausgeprägt ist als bei Jugendlichen. Selbst wenn die Rate bei Erwachsenen nur bei 1 % liegen würde, hieße das, dass weltweit immer noch 28 Millionen User süchtig wären. Aussagen in einem Online-Beitrag unter Zugrundelegung diverser wissenschaftlicher Quellen stützen diese Zahl, es steht dort zu lesen:

> „Es wird geschätzt, dass in Deutschland zwischen 560.000 und 1,5 Millionen Personen (1–3 % der deutschen Bevölkerung) Tendenzen zur Entwicklung und Aufrechterhaltung einer Internetsucht zeigen [...] Diese Zahl entspricht etwa dem Anteil der Cannabis-Konsumenten in Deutschland. Der Anteil der Glücksspielsüchtigen liegt bei etwa 0,3 bis 0,5 %, also etwa 250.000 Personen. Der Anteil der Internet-Süchtigen liegt bei den Jugendlichen höher als bei den Älteren. Insgesamt sollen Männer in der Regel häufiger unter Internetsucht leiden als Frauen. Weibliche Nutzer konzentrieren sich dabei [...] stärker auf soziale Netzwerke wie Facebook, junge Männer auf Computerspiele."[275]

Eine andere Problematik kennen Sie sicherlich auch: die Haken bei WhatsApp. Diese geben den Status einer Nachricht an: gesendet, zugestellt oder gelesen. Diese Funktion erzeugt sozialen Druck (sofern nicht abgestellt). Man fühlt sich dazu gedrängt, unmittelbar auf eine Nachricht zu antworten, nachdem man sie gelesen hat. Gibt man dem Druck nach und unterwirft sich diesem weit verbreiteten Handlungsmuster des unmittelbaren Antwortens, so wird man Getriebener in einem System voller Getriebener. Eigenbestimmtes Nutzungsverhalten tritt in den Hintergrund. Das ist problematisch, weil hochgradig stressauslösend.

Bei vielen Menschen entsteht aufgrund der Belohnungsmechanismen im Gehirn einerseits und dem sozialen Druck des ständigen „Antwortenmüssens" andererseits der Drang, eingehende Nachrichten immer sofort zu lesen und darauf direkt zu reagieren. Dieser Smartphone-Reflex des Checkens eingehender Nachrichten und des permanenten Antwortschreibens ist für viele Nutzer mit der Zeit kaum noch kontrollierbar. Wissenschaftler haben für diese Phänomene bereits Begriffe kreiert: Smartphone Use Disorder (SUD), also Smartphone-Verwendungsstörung. Und Facebook Addiction Disorder (FAD), Facebook-Abhängigkeitsstörung.[276] Störungen wie FAD gibt's natürlich auch für andere Plattformen wie WhatsApp und dergleichen.

FOMO: Schon mal gehört?

Smartphones und Social Media können also süchtig machen und mit Stress einhergehen, das ist völlig unbestritten.[277] Ein wichtiges Phänomen ist in diesem Zusammenhang FOMO.[278] Noch nie gehört? Diese Abkürzung steht für „Fear of missing out". Damit wird die Angst bzw zwanghafte Sorge bezeichnet, etwas Wichtiges zu verpassen, wie eine ungewöhnliche Erfahrung, soziale Interaktion oder ein anderes befriedigendes Ereignis. User mit FOMO sind besorgt, wenn sie nicht permanent ihre Nachrichten checken können. Sie wollen immer am Laufenden sein.

Gemeinsam mit Professor Christian Montag und seinem Team von der Universität Ulm habe ich kürzlich einen wissenschaftlichen Beitrag auf Basis einer Befragungsstudie veröffentlicht.[279] Die Daten der Studie zeigen, dass FOMO mit einer gestörten Nutzung von Facebook, WhatsApp und dem

Smartphone einhergeht und dass Menschen mit höheren FOMO-Werten weniger Lebenszufriedenheit haben. Im Einklang mit unserem Ergebnis steht die Erkenntnis, dass höhere FOMO-Werte mit höheren Stresswerten einhergehen.[280]

Besorgniserregende Befunde ohne Ende

In der Gesamtschau wissenschaftlicher Befunde weiß man heute mit Sicherheit, dass die Nutzung von Smartphone und Social Media mit Stress, geringerem Wohlbefinden und beeinträchtigter Gesundheit einhergeht. Hier noch ein paar konkrete Studienergebnisse, die ich in diesem Zusammenhang besonders interessant finde:

© René Riedl

- Eine Untersuchung berichtet darüber, dass mit zunehmender Größe des eigenen sozialen Netzwerks auf Facebook – also mehr „Freunden" – der wahrgenommene Stress und die Häufigkeit von Infektionen der oberen Atemwege steigen.[281] Dieser Zusammenhang kann ua damit begründet werden, dass hoher Stress mit einer verminderten Immunsystemfunktion einhergehen kann.[282]
- Das Leisten von sozialer Unterstützung auf Facebook erhöht den eigenen Stress und reduziert die Lebenszufriedenheit.[283]
- Facebook-Abstinenz für wenige Tage führt zu einem signifikanten Rückgang des Stresshormons Kortisol im Körper der User.[284]
- Facebook-Nutzung verzögert die Erholung nach Stresserlebnissen; Erholung wurde in der Studie durch den Rückgang von Kortisol gemessen.[285]
- Ein Überblicksartikel untersuchte 16 Einzelstudien zum Zusammenhang zwischen Smartphone-Nutzung und Stress und fand heraus, dass in 15 Studien eine positive Korrelation gefunden wurde.[286]

Fünf Tipps gegen Smartphone-Stress

Wenn Smartphones und Social Media so viel Stress bewirken, stellt sich natürlich die Frage nach wirksamen Gegenmaßnahmen. Hier fünf Tipps.

- **Smartphonefreie Räume und Zeiten schaffen.** Vermeiden Sie, das Smartphone und natürlich auch andere Geräte wie ein Tablet in bestimmte Räume wie das Schlafzimmer mitzunehmen. Definieren Sie zudem Zeitfenster, in denen Sie das Smartphone explizit nicht verwenden, zB beim Essen, Fernsehen, Spazierengehen oder beim Lesen eines Buches.
- **Nicht alle möglichen Dienste über das Smartphone abwickeln.** Viele Menschen nutzen das Smartphone auch als Wecker oder Uhr. Dies ist problematisch, weil man dann oft mit Social-Media-Nachrichten oder E-Mails in den Tag startet und ihn damit vor dem Schlafen auch wieder beendet. Beim Überprüfen der Uhrzeit am Handy ist man stets verleitet, neu eingegangene Messages zu checken.
- **Mehr den Browser nutzen und weniger Apps.** Bei der Nutzung von Informationsangeboten via Browser wie Internet Explorer, Firefox oder Chrome vermeiden Sie, dass die mit Apps typischerweise einhergehenden Push-Nachrichten Ihren Alltag permanent unterbrechen. So holen Sie sich die Infos, die Sie brauchen, und bekommen sie nicht von einer App aufgedrängt. Diese Maßnahme wird Ihnen auch dabei helfen, „Zeitfresser-Apps“ wie Facebook, Instagram oder WhatsApp weniger häufig zu benutzen.
- **Unangemessene soziale Normen bei Kommunikationspartnern offen ansprechen.** Viele Menschen erwarten heutzutage mit Selbstverständlichkeit, dass ihre Kommunikationspartner bei Verwendung elektronischer Medien unmittelbar antworten. Man denke hier an Social Media, aber auch an E-Mail. Sprechen Sie offen an, dass solche Normen unangemessen sind, ua deshalb, weil sie ungestörtes Arbeiten unmöglich machen.
- **Wenn notwendig, verwenden Sie Digital-Detox-Apps, um Ihr Smartphone-Verhalten in den Griff zu bekommen.** Es mag ironisch klingen, aber es gibt Apps, die dabei helfen, die Verwendung von Smartphone und wenig nützlichen Apps einzuschränken. Solche Detox-Apps zeichnen zB auf, wie oft ein User sein Smartphone entsperrt, welche Programme er

benutzt und wie lange er mit dem Handy interagiert. Am Ende eines Tages kann die Nutzungsbilanz abgerufen werden. Viele Nutzer sind sich gar nicht bewusst, wie häufig sie ihr Handy entsperren, bestimmte Programme aufrufen und wie lange sie das Smartphone verwenden. Den „Spiegel" vorgehalten zu bekommen kann daher helfen, das eigene Verhalten zu hinterfragen. Dies ist der erste Schritt zu einer Verhaltensänderung. Hier ein paar Beispiel-Apps (in alphabetischer Reihenfolge):

- *Checky* http://www.checkyapp.com
- *Menthal* https://menthal.org
- *Moment* https://inthemoment.io
- *Offtime* https://offtime.app
- *Quality Time* https://www.qualitytimeapp.com

Beachten Sie hierbei, dass wissenschaftliche Befunde einerseits zeigen, dass bestimmte Apps tatsächlich einen wirksamen Beitrag zur Stressreduktion leisten können, es aber dennoch so ist, dass „analoge" Resilienz-Trainings wirksamer als Trainings via Smartphone sind.[287, 288, 289, 290]

Smombies: Dem Tod ganz nahe

Hier noch eine Botschaft, die auch mit problematischer Smartphone-Nutzung in Zusammenhang steht, jedoch nicht primär Ihren eigenen Stress betrifft, sondern womöglich jenen Ihrer Angehörigen und Freunde – im schlimmsten Fall auf Ihrem Begräbnis! Unter dem Titel „Smartphones sorgen für mehr Verkehrstote als Alkohol" wurde kürzlich die bedenkliche Entwicklung thematisiert, dass immer mehr Menschen – sowohl als Fahrzeuglenker als auch als Fußgänger – durch das Smartphone abgelenkt sind. Es steht zu lesen:

„Ein Test der Universität Braunschweig habe schon vor Jahren gezeigt, dass rund 13 Prozent von 12.000 in mehreren Städten erfassten Autofahrern abgelenkt waren, die meisten vom Tippen auf ihrem Handy. Und bei einer im April präsentierten Verkehrszählung des Automobilklubs ‚Mobil in Deutschland' mit rund 50.000 Fahrzeugen habe jeder 16. Autofahrer am Steuer sein Handy in der Hand gehabt [... und der] Allianz-Studie ‚Sicher zu Fuß' zufolge telefonieren zwei Drittel der

Fußgänger regelmäßig, 35 Prozent lesen Texte oder sehen sich Bilder sowie Videos an, 43 Prozent schreiben Nachrichten. Fast die Hälfte (45 Prozent) nutzt die Geräte demnach auch beim Überqueren von Straßen."[291]

Menschen, die durch den permanenten Blick auf ihr Smartphone dermaßen abgelenkt sind, dass sie ihre Umgebung kaum noch wahrnehmen, werden als „Smombie" bezeichnet, eine Kombination aus Smartphone und Zombie.

In einer US-Studie, bei der Fußgänger an Kreuzungen in Seattle beobachtet wurden, wird darüber berichtet, dass rund ein Drittel aller Fußgänger ablenkende Aktivitäten wie das Verfassen von Textnachrichten am Handy beim Queren der Straße ausführte.[292] Durch ein solches Verhalten wird die Aufmerksamkeit massiv vom Straßenverkehr abgelenkt.[293, 294] Sollten Sie sich jetzt fragen, was die zentrale Ursache für dieses lebensgefährliche Verhalten ist, dann reichen vier Buchstaben für die Antwort aus: FOMO.[295] Sie wissen schon, damit wird die Sorge bezeichnet, etwas Wichtiges (am Handy) zu verpassen. Haben Sie sich schon einmal gefragt, wie wichtig eine Nachricht auf Ihrem Handy sein muss, um Ihren möglichen Tod oder den Tod anderer Verkehrsteilnehmer in Kauf zu nehmen. Nein? Ich bin überzeugt, Sie werden die richtige Antwort auf diese Frage finden.

Kapitel 4:

Ständiger Wandel

Organisatorische und vor allem technologische Veränderungen stehen heutzutage in vielen Firmen auf der Tagesordnung. Die meisten Menschen lehnen jedoch im Grunde ihres Herzens Veränderungen ab, weil sie ein ausgeprägtes Bedürfnis nach Stabilität haben. Es verwundert daher nicht, dass wissenschaftliche Studien zeigen, dass die Einführung von Anwendungssystemen mit signifikanten Anstiegen von Stresshormonen wie Adrenalin, Noradrenalin und Kortisol sowie Burnout einhergehen kann. Diese physiologischen Veränderungen sind teilweise lange nach dem Abschluss einer Einführung noch nachweisbar. Dies lässt darauf schließen, dass nicht nur die Implementierung selbst, sondern auch die durch das System veränderten Arbeitsabläufe Stressquelle sein können. Untersuchungen zeigen jedoch auch, dass bestimmte Bewältigungsmaßnehmen wirksam zu einer Stressreduktion beitragen können.

Unternehmen müssen sich ständig an veränderte Rahmenbedingungen anpassen. Sich nicht weiterzuentwickeln, birgt das Risiko, im harten Wettbewerb ins Hintertreffen zu geraten. Im schlimmsten Fall verschwindet ein Unternehmen vom Markt. Wer nicht mit der Zeit geht, wird mit der Zeit gehen. An diesem Sprichwort ist was Wahres dran. Die ständige Anpassung an sich verändernde Bedingungen bringt aus Mitarbeitersicht mit sich, dass sich auch das Arbeitsumfeld permanent verändert. Bestehende Abläufe werden umgestaltet, neue Geschäftsbereiche kommen hinzu und an der Aufbauorganisation werden Modifikationen vorgenommen. Abteilungen werden zusammengelegt, neue Stellen werden geschaffen, andere verschwinden.

Ein solcher organisationaler Change geht im Regelfall mit Veränderungen der IT-Landschaft einher.[296] Hardware und Software werden evaluiert, angeschafft, konfiguriert, implementiert und installiert. Ziel dieser Aktivitäten ist, neue Informationssysteme im Unternehmen zu schaffen, die die Planung und Steuerung der Organisation sowie die Abwicklung der Geschäftsabläufe erleichtern bzw überhaupt erst ermöglichen.

Doch was ist die Konsequenz von alldem? Erstens steigt der Digitalisierungsgrad an. Immer mehr Hardware und Software werden eingesetzt. Zweitens unterliegen die Informationssysteme in vielen Unternehmen auch einem ständigen Wandel. Von der Produktion bis zum Vertrieb und von der Buchhaltung bis zur HR-Abteilung, laufend werden neue Systeme eingeführt oder modifiziert. Diese ständigen Veränderungen können zu beträchtlichen Stressreaktionen bei den Mitarbeitern führen.

Einführung neuer Anwendungssysteme und Stresshormone

In einer Studie wurden die Auswirkungen der Einführung und Verwendung neuer Anwendungssysteme auf den Hormonspiegel betroffener Mitarbeiter untersucht.[297] Zusätzlich zu den Hormonmessungen wurden auch subjektive Wahrnehmungen der Mitarbeiter zu ihren Belastungsniveaus erhoben. Die Messungen wurden direkt in den untersuchten Unternehmen zu drei Zeitpunkten durchgeführt. Phase 1: zwei Monate vor Einführung des neuen Anwendungssystems. Hier wurden die Aufgaben entweder noch manuell verrichtet oder die Aufgabenerledigung erfolgte mit einem Altsystem. Phase 2: während der Implementierung, konkret zwei bis sechs Monate nach Beginn des Implementierungsprozesses. Phase 3: zwölf Monate nach komplettem Abschluss der Implementierung. Es wurden Hormonmessungen und Befragungen sowohl an Arbeitstagen als auch an Nicht-Arbeitstagen durchgeführt. Die Datenerhebung erfolgte bei Mitarbeitern von Unternehmen verschiedener Branchen. Auf der Basis von Urinproben wurden drei verschiedene Stresshormone untersucht: Adrenalin, Noradrenalin und Kortisol.

Die Studienergebnisse zeigen, dass die Systemeinführung mit einem Anstieg von Adrenalin und Noradrenalin über alle drei Phasen hinweg einherging, wobei der Anstieg von Phase 1 auf Phase 2 größer war als von Phase 2 auf Phase 3. Beim Kortisol gab es von Phase 1 auf Phase 2 de facto keinen Anstieg, jedoch von Phase 2 auf Phase 3. Zudem zeigen die Ergebnisse, dass beim Kortisol im Vergleich zum Adrenalin und Noradrenalin die an Arbeitstagen gemessenen Werte signifikant höher lagen als an Nicht-Arbeitstagen. Zusammengefasst kann somit gesagt werden, dass die Einführung und Verwendung neuer Anwendungssysteme zu einem signifikanten Anstieg von Stresshormonen führen kann.

Doch wie sind diese Ergebnisse zu interpretieren? Hier will ich zuerst die Studienautoren zitieren: „Die erhöhte Aktivierung [gemeint ist der Anstieg der Stresshormone] beschränkte sich nicht nur auf die Einführungsphase der neuen Technologie, sondern hielt auch an, nachdem sich die Mitarbeiter an die neue Arbeitssituation gewöhnt hatten. Die Daten legen daher nahe, dass die veränderte Arbeitssituation an sich anspruchsvoller ist als die ursprüngliche Arbeit."[298] Darüber hinaus argumentieren die Studienautoren, dass der Anstieg der Stresshormone wahrscheinlich deshalb auftrat, weil der Implementierungsprozess und die Arbeit mit dem neuen System „Ungewissheit, Verunsicherung [sowie] eine fordernde Neuorientierung" hervorgerufen hatten.[299] Neben dieser gibt jedoch noch eine weitere Erklärung.

Was meinen Sie, warum sind auch ein Jahr nach erfolgter Einführung des Systems die Stresshormone noch immer erhöht gewesen? Ich meine, aufgrund der Beschleunigung von Arbeitsabläufen. Mit dem Einsatz neuer Technologien verfolgen Unternehmen oft das Ziel, betriebliche Abläufe schneller zu machen. Zeit ist Geld, wie wir alle wissen. Die Hormonwerte waren in Phase 3 im Vergleich zu Phase 1 deutlich höher. Da neue Technologien meist zur Reduktion von Bearbeitungszeiten von Aufgaben führen,[300] ist die These plausibel, dass in der Studie auch die Beschleunigung von Arbeitsabläufen zum Anstieg der Stresshormone beigetragen hat.

Die **sieben Phasen der Reaktionen von Menschen auf Veränderungen** sind in Abbildung 7 dargestellt.[301, 302] Sie zeigt den Ablauf der Phasen, wobei ein Bezug zur wahrgenommenen eigenen Kompetenz erfolgt. Die Quintessenz ist, dass die eigene wahrgenommene Kompetenz in Bezug auf eine Veränderung mit der Zeit ansteigt, aber mit Ups and Downs: 1. Schock – Realität und eigene Erwartungen prallen aufeinander. 2. Ablehnung – man meint fälschlicherweise, die eigene Kompetenz reicht aus, daher lehnt man die Veränderung ab. 3. Rationale Einsicht – man erkennt, dass die Veränderung notwendig ist, hieraus resultiert jedoch Unsicherheit. 4. Emotionale Akzeptanz – man beginnt, sich mit der Veränderung auseinanderzusetzen und verdrängt langsam das Gewohnte. 5. Ausprobieren & Lernen – Technologie und neue Verhaltensweisen werden erprobt und erlernt. 6. Erkenntnis – man beginnt, die Zusammenhänge zwischen Technologie, neuem Verhalten und Erfolg bzw Misserfolg zu erkennen. 7. Erfolgreiche Integration: Die Veränderung ist zur neuen Realität geworden, in der man sich sicher fühlt und zurechtfindet.

Gemäß diesem Modell sollte nach einer gewissen Zeit, nämlich mit Phase 7 „Erfolgreiche Integration", die Kompetenz so hoch sein, dass die veränderte Realität akzeptiert ist und kaum noch bzw überhaupt nicht mehr stressauslösend ist. Glaubt man diesem Modell, dann folgt daraus, dass der aus Softwareeinführungen resultierende Stress mit der Zeit verschwinden wird. Theoretisch ist das so, aber nicht notwendigerweise in der Praxis!

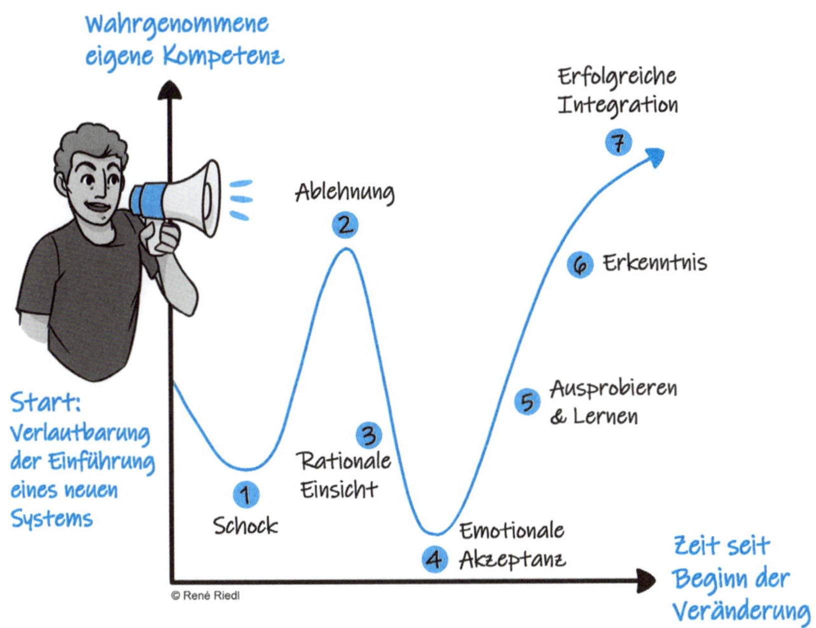

Abb 7: Sieben Phasen menschlicher Reaktionen auf Veränderungen[303]

Welcher Zusammenhang könnte nun zwischen dem in Abbildung 7 dargestellten Veränderungsmodell und den Ergebnissen der Hormonstudie bestehen? Meines Erachtens zeigen die Ergebnisse der Studie, dass es durchaus ein Jahr und länger dauern kann, bis Mitarbeiter in die siebte Phase der erfolgreichen Integration kommen und somit veränderte Arbeitsabläufe zur gewohnten und akzeptierten Realität geworden sind. Die Mitarbeiter in der Studie, die auch noch ein Jahr nach der Einführung des Systems erhöhte Stresshormonspiegel hatten, waren womöglich überhaupt noch nicht in die Anstiegsphase von der emotionalen Akzeptanz (Phase 4) bis zur erfolgreichen Integration (Phase 7) gekommen. Zudem ist nicht auszuschließen, dass durch Digitalisierung veränderte Arbeitsabläufe so stressvoll sein können, dass selbst in der Integrationsphase keine Normalisierung der Stressreaktion eintritt. Die physiologische und psychologische Belastung bleibt über dem Ausgangsniveau. Dies ist deshalb plausibel, weil heutzutage oft eine Technologieeinführung auf die nächste folgt. Langfristig kann es dann zum Allgemeinen Adaptionssyndrom nach Hans Selye kommen – Erschöpfung und Gesundheitsprobleme sind die Konsequenzen.[304]

Ein weiteres wichtiges Ergebnis der vorgestellten Studie ist, dass es nur einen schwachen Zusammenhang zwischen den mit Fragebogen erhobenen subjektiven Belastungsniveaus und den objektiven Hormonmessungen gab. Solche schwachen Korrelationen zwischen Psyche und Physiologie sind ein wiederholt berichteter Befund in der Stressforschung.[305, 306] Oft sind Benutzer gar nicht in der Lage, den aus der Interaktion mit neuen digitalen Technologien resultierenden Stress wahrzunehmen. Während Stresshormone bereits im Körper aktiv sind, sind sich Mitarbeiter dessen oftmals nicht bewusst. Erst wenn diese Belastungsniveaus eine bestimmte Schwelle überschreiten, beginnen die Menschen, die Belastung bewusst wahrzunehmen. Meist geht es den Mitarbeitern an diesem Punkt aber bereits relativ schlecht.

Dieser gefundene Unterschied zwischen selbst berichtetem Stress (Fragebogenerhebung) und physiologischem Stress (Hormonmessung) hat für Unternehmen eine wichtige Konsequenz. Wenn der Stress von Mitarbeitern im Rahmen von Programmen zur Erhaltung von Mitarbeitergesundheit nur auf der Basis von Befragung erhoben wird, dann ist mit hoher Wahrscheinlichkeit davon auszugehen, dass *kein* komplettes Bild der Situation gezeichnet wird. Stressmessungen sollten daher im Idealfall verschiedene Methoden integrieren, weil dadurch eine zuverlässigere Befundung der Situation erreicht wird. Bei physiologischen Messungen muss es sich nicht aussschließlich um Hormonmessungen handeln. Auch die Bestimmung von Herzratenvariabilität, Blutdruck und weiterer Parameter kann aufschlussreich sein.[307]

Einführung neuer Anwendungssysteme, Burnout und Präsentismus

Auf der Basis einer in Kanada durchgeführten Fallstudie wird berichtet, dass die Einführung neuer Anwendungssysteme auch zu Burnout führen kann.[308] In Anbetracht der Erkenntnis, dass Softwareeinführungen noch ein Jahr nach ihrem Abschluss mit signifikanten Erhöhungen von Stresshormonen einhergehen, verwundert mich dieser Befund nicht. Dänische Forscher haben in einem kürzlich veröffentlichten Artikel 35 Einzelstudien analysiert, um herauszufinden, ob die berufliche Verwendung von Informations- und Kommunikationstechnologien (IKT) mit Stress und Burnout zusammenhängt. In ihrer Ergebniszusammenfassung schreiben die Forscher unter Bezugnahme auf 29 der 35 Einzelstudien: „IKT-Nutzung im beruflichen Umfeld war mit Stress assoziiert [... und] es gab einen damit übereinstimmenden Zusammenhang zwischen IKT und Burnout“.[309] Dieses Ergebnis belegt, dass ein Zusammenhang zwischen der Nutzung digitaler Technologien, Stress und Burnout existiert.

In einer 2019 veröffentlichten Untersuchung aus den USA wird darüber berichtet, dass die zunehmende Einführung und Nutzung von digitalen Technologien im Medizinbereich auch bei vielen Ärzten Stress hervorruft und in weiterer Konsequenz mit Burnout einhergehen kann.[310] Von den 1.792 an der Befragung teilnehmenden Ärzten wurden 26 % mit Burnout klassifiziert und 91 % der Befragten nutzten im Rahmen der Ausübung ihrer klinischen Tätigkeit digitale Technologien, von denen wiederum 70 % über digitalen Stress klagten. Eine weitere 2019 bekannt gewordene Befragungsstudie mit rund 4.000 finnischen Ärzten bestätigt den digitalen Stress in der Ärzteschaft. Dort wird zudem festgestellt, dass der digitale Stress mit der Anzahl verwendeter Programme und technischen Problemen zusammenhängt.[311] Man ist hier verleitet zu sagen, dass sich viele Ärzte heutzutage recht gut in ihre digital gestressten Patienten hineinversetzen können, wenn diese aufgrund von Beschwerden und Burnout-Tendenzen die Ordinationen aufsuchen. Wenn „Helfer“ bereits selbst auch „Opfer“ sind, bleibt zu hoffen, dass unsere Gesellschaft künftig in der Lage sein wird, die Problematik des digitalen Stresses in den Griff zu bekommen.

Doch warum hat die Einführung eines neuen Anwendungssystems so großes Potenzial, Burnout zu verursachen? Ein wesentlicher Grund ist, dass Mitarbeiter nach Einführung eines neuen Systems oftmals ihre gewohnten Arbeitsroutinen nicht mehr praktizieren können. Weiter wird neue Software häufig als komplex wahrgenommen.[312] Dadurch reduziert sich die gefühlte Kontrolle über die Situation. Zudem steigt der kognitive Aufwand, da gewohnte Denk- und Verhaltensmuster in den Hintergrund rücken. Mitarbeiter müssen sich mühsam an die neuen Abläufe gewöhnen. Neue mentale Modelle, die das Denken und Verhalten steuern, müssen erst entwickelt werden. Zudem werden die Arbeitsabläufe beschleunigt.

Präsentismus kann eine Konsequenz von mental belastenden Reorientierungsphasen bei Softwareeinführungen sein.[313] Damit ist gemeint, dass Mitarbeiter sich trotz Krankheit nicht krank melden, sondern am Arbeitsplatz erscheinen. Sie tun dies, weil sie glauben, dass sie ansonsten noch weiter ins Hintertreffen geraten und den Anschluss verlieren. Präsentismus führt auf lange Sicht zu einer Verschlechterung der Mitarbeitergesundheit und zur Erhöhung von Krankenstandstagen.[314, 315] Zudem sind Arbeitsleistung und Produktivität rückläufig, wenn jemand trotz Krankheit arbeitet.[316] Der Wirkmechanismus sieht wie folgt aus: Geht man krank zur Arbeit, bringt man nicht die volle Leistung. Zudem steigt aufgrund der fehlenden Genesungsmöglichkeit die Wahrscheinlichkeit, nach einiger Zeit dann doch in Krankenstand gehen zu müssen. Weiter besteht bei bestimmten Erkrankungen die Gefahr, auch andere Mitarbeiter anzustecken, was das Problem noch weiter verschärft. Wer krank ist, sollte daher zu Hause bleiben. Er wendet damit gesundheitlichen Schaden von sich selbst und ökonomischen Schaden von seinem Unternehmen und der Volkswirtschaft ab.

Eine weitere Facette, warum Softwareeinführungen zu Stress und Burnout führen können, wird in der erwähnten Fallstudie aus Kanada diskutiert.[317] Wenn jemand Kunden berät und dabei Probleme hat, weil die neue Software kompliziert zu bedienen ist oder einfach die Erfahrung im Umgang mit dem System fehlt, dann stresst das mehr, als wenn man alleine in einem Büro sitzt und Probleme mit der Software hat. Die soziale Interaktion mit einem Kunden verstärkt die Stresswahrnehmung. Wie oft ist Ihnen als Kunde schon aufgefallen, dass Servicemitarbeiter gestresst sind, wenn sie mit Ihnen im Interaktionsprozess stehen und die Software nicht richtig bedienen können oder wenn mit der Software etwas nicht funktioniert. Oftmals muss dann ein anderer Mitarbeiter herbeigeholt werden, um zu helfen. Bei manchen Servicemitarbeitern kann man dabei richtig das Unwohlsein spüren. Mir ist das als Kunde schon oft passiert, beispielsweise beim Ein- oder Auschecken in Hotels.

Sollten Sie jemand sein, der die Situation aus Mitarbeitersicht kennt, dann wissen Sie, wie unangenehm und stressvoll es sein kann, wenn man während der Interaktion mit einem Kunden ein Problem mit dem Computer hat. Meist wird versucht, die Situation gegenüber dem Kunden zu überspielen, um von den eigenen negativen Emotionen abzulenken. Mein Tipp an betroffene

Servicemitarbeiter: Wenn der PC nicht funktioniert oder wieder mal langsam ist, dann sagen Sie das Ihrem Gegenüber. Die meisten Kunden werden Verständnis zeigen. Jeder kennt solche PC-Probleme und kaum jemand wird daher die Verantwortung bei Ihnen suchen.

Entspannungstechniken gegen digitalen Stress: Wirksame Maßnahme oder Humbug?

Als Humbug bezeichnet man Dinge, die sich als bedeutsam geben, aber nur Schwindel sind. Das Praktizieren von Entspannungstechniken gewinnt in einer zunehmend von Stress geprägten Gesellschaft an Bedeutung. Eine wichtige Frage, die sich nun stellt, ist die der Wirksamkeit von Entspannungstechniken als Maßnahme gegen digitalen Stress. Diese Maßnahme könnte zB in Phasen der Einführung von Anwendungssystemen sowie bei durch Software beschleunigten Arbeitsabläufen stressabbauend wirken.

In einer in einem schwedischen Telekommunikationsunternehmen durchgeführten Studie wurde auf Basis eines experimentellen Designs mit Interventions- und Kontrollgruppe untersucht, ob die regelmäßige Teilnahme an einem Stressmanagementprogramm biologische Stressreaktionen sowie wahrgenommenen Stress reduzieren kann.[318] Mitarbeiter in Telekommunikationsunternehmen verwenden digitale Technologien häufig und intensiv. Ein solcher Kontext eignet sich daher sehr gut, um die Wirksamkeit von Entspannungstechniken gegen digitalen Stress zu untersuchen. Insgesamt 116 Mitarbeiter aus zwei ähnlichen Abteilungen nahmen an der Studie teil, wobei Mitarbeiter der einen Abteilung (Interventionsgruppe) aus drei Entspannungstechniken auswählen konnten, wohingegen die Mitarbeiter der anderen Abteilung (Kontrollgruppe) keine Entspannungstechniken anwendeten. Eine Technik, die beispielsweise gewählt werden konnte, war Tai Chi in Kombination mit progressiver Muskelentspannung.

Die Studienergebnisse belegen, dass die wöchentliche Ausübung einer der drei Entspannungstechniken über einen Zeitraum von drei Monaten unter Anleitung eines professionell ausgebildeten Trainers zu signifikanten Stressreduktionen führen kann. Gemessen wurde zu Beginn, nach der dreimonatigen Teilnahme am Programm sowie nach weiteren fünf Monaten. Sowohl physiologische Stressparameter als auch subjektive Stresswahrnehmungen, die per Fragebogen erhoben wurden, zeigten sich auch fünf Monate nach Abschluss des Trainings stark verbessert. Konkret wird darüber berichtet, dass reduzierte Werte bei Prolaktin, einem stresssensitiven Hormon, festgestellt wurden. Weiter ging die Anzahl der Thrombozyten zurück. Thrombozytenaggregation führt zu Blutgerinnseln, was uns davor schützt, bei Verletzungen nicht zu verbluten. Zu starke Aggregation kann jedoch Herzinfarkt und Schlaganfälle begünstigen.[319, 320] In diesem Sinn ist ein Rückgang bei der Thrombozytenanzahl als positiv zu interpretieren.

Die Autoren weisen darauf hin, dass es in ihrer Studie zu keinen signifikanten Veränderungen beim Stresshormon Kortisol kam.[321] Beachten Sie bei der Interpretation dieses Befunds aber, dass andere Untersuchungen eindeutig belegen, dass die Anwendung von Entspannungstechniken wie Tai Chi oder Yoga mit signifikanten Rückgängen beim Kortisol einhergeht; zudem wird in vielen weiteren Untersuchungen über reduzierten Blutdruck und verbesserte Herzratenvariabilitäten berichtet.[322, 323, 324, 325]

In der Gesamtschau sollten Sie diese Befunde daher dazu motivieren, Entspannungstechniken anzuwenden. Tai Chi, Yoga und Co. sollten somit nicht als „esoterisches Vergnügen" abgetan werden, und schon gar nicht als Humbug. Vielmehr ist ihre stressreduzierende Wirkung wissenschaftlich belegt – auch als Maßnahme gegen digitalen Stress. Gut finde ich in diesem Zusammenhang, dass immer mehr Unternehmen im Rahmen der betrieblichen Gesundheitsvorsorge Entspannungstechnik-Seminare für ihre Mitarbeiter anbieten. Wenn Sie die Möglichkeit haben, dann nehmen Sie an solchen Seminaren teil!

Mangelnde Benutzerqualifikation als Stressursache

Haben Sie sich schon einmal gefragt, unter welchen Bedingungen die negativen Effekte von Systemeinführungen besonders ausgeprägt sind? Eine bedeutsame Stressursache bei Softwareeinführungen ist die mangelnde Benutzerqualifikation.[326] Daraus folgt, dass Benutzerschulungen wichtig sind.[327] Weit verbreitet ist in der Praxis die Vorgehensweise, ein paar Key User in Schulungen zu entsenden, die dann in weiterer Folge andere Benutzer in ihrer Abteilung schulen sollen. Dieser Ansatz mag theoretisch sinnvoll erscheinen und hier und da in der Praxis auch erfolgreich sein.[328, 329] Er übersieht jedoch, dass Key User oftmals aufgrund vieler anderer Aufgaben im Arbeitsalltag zu wenig Zeit haben, ihr Wissen an andere Benutzer weiterzugeben. Die Wissensverteilung auf diesem Wege ist somit in vielen Fällen mangelhaft. Dadurch werden negative Effekte hinsichtlich der Nutzung neuer Softwareprogramme wahrscheinlich. Der Key-User-Ansatz ist daher nur dann zweckmäßig, wenn die Key User ausreichend Zeit haben, ihr Wissen an andere Mitarbeiter weiterzugeben *und* danach auch noch für Rückfragen zur Verfügung stehen. Beides ist in der Praxis meiner Erfahrung nach oft nicht der Fall.

Besonders ausgeprägt sind die negativen Effekte mangelnder Schulungsqualität, wenn die technische Komplexität der eingeführten Software hoch ist und die durch die Software unterstützten Aufgaben stark ineinandergreifen.[330] Diese Eigenschaften treffen insbesondere auf Enterprise-Ressource-Planning-Systeme zu, kurz: ERP. Die Abkürzung ERP steht dabei für eine Klasse von Software, mit der betriebswirtschaftliche Abläufe in Unternehmen unterstützt werden. Die Firma SAP ist der weltweit größte Hersteller von ERP-Systemen.

Die Ergebnisse einer Befragungsstudie zeigen, dass sich die Gesamtkosten bei der Einführung von ERP-Systemen in etwa wie folgt verteilen: Software-Lizenzen (31 %), Hardware (29 %), Implementierung und Softwareanpassung an die Firmengegebenheiten (23 %) und Schulung von IT-Abteilung und Benutzern (17 %).[331] Weiter wurde in dieser Studie der Anteil an Unternehmen ermittelt, die nach Projektabschluss „mehr Kosten" oder „weit mehr Kosten" hatten als im Budget ursprünglich vorgesehen. Bei der Schulung von IT-Abteilung und Benutzern wird ein Wert von rund 26 % berichtet. Dies bedeutet, dass in etwa jedes vierte Unternehmen das Budget für Schulungen zu niedrig ansetzt.

Interessant sind in diesem Zusammenhang Befunde einer im deutschsprachigen Raum durchgeführten und 2018 veröffentlichten Befragungsstudie mit rund 3.500 Teilnehmern.[332] Gerade einmal 8 % der Befragten geben an, dass der Schulungsaufwand bei ERP-Einführungen eine Herausforderung ist. In Anbetracht der Erkenntnis, dass mangelnde Benutzerqualifikation ein weit verbreitetes Phänomen sowie eine der wichtigsten Ursachen für Stress im Kontext von Softwareeinführungen ist, sollte uns dieser Befund nachdenklich stimmen. Unternehmen unterschätzen die Wichtigkeit von qualitativ hochwertigen Benutzerschulungen! Zudem verkennen sie oftmals, dass Benutzerqualifikation stressreduzierend wirkt, die Technologieakzeptanz erhöht und letztlich zum Projekterfolg bei der Einführung neuer Systeme beiträgt.[333]

Ein Halbtages-Workshop reduziert die Erschöpfung und erhöht die Zufriedenheit

Israelische Forscher sind von der These ausgegangen, dass nicht nur die Einführung von Anwendungssystemen sowie die Zeit danach für User stressvoll und energieraubend sein können, sondern auch schon die Zeit ab der Entscheidung für die Einführung eines bestimmten Systems.[334] Der bevorstehende Einführungsstress und die Erschöpfung, die sich aus veränderten Arbeitsroutinen ergeben kann, werden von Mitarbeitern *antizipiert*. Es ist daher regelmäßig der Fall, dass bei Softwareprojekten bereits vor dem tatsächlichen Start der Einführung Unzufriedenheit und negative Stimmung vorherrschen.

Vor diesem Hintergrund haben die israelischen Forscher untersucht, ob nicht schon ein Halbtages-Workshop als Vorbereitung auf eine Systemeinführung eine wirksame Maßnahme sein könnte, um negative Wirkungen zu reduzieren. Es ist zu betonen, dass dieser Workshop *nicht* dazu diente, die User des neuen Programms mit der Funktionalität und Benutzungsoberfläche vertraut zu machen. Es ging im Workshop vielmehr darum, auf mögliche Probleme bei der Einführung der Software hinzuweisen und potenzielle Bewältigungsmaßnahmen kennenzulernen. Beispielsweise wurden Mitarbeiter darin trainiert, das Potenzial von Technologie zur Unterstützung von Arbeitsaufgaben anzuerkennen. Weiter wurde ihnen vermittelt, sich bei Problemen im Softwareprojekt gegenseitig beizustehen. Die Maßnahmen wurden im Workshop durch Trainingsfilme und Übungen vermittelt. Der Workshop wurde von externen Beratern moderiert.

Noch eine paar wichtige Informationen zum Studiendesign: Die Untersuchung wurde in 25 Geschäftseinheiten eines großen öffentlichen Unternehmens in Israel durchgeführt, das gerade im Begriff war, ein ERP-System einzuführen. Insgesamt nahmen 218 Mitarbeiter an der Untersuchung teil, wobei ein Teil davon im Workshop dabei war (Interventionsgruppe), ein anderer Teil nicht (Kontrollgruppe). Die Forscher konnten so die Wirkungen des vierstündigen Workshops auf der Basis eines experimentellen Designs bestimmen.

Zu den Ergebnissen: Die Teilnahme am Workshop hatte *keinen direkten Einfluss* auf den wahrgenommenen Stress der Benutzer, was vermutlich an der Formulierung der Fragen lag.[335] Der Workshop war jedoch dennoch wirksam! Die Teilnehmer wiesen eine vermehrte Zufriedenheit mit der IT auf und gleichzeitig wurde ein Rückgang der Erschöpfung verzeichnet. Die Zahlen sind durchaus beeindruckend: Die Zufriedenheitsrate lag in der Workshop-Gruppe bei 62,5 % und in der Kontrollgruppe bei 37,5 %. Die Erschöpfungsrate hingegen lag in der Workshop-Gruppe bei 36 % und in der Kontrollgruppe bei 64 %.

Die Empfehlung der Studienautoren sollten Sie bei Ihrem nächsten Digitalisierungsprojekt umsetzen. Sie geben an, dass zusätzlich zum klassischen User-Training bei der Einführung von Anwendungssystemen ein Workshop durchgeführt werden sollte, der auf mögliche Probleme bei der Einführung der Software *präventiv* hinweist. Weiter sollten wirksame Maßnahmen gegen die Probleme vorgestellt werden. Vorausschauendes Handeln ist somit wichtig. Wie sagte schon der französische Philosoph Luc de Clapiers, Marquis de Vauvenargues (1715–1747): „Die Wissenschaft der Planung besteht darin, den Schwierigkeiten der Ausführung zuvorzukommen.“

Benutzerbeteiligung und benutzerzentrierte Systemeinführung

Unter Benutzerbeteiligung versteht man die Möglichkeit und den tatsächlichen Umfang der Mitwirkung der Benutzer an der Entwicklung von Informationssystemen.[336] Benutzerbeteiligung wirkt stressreduzierend und erhöht die Arbeitszufriedenheit.[337, 338, 339] Benutzerbeteiligung kann unter verschiedenen Dimensionen betrachtet werden:[340]

- Die *Partizipationsausprägung* reicht von der bloßen Information der Benutzer (passive Partizipation) bis zur selbstständigen Durchführung von Aufgaben der Planung und Realisierung bei der Entwicklung und Einführung von Informationssystemen (aktive Partizipation).
- Die *Partizipationsebene* reicht vom einzelnen Arbeitsplatz über die Arbeitsgruppe und Abteilung bis zum Unternehmen als Ganzes.
- Die *Partizipationsform* kann direkt oder indirekt sein. Direkte Partizipation bedeutet persönliche Beteiligung aller betroffenen Benutzer, indirekte Partizipation ist durch Beteiligung von Vertretern der Benutzer gekennzeichnet.
- Die *Partizipationsphase* legt fest, in welcher Phase bzw in welchen Phasen in einem Projekt Partizipation stattfindet (zB von Projektbeginn an oder erst später).

Im Regelfall führen aktive Partizipation, im Unternehmen als Ganzes praktizierte Partizipation, ein hoher Grad an direkter Partizipation sowie eine bereits in frühen Projektphasen einsetzende Partizipation zur wirksamsten Reduktion von Benutzerstress bei der Einführung von Softwaresystemen.[341] Zudem erhöht Partizipation die Benutzerzufriedenheit.[342, 343]

Was ist die Erklärung, warum gerade diese Konfiguration von Merkmalausprägungen so wirksam ist? Sie führt zu mehr Mitwirkung und Verantwortungsübernahme.[344] Wer in Einführungsprojekten „mittendrin statt nur dabei" ist und dadurch Zugang zu wichtigen Informationen erhält, fühlt weniger Unsicherheit, dadurch steigt die wahrgenommene Kontrolle über die Situation. Das wirkt stressreduzierend.[345] Es ist also aus Benutzersicht durchaus vorteilhaft, sich im Rahmen der Benutzerbeteiligung bei Softwareeinführungen aktiv zu beteiligen, auch wenn dies mit Arbeit verbunden ist. Der durch die Mehrarbeit möglicherweise entstehende Stress ist weniger schädlich als jene negativen Emotionen, die durch Informationsdefizite und die daraus resultierende Unsicherheit bei Digitalisierungsprojekten entstehen.[346]

In England wurden mehrere Fallstudien durchgeführt, die aufzeigen, wie eine benutzerzentrierte Vorgehensweise bei Systemeinführungen – im Gegensatz zu einer technikzentrierten Vorgehensweise – stressreduzierend wirken kann.[347, 348, 349, 350] Der Wirkmechanismus kann wie folgt zusammengefasst werden: Benutzerzentriert ist eine Systemeinführung dann, wenn User aktiv im Projekt mitwirken. Diese Mitwirkung bezieht sich dabei auf Fragen von der Umgestaltung von Arbeitsroutinen bis hin zu konkreten Anforderungen an die Programmfunktionen sowie die Gestaltung von Benutzungsoberflächen. Der Stress der Benutzer wurde in den Fallstudien physiologisch via Herzfrequenz- und Blutdruckmessungen bestimmt, zudem wurden Fragebögen zur Bestimmung von Erschöpfung eingesetzt. Ein geringeres Ausmaß an Stress bewirkte eine höhere Benutzerzufriedenheit sowie eine höhere Arbeitszufriedenheit. Beide Faktoren wirken sich positiv auf die Leistungsfähigkeit von Mitarbeitern aus. Zusammenfassend kann also gesagt werden, dass die positiven Wirkmechanismen einer benutzerzentrierten Vorgehensweise bei der Einführung von Anwendungssystemen wissenschaftlich belegt sind.

Gesunder Veränderungsprozess

Ein gesunder Veränderungsprozess zeichnet sich durch folgende Merkmale aus: 1. Das Management hat ein Bewusstsein dafür entwickelt, dass die Veränderung im Unternehmen von verschiedenen Individuen und Gruppen unterschiedlich wahrgenommen wird. 2. Das Management steht während des Veränderungsprozesses zur Verfügung, um mögliche Probleme rasch zu lösen. 3. Konflikte werden konstruktiv gelöst. 4. Die durch die Veränderung neu entstehenden Aufgabenverteilungen und Rollen sind geklärt. Norwegische Forscher haben herausgefunden, dass solche gesunden Veränderungsprozesse stressreduzierend wirken können und dadurch dazu beitragen, dass die bei Veränderungen ohnehin hohen Belastungen nicht noch weiter erhöht werden.[351]

Ein gesunder Veränderungsprozess sollte in Unternehmen im Rahmen des Veränderungsmanagements institutionalisiert werden. Ein solches Veränderungsmanagement befasst sich mit dem systematischen Vorgehen bei Veränderungen. Hierbei werden notwendige Veränderungen so begleitet, dass „Reibungsverluste" vermieden und Konflikte vermindert werden. Die mit Softwareprojekten einhergehenden Organisationsveränderungen sollten frühzeitig geplant, aktiv gesteuert und begleitet werden. Ziel ist es, negative Auswirkungen von Veränderungen wie Technologieakzeptanzprobleme zu vermeiden.[352] Veränderungen und die daraus resultierenden Konsequenzen sind jedoch nicht vollständig beherrschbar. Dennoch ist beim Veränderungsmanagement systematisch vorzugehen, weil dadurch die Wahrscheinlichkeit steigt, dass die Ziele von Softwareprojekten erreicht werden. Systematisches Veränderungsmanagement läuft in drei Schritten ab:[353]

- Schaffen eines gemeinsamen Verständnisses der Ausgangslage: Warum sollen wir uns verändern?
- Entwickeln eines Zukunftsbildes bzw eines Sollzustands: Wohin wollen wir uns entwickeln?
- Ausarbeiten eines Weges, um das Unternehmen und seine Mitarbeiter von einem Ist- zum Sollzustand zu führen: Wie kann der Zielzustand erreicht werden?

Haben Sie sich schon mal gefragt, welche Fehler bei Veränderungsprozessen oft begangen werden? Diese Fehler bewirken, dass Softwareeinführungen nicht erfolgreich verlaufen. Versuchen Sie daher, die im Folgenden genannten zehn Fehler zu vermeiden:[354, 355] 1. Die Notwendigkeit der Veränderung wurde nicht oder zu wenig klargemacht. 2. Es wurde keine ausreichend kraftvolle Führungskoalition geschaffen. 3. Die neue Vision bzw das Zielbild ist zu unscharf und/oder wurde zu wenig kommuniziert. 4. Hindernisse, die die neue Vision bzw das Zielbild blockieren, wurden nicht beseitigt. 5. Es wurden keine kurzfristigen Erfolge erzielt. 6. Der Erfolg wurde zu früh ausgerufen. 7. Die Veränderungen wurden nicht stark genug in der Unternehmenskultur verankert. 8. Der Zeithorizont für die Beurteilung des Erfolgs ist zu kurz gewählt. 9. Die Kommunikation im Unternehmen ist mangelhaft. 10. Es fehlt der Mut zu „großen Lösungen", Teiloptimierungsversuche dominieren.

Ein Merkmal eines gesunden Veränderungsprozesses ist, dass Konflikte konstruktiv gelöst werden. Wenn organisationale Abläufe durch Softwareeinführungen verändert werden, dann geht das mit Machtverschiebungen einher. Und zwar deshalb, weil durch neue Systeme Informationsflüsse, Entscheidungskompetenzen, Handlungsspielräume und Ressourcenzuteilungen verändert werden.[356, 357] Manche sind Gewinner, andere Verlierer. Wie nun mit Konflikten umgegangen wird, ist für das Stressempfinden der Mitarbeiter in Digitalisierungsprojekten entscheidend und in weiterer Folge auch für den Projekterfolg.

Waren Sie schon bei einem Projekt dabei, dessen Ziel es war, ein neues Informationssystem einzuführen? Wenn ja, welche Situationen sind Ihnen in Erinnerung geblieben, die Vorboten größerer Konflikte waren? Wahrscheinlich sind Ihnen mehrere der folgenden Indikatoren, die Spannungen in Projekten anzeigen und somit als Vorläufer von Konflikten gedeutet werden können, bekannt:[358] keine Einigung über ein fachliches Problem über einen längeren Zeitraum; keine Bereitschaft, einander zuzuhören; Ideen von anderen als eigene Ideen „verkaufen"; Vorschläge werden „niedergebügelt", bevor sie überhaupt diskutiert wurden; Rivalitäten können beobachtet werden; Lagerbildung findet statt; Vorwurf mangelnder Kompetenz; Projektsitzungen dauern lange, ohne konkrete Ergebnisse zu erzielen; Projektsitzungen sind mangelhaft vorbereitet; Projektmitglieder sind in Sitzungen nur „körperlich" anwesend; wiederholt mangelhafte Bearbeitung von Aufgaben; Entscheidungen werden zu spät oder gar nicht gefällt; Rangeln um Kompetenzen; Führungskräfte berücksichtigen Vorschläge von Mitarbeitern nicht ausreichend. Das Erkennen solcher Indikatoren und entsprechendes Managementhandeln können helfen, entstehende Konflikte zu antizipieren und abzuwenden und somit Stress zu reduzieren.

Einstellung und Verhalten in Digitalisierungsprojekten

Bei der Einführung von neuen digitalen Technologien treten in Unternehmen unterschiedliche Gruppen auf, die sich aufgrund ihrer Einstellung zum neuen System und ihrem Verhalten im Projekt klassifizieren lassen. Die Gruppen lassen sich nach ihrer Einstellungsakzeptanz („innere Akzeptanz") und Verhaltensakzeptanz („äußere Akzeptanz") entlang der drei Ausprägungen negativ, neutral und positiv klassifizieren.[359] Manche dieser Gruppen erfordern einen spezifischen Umgang, um Stress im Projekt zu vermeiden und die Erreichung der Projektziele sicherzustellen. Es werden folgende Gruppen unterschieden:[360]

- Offene Befürworter: Personen mit positiver Einstellungsakzeptanz und positiver Verhaltensakzeptanz; sie stehen voll hinter dem Projekt und verhalten sich entsprechend projektfördernd.
- Offene Gegner: Personen mit negativer Einstellungsakzeptanz und negativer Verhaltensakzeptanz; sie lehnen das Projekt ab und treten offen gegen das Projekt auf.

- Getarnte Gegner: Personen mit negativer Einstellungsakzeptanz und positiver Verhaltensakzeptanz; sie zeigen sich nach außen hin gegenüber dem Projekt aufgeschlossen, arbeiten aber im Hintergrund mehr oder weniger massiv dagegen.
- Getarnte Befürworter: Personen mit positiver Einstellungsakzeptanz und negativer Verhaltensakzeptanz; sie stehen grundsätzlich hinter dem Projekt, treten aber aus taktischen Gründen nach außen hin dagegen auf.
- Geheime Befürworter: Personen mit positiver Einstellungsakzeptanz und neutraler Verhaltensakzeptanz; sie stehen grundsätzlich hinter dem Projekt, verhalten sich aber nach außen hin passiv.
- Geheime Gegner: Personen mit negativer Einstellungsakzeptanz und neutraler Verhaltensakzeptanz; sie sind gegen das Projekt, äußern sich aber weder negativ noch positiv.
- Mitläufer (dagegen): Personen mit neutraler Einstellungsakzeptanz und negativer Verhaltensakzeptanz; sie sind zwar selbst nicht gegen das Projekt, treten aber nach außen hin gegen das Projekt auf.
- Mitläufer (dafür): Personen mit neutraler Einstellungsakzeptanz und positiver Verhaltensakzeptanz; sie sind zwar selbst nicht für das Projekt, treten aber nach außen für das Projekt auf.
- Indifferente: Personen mit neutraler Einstellungsakzeptanz und neutraler Verhaltensakzeptanz; sie sind als „Unentschiedene" anzusehen.

Was glauben Sie, welche Gruppe ist bei Digitalisierungsprojekten die gefährlichste? In meinem 2019 erschienenen Buch „Management von Informatik-Projekten: Digitale Transformation erfolgreich gestalten" schreibe ich:

„Als größte Gefahr für den Erfolg eines Informatik-Projekts sind ‚getarnte Gegner' anzusehen. In Abhängigkeit von ihrer organisationalen Macht und der Möglichkeit, sich in Interessenskoalitionen zu verbünden, können auch ‚offene Gegner' und ‚geheime Gegner' eine große Gefahr für den Projekterfolg darstellen. Eine wesentliche Aufgabe des Projektmanagements ist es daher, dass die Projektleitung – idealerweise auf der Basis von Top-Management-Unterstützung – Maßnahmen ergreift, die ausreichend wirksam sind, um die Einstellungsakzeptanz auf ein zumindest neutrales Niveau zu bringen."[361]

Sollten Sie also in Ihrem eigenen Umfeld am Beginn eines Digitalisierungsprojekts stehen, dann machen Sie sich bewusst, wer die Gegner des Projekts sind. Diese zu erkennen, um dann entsprechende Maßnahmen des Konfliktmanagements zu ergreifen, ist wichtig. Solche Maßnahmen reduzieren Konflikte und Stress und erhöhen die Wahrscheinlichkeit für Projekterfolg.[362]

Einstellung zu neuen Technologien beeinflusst Stress

Unter Einstellung versteht man die Bereitschaft, auf Personen, Dinge, Situationen, Vorstellungen usw *wertend* zu reagieren. Eine negative Einstellung der Benutzer zu neuen Technologien erhöht den wahrgenommenen Stress sowie psychosomatische Beschwerden und reduziert die Arbeitszufriedenheit.[363] Doch wie erkennt man, ob ein Mitarbeiter eine positive oder negative Einstellung zu digitalen Technologien hat?

Menschen mit positiver Einstellung würden folgenden Beispielaussagen zustimmen:[364] „Die Digitalisierung von Teilen meiner Arbeit macht mein Unternehmen wettbewerbsfähiger." „Die Verwendung eines Computers erhöht meine Arbeitsproduktivität." „Die Nutzung eines Computers erhöht meine Arbeitszufriedenheit." Menschen mit negativer Einstellung würden folgenden Aussagen zustimmen:[365] „Ich bin besorgt, dass ich meinen Job aufgrund der Verbreitung digitaler Technologien verlieren könnte." „Ich denke, dass die Verbreitung digitaler Technologien zu einem Verlust der Privatsphäre am Arbeitsplatz führt." „Ich rate davon ab, Computer bei der Arbeit zu verwenden."

Was, denken Sie, ist eine der wirksamsten Maßnahmen, um eine negative Einstellung zu digitalen Technologien in eine positive zu wandeln? Es ist einfacher, als Sie vermutlich glauben. Digitale Technologien zu verwenden! Die Forschung zeigt, dass mit zunehmender Verwendung von Technologien die Einstellung zur Technologie positiver wird.[366] Interaktion mit Technologie bedeutet Abbau von Unsicherheiten. Man wird mit der Technologie vertraut.

Dies erhöht die wahrgenommene Kontrolle über die Situation und verringert daher den Stress. Eine wissenschaftliche Studie hat herausgefunden, dass ein höheres Ausmaß der Verwendung digitaler Technologien zu einer positiveren Beurteilung der Technologie führt und in weiterer Folge zu einer Verringerung von Burnout.[367]

Eine Ausnahme ist jedoch zu beachten! Eine wichtige Facette von Burnout ist Erschöpfung, neben anderen Facetten wie Zynismus, gefühlter Ineffektivität bei der Erledigung einer Aufgabe und Distanziertheit von der Aufgabe, wenn darüber mit anderen kommuniziert wird. Die Erschöpfung nimmt im Vergleich zu den anderen Facetten von Burnout mit zunehmender Verwendungsdauer von digitalen Technologien *nicht* ab, es besteht eher die Gefahr einer Zunahme.[368] Wesentliche Gründe dafür sind, dass die Funktionalität nicht den Anforderungen entspricht, die Usability schlecht ist und Benutzer mit Unzuverlässigkeiten wie Systemabstürzen oder langen Antwortzeiten zu kämpfen haben.[369, 370]

Was lernen wir aus diesen Erkenntnissen? Es ist sinnvoll, Benutzer mit einer negativen Einstellung dazu anzuhalten, mit einer neuen Technologie zu interagieren. Unterstützung durch sachkundige Personen ist hierbei wichtig. Das führt im Regelfall zu einer Verbesserung der Einstellung gegenüber der Technologie. Dieser Effekt greift jedoch nur dann, wenn Funktionalität und Usability gut sind und die Technologie zuverlässig ist. Ist das nicht der Fall, besteht die Gefahr, dass die Einstellung noch negativer wird.

Autonomes Fahren: Stressquelle?

Nicht nur in Unternehmen sind Menschen permanent mit neuen Technologien und Veränderungen konfrontiert, sondern auch im Privatleben. Autonome Fahrzeuge sind ein Beispiel für hoch digitalisierte Systeme. Es wird prognostiziert, dass 2050 fast alle Fahrzeuge autonom fahren werden.[371] Sehen wir uns das Stresspotenzial autonomer Fahrzeuge näher an. Vorab zur Info, es gibt verschiedene Stufen autonomer Fahrzeuge:[372]

➜ Autonomiestufe 0: Der Fahrer fährt selbst, er lenkt, bremst, beschleunigt usw.

- Autonomiestufe 1 (assistiertes Fahren): Assistenzsysteme helfen bei der Fahrzeugbedienung, zB Abstandsregeltempomat.
- Autonomiestufe 2 (teilautomatisiertes Fahren): Funktionen wie Spurhalten, automatisches Einparken sowie Bremsen werden vom Assistenzsystem übernommen.
- Autonomiestufe 3 (hochautomatisiertes Fahren): Das Fahrzeug führt selbstständig viele Funktionen aus, der Fahrer kann sich mit anderen Dingen befassen, wird jedoch bei Bedarf aufgefordert, die Führung zu übernehmen.
- Autonomiestufe 4 (vollautomatisiertes Fahren): Das Fahren wird dauerhaft vom Fahrzeug übernommen. Wenn die Aufgaben vom System nicht mehr bewältigt werden können, übernimmt der Fahrer.
- Autonomiestufe 5 (autonomes Fahren): Es ist kein Fahrer erforderlich, das System handelt völlig autonom. Der Mensch startet das System und legt nur das Fahrziel fest. Fahrzeuge dieser Stufe haben kein Lenkrad und keine Pedale.

Befragungsstudien legen nahe, dass autonomes Fahren – auch schon auf niedrigen Stufen – eine signifikante Stressquelle sein kann.[373] Eine 2019 in Deutschland durchgeführte Studie zu Akzeptanzproblemen und Nachteilen beim autonomen Fahren zeigt, dass 69 % der Menschen Angst vor Manipulation haben (zB Fernsteuerung durch Hackerangriffe). 65 % sagen, kein Vertrauen in die Technik zu haben. 30 % assoziieren mit selbstfahrenden Autos negative Emotionen. Zu den spezifischen Emotionen wird auf der Basis von Daten mehrerer Länder (China, Frankreich, Deutschland, Schweden, Vereinigtes Königreich, USA) berichtet, dass bei 48 % der Gedanke an ein selbstfahrendes Auto Angst hervorruft, bei 46 % Unbehagen und bei 43 % Kontrollverlust und Hilflosigkeit. Interessant sind auch die Ergebnisse auf die 2018 untersuchte Frage „Würden Sie mit einem fahrerlosen Taxi reisen wollen?“: 9 % der Deutschen sagen „definitiv“, 24 % „vielleicht“, 22 % „eher nicht“ und 45 % „auf keinen Fall“. In der Gesamtschau zeigen diese Befragungsergebnisse, dass in Deutschland großes Unbehagen und somit hohes Stresspotenzial in Bezug auf das autonome Fahren besteht. Es kann davon ausgegangen werden, dass die Ergebnisse in Österreich und der Schweiz nicht wesentlich davon abweichen.

Zum autonomen Fahren und möglichen Stressreaktionen gibt es nicht nur Befragungsergebnisse, sondern auch Laborstudien unter kontrollierten Bedingungen. In solchen Studien werden Fahrsimulatoren verwendet. In einer aktuellen Studie von japanischen Wissenschaftlern wird berichtet, dass autonomes Fahren nach Stufe 3 im Vergleich zu Stufe 0 mit einem signifikant höheren systolischen Blutdruck einhergeht.[374]

© René Riedl

An einer Studie der Hochschule Kempten nahmen unter Realbedingungen 50 Probanden teil.[375] Die Testpersonen lenkten ein Fahrzeug der Luxusklasse mit und ohne Spurhalteassistenzsystem. Es wurde somit Autonomiestufe 2 untersucht. Laut den Wissenschaftlern kam es mit Spurhalteassistenzsystem zu einer Stresserhöhung. Stress wurde mit Fragebogen als auch physiologisch via Herzratenvariabilität, Pulsrate, Hautleitfähigkeit, Atmung und Hauttemperatur gemessen. Weiter wird angegeben, dass der wahrgenommene Stress auf ein mangelndes Vertrauen in das System zurückzuführen war. Alles in allem zeigen die Ergebnisse, dass das autonome Fahren nach heutigem Stand eine signifikante Stressquelle für viele Menschen ist.

Für Sie als Leserin bzw Leser dieses Buchs sollte diese Beschreibung des Stresspotenzials des autonomen Fahrens nicht nur die Konsequenz haben, unmittelbar über diesen Bereich nachzudenken. Vielmehr sollen diese Erläuterungen auch dazu anregen, das Stresspotenzial anderer Technologien im Privatbereich einzuschätzen. Denken Sie zB an Sprachassistenten wie Alexa oder Siri oder das im Folgenden kurz beschriebene Smart Home. Stellen Sie dem möglichen Stresspotenzial solcher Technologien den potenziellen Nutzen gegenüber. Eine bewusste Abwägung kann dabei helfen, Kauf- und Einsatzentscheidungen mit Vernunft zu treffen.

Unter Smart Home versteht man auf digitalen Technologien basierende Systeme, die einen Beitrag dazu leisten, in Wohnumgebungen die Lebensqualität, Sicherheit und eine effiziente Energienutzung zu unterstützen. Damit können Sie zB vom Urlaub aus über eine App auf Ihrem Smartphone die Gartenbewässerung, ihre Jalousien oder die Raumbeleuchtung steuern. Eine aktuelle Untersuchung aus unserer Forschungsgruppe zeigt, dass die Erfahrung eines Benutzers im Umgang mit dieser Technologie entscheidenden Einfluss auf den wahrgenommenen Smart-Home-Stress hat.[376] Weitere Untersuchungen müssen folgen, um ein kompletteres Verständnis des Stresspotenzials von Smart Home zu bekommen.

Ganz grundsätzlich ist zu fordern, dass die möglichen Stresswirkungen neuer Digitaltechnologien, beruflich wie privat, systematischer als bisher untersucht werden. Dies wird dazu beitragen, den Benutzerstress in Wirtschaft und Gesellschaft zu reduzieren.

Kapitel 5:

Unzuverlässigkeit von Technologie

Wissenschaftliche Studien belegen, dass lange Antwortzeiten von Systemen sowie Computerabstürze negative physiologische Wirkungen nach sich ziehen. Beispiele sind der Anstieg des Blutdrucks und die Ausschüttung von Stresshormonen wie Adrenalin und Kortisol. Das folgende Kapitel geht der Frage nach, ob das bloße Arbeiten am Computer bereits eine Stressquelle sein kann. Danach wird über Forschung berichtet, die belegt, dass die Unzuverlässigkeit digitaler Technologien zu signifikanten Stressreaktionen führt. Es wird auch darauf eingegangen, was bei langen Antwortzeiten und Systemabstürzen im Gehirn der User passiert. Auf der Basis von Wirksamkeitsstudien wird darüber berichtet, dass eine effektive Pausengestaltung bei der Computerarbeit, das Hören bestimmter Musikstücke sowie ein funktionierender IT-Helpdesk erprobte Maßnahmen sind, den durch PC-Arbeit und die Unzuverlässigkeit von Systemen ausgelösten Stress zu reduzieren.

Wissenschaftliche Studien haben die Stresswirkungen von Unzuverlässigkeiten digitaler Technologien untersucht. Lange Antwortzeiten und abgestürzte Systeme sind weit verbreitete Unzuverlässigkeiten, die seit dem Anbeginn der Computerära bis zum heutigen Tag existieren.[377, 378] Es verwundert daher nicht, dass sich die Wissenschaft mit diesen beiden Problemen intensiv auseinandergesetzt hat. Ich werde Ihnen dazu eine Vielzahl an Forschungsbefunden vorstellen. Bevor ich mich den Unzuverlässigkeiten und ihren Auswirkungen widme, gehe ich auf die Frage ein, ob schon das bloße Arbeiten am PC – im Vergleich zur Aufgabenerledigung ohne Computer – zu Stress führen kann.

Bloßes Arbeiten am Computer als Stressquelle?

In einer experimentellen Studie wurden die stressbezogenen Nachwirkeffekte von menschlicher Interaktion mit Computern untersucht.[379] Als Messmethode wurde die Elektroenzephalografie (EEG) eingesetzt. Hierbei werden elektrische Aktivitäten des Gehirns aufgezeichnet. Es werden Elektroden von Messgeräten am Kopf angebracht, um Spannungsschwankungen an der Kopfoberfläche zu messen, die durch Aktivität der Nervenzellen im Gehirn entstehen.

Die Teilnehmer im Experiment mussten drei verschiedene Aufgaben einerseits am Computer und andererseits mit Bleistift und Papier erledigen. Eine Aufgabe war zB das Bearbeiten eines Textes. Jede Aufgabe dauerte sieben Minuten und die Reihenfolge der Aufgabendurchführung variierte zwischen den Teilnehmern nach dem Zufallsprinzip. *Nach* dieser ersten Phase wurden die Hirnaktivitäten der Probanden mittels EEG gemessen, und zwar auf der Basis einer akustischen Wahrnehmungsaufgabe. Mit dieser Wahrnehmungsaufgabe und der Hirnstrommessung hat man die stressbezogenen Nachwirkeffekte von Computerarbeit objektiv erfasst.

Die Ergebnisse zeigen, dass eine spezifische EEG-Maßzahl, nämlich die P300-Amplitude, nach der Computerarbeit schwächer ausgeprägt war als bei der Aufgabenerledigung mit Bleistift und Papier. Dieses Ergebnis ist nach Ansicht der Studienautoren ein Beleg dafür, dass die Computerarbeit zu stärkerer mentaler Ermüdung und zum Schwund kognitiver Ressourcen führt. Dieses Ergebnis steht im Einklang mit Erkenntnissen aus Fallstudien, die schon einige Jahre zuvor gezeigt hatten, dass das Arbeiten am Computer zu ausgeprägter Niedergeschlagenheit führen kann.[380] Zudem wird in der EEG-Studie darüber berichtet, dass dieser stressbezogene Nachwirkeffekt von der IT-Erfahrung der User *unabhängig* ist. Den Einfluss von Erfahrung konnten die Wissenschaftler deshalb feststellen, weil sich ihr Probandenkreis aus verschiedenen Gruppen zusammensetzte, von naiven Benutzern bis zu IT-Profis wie Programmierern. Zwischen den Gruppen wurden bei den Hirnstrommessungen kaum Unterschiede festgestellt. Diese Studie legt somit auf der Basis von objektiven Hirndaten nahe, dass schon das bloße Erledigen von Aufgaben am Computer – im Vergleich zur Erledigung von Aufgaben ohne Computer – kognitiv stressig sein kann.

Wenn nun das bloße Arbeiten am PC schon Stresspotenzial hat, was wird dann erst passieren, wenn der Computer nicht ordentlich funktioniert? Wie „schlimm" sind lange Antwortzeiten und abstürzende Computer für uns User? Ich werde mich in diesem Kapitel damit befassen, aber zuvor will ich Ihnen noch darlegen, dass Pausenregelungen und das Musikhören stressreduzierende Maßnahmen bei der Computerarbeit sind, deren Wirksamkeit wissenschaftlich belegt ist. Mit diesen beiden Maßnahmen können die negativen Stresseffekte des bloßen Arbeitens am PC effektiv bekämpft werden.

Auf die Pausengestaltung achten

Dass langes Arbeiten am Computer ermüden und stressen kann, haben Sie wahrscheinlich schon oft erlebt. Dass eine Pause Wunder wirken kann, um nach einiger Zeit wieder fit zu sein, haben Sie vermutlich auch schon erfahren. Wissenschaftler haben die physiologischen und psychologischen Wirkungen von Pausen bei der Computerarbeit untersucht.

Vormittags kürzere Pausen, nachmittags längere

Eine Studie hat auf Basis von Messungen der Herz-Kreislauf-Aktivität sowie spezifischer Parameter des autonomen Nervensystems untersucht, ob die Pausengestaltung bei komplexer Computerarbeit einen Einfluss auf digitalen Stress hat.[381] Die Studie wurde unter realen Bedingungen mit Mitarbeitern eines Patentamts durchgeführt, die ihren Job fast ausschließlich am PC verrichten.

Die Ergebnisse zeigen Folgendes: 7,5-minütige Pausen nach jeweils 50 Minuten Arbeit leisten insbesondere bis zum frühen Nachmittag einen wirksamen Beitrag zur Stressreduktion, während 15-minütige Pausen nach jeweils 100 Minuten Arbeit am späteren Nachmittag effektiver sind. Achten Sie daher bei PC-Arbeit auf Pausen! Wichtig ist hierbei aber, die Pausen nicht zu rigide zu gestalten. Betrachten Sie die Forschungsergebnisse daher als groben Richtwert. Auf der Basis dieses Forschungsergebnisses neben dem PC eine Stoppuhr aufzustellen wäre wohl zu viel des Guten.

Einfluss von Pausen bei Computerarbeit auf Herzratenvariabilität und Blutdruck

Ähnliche Ergebnisse wurden von skandinavischen Forschern in einem Laborexperiment unter kontrollierten Bedingungen gefunden.[382] Die Aufgabe für die Probanden bestand darin, über die Tastatur des Computers Zufallszahlen einzugeben. Es wurden sechs Ziffern auf dem Computerbildschirm angezeigt. Die Teilnehmer wurden aufgefordert, die Ziffern innerhalb der nächsten vier Sekunden einzugeben und es wurde ihnen mitgeteilt, dass nicht oder fehlerhaft eingegebene Zahlen mitprotokolliert würden. Dadurch wurde der Leistungsdruck erhöht. Eine Sitzung bestand aus vier Arbeitsphasen zu je drei Minuten, getrennt durch kurze Pausen von 30 Sekunden. Nach jeder Sitzung folgte eine längere Pause bzw Ruhezeit von acht Minuten. Die Probanden absolvierten drei Sitzungen unter verschiedenen Bedingungen: 1. Einführung, um sich an die Aufgabe zu gewöhnen, 2. Stressbedingung und 3. Kontrollbedingung. Das gesamte Experiment dauerte in Summe für jeden Probanden rund eine Stunde.

Die Einführungs- und Stressbedingung war durch folgende Stressoren gekennzeichnet: Der Versuchsleiter war gegenüber den Probanden streng und explizit nicht freundlich. Das sollte den in der Praxis oftmals vorherrschenden

Mangel an sozialer Unterstützung simulieren. Weiter wurden die Teilnehmer bei der Computerarbeit von einer Videokamera überwacht, um Überwachung am Arbeitsplatz zu simulieren. Zudem wurde ein Gedächtnistest durchgeführt, um bei den Probanden eine hohe kognitive Belastung herbeizuführen. Dies sollte die heutigen mental belastenden Arbeitsbedingungen realitätsgetreu nachstellen. In der Kontrollbedingung musste die gleiche Dateneingabeaufgabe wie in der Einführungs- und Stressbedingung ausgeführt werden, aber die drei simulierten Stressoren kamen nicht zur Anwendung. Vielmehr war der Versuchsleiter freundlich und ermutigend, die Kamera war nicht im Einsatz und es gab keine Gedächtnistests. Im Experiment erfolgten Messungen der Herzschlagrate, des Blutdrucks sowie des subjektiv wahrgenommenen Stresses via Fragebogen. Auf der Basis der Herzschlagrate wurde die Herzratenvariabilität, als HRV abgekürzt, berechnet. HRV ist möglicherweise etwas, von dem Sie noch nie etwas gehört haben. Daher kurz ein paar Worte dazu:

Jeder Kontraktion des Herzmuskels geht elektrische Erregung voraus, im Normalfall vom Sinusknoten ausgelöst. Über ein elektrisches Leitungssystem läuft die Erregung zu den übrigen Herzmuskelzellen. Diese elektrischen Spannungsänderungen im Herzen kann man an der Körperoberfläche via Elektroden messen und über einen bestimmten Zeitraum aufzeichnen. Derartige Aufzeichnungen werden als **Elektrokardiogramm (EKG)** bezeichnet. Eine bestimmte Form des Ausschlags im EKG wird als QRS-Komplex bezeichnet. Im gegenständlichen Zusammenhang ist die Betrachtung der R-Zacke wichtig, damit wird jeder positive Ausschlag im EKG bezeichnet, sie ist die markanteste Zacke im EKG, wie in Abbildung 8 dargestellt.

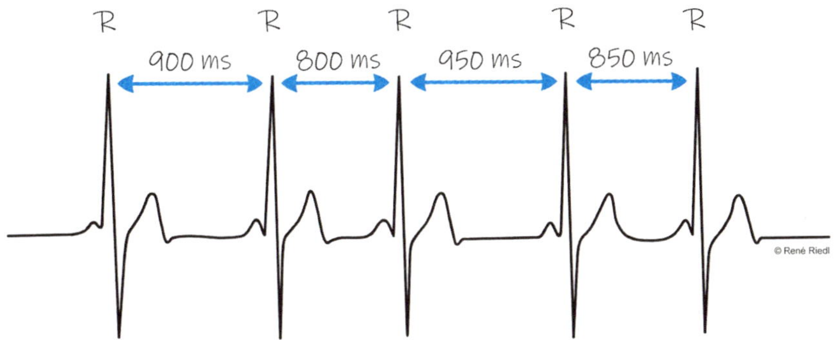

Abb 8: RR-Intervalle beim Herzschlag als Grundlage der Herzratenvariabilität (HRV)

Die Längen der RR-Intervalle unterscheiden sich. Diese werden in Millisekunden (ms) angegeben. Beispielsweise dauert das erste Intervall 900 ms, also 0,9 Sekunden. Sie sehen weiter 800 ms, 950 ms und 850 ms. Es ist eine wichtige Fähigkeit der menschlichen Physiologie, die Herzrhythmusfrequenz situativ anzupassen. Gehirn und autonomes Nervensystem wirken hier zusammen. So passt ein gesunder Organismus die Herzschlagrate beständig den momentanen Erfordernissen an. Körperliche sowie psychische Belastung führen zu einer Erhöhung der Herzfrequenz, die bei Entspannung beim gesunden Menschen wieder zurückgeht. Eine höhere Anpassungsfähigkeit an situative Bedingungen zeigt sich somit in einer größeren Variabilität der Herzfrequenz. Daraus folgt, dass eine hohe HRV positiv ist, eine niedrige hingegen negativ.

Nun zurück zur Studie. Ein Vergleich der Stress- mit der Kontrollbedingung zeigt, dass sich unter Stress die HRV ungünstig entwickelt. Mit anderen Worten: Die Studie belegt, dass Computerarbeit unter Stressbedingungen mit einer ungünstig veränderten HRV einhergeht. Beim Blutdruck zeigt sich, dass die vorab gemessenen Baseline-Durchschnittswerte der Testpersonen von 119,6 mmHg (systolisch) und 73,7 mmHg (diastolisch) in der Stressbedingung auf 157,5 mmHg (systolisch) und 85,8 mmHg (diastolisch) hinaufgingen (die hier berichteten Baseline-Werte gelten laut aktuellen Richtlinien der Deutschen Hochdruckliga als „optimal“[383]). Die Studie belegt somit, dass Computerarbeit unter Stressbedingungen zu einem signifikanten Anstieg des Blutdrucks führt. Beim subjektiv wahrgenommenen Stress wurde kein Unterschied zwischen der Stress- und Kontrollbedingung gefunden. In der Gesamtschau bedeutet das, dass die Probanden *glaubten*, bei der Computerarbeit unter Stressbedingungen gar nicht gestresst zu sein, daher haben sie im Fragebogen auch keine erhöhten Stresswerte angegeben. Die physiologisch erhobenen Daten der HRV und des Blutdrucks zeigten aber Gegenteiliges!

Nun aber die gute Nachricht der Studie: Die Forscher untersuchten auch, ob die achtminütigen Ruhephasen nach der Einführungs-, Stress- und Kontrollbedingung zu einer Normalisierung der HRV und des Blutdrucks führten. Im Großen und Ganzen war dies der Fall. Bezüglich Blutdruck merken die Studienautoren jedoch an, dass dieser trotz eines merklichen Abfalls in den Ruhephasen nicht gänzlich auf das Baseline-Niveau zurückging. Dieses Ergebnis kann man so interpretieren, dass die achtminütigen Pausen nicht ausreichend waren, um den Blutdruck auf das Ausgangsniveau zu bringen. Eine etwas längere Pause hätte hier wahrscheinlich geholfen.

Mein Tipp: Wenn Sie viel am Computer arbeiten, achten Sie darauf, konsequent über den Tag verteilt Pausen zu machen. Das bedeutet, sich vom Computer zu entfernen, wodurch die Körperposition im Regelfall von sitzend auf stehend bzw gehend verändert wird. Die Konsequenz ist, dass dadurch sowohl eine positive Veränderung im Herz-Kreislauf-System als auch im Nervensystem durch die Veränderung der kognitiven Belastung herbeigeführt wird. Ihren Augen tut es natürlich auch gut, wenn Sie für ein paar Minuten mal nicht auf den Bildschirm schauen.[384]

Pausen bei Bildschirmarbeit sind auch gesetzlich geregelt. Ein Beispiel aus Österreich: Das ArbeitnehmerInnenschutzgesetz (ASchG) § 68 (3) formuliert: „Bei Beschäftigung von Arbeitnehmern, die bei einem nicht unwesentlichen Teil ihrer normalen Arbeit ein Bildschirmgerät benutzen, gilt folgendes: 1. Die Arbeitgeber haben die Tätigkeit so zu organisieren, daß die tägliche Arbeit an Bildschirmgeräten regelmäßig durch Pausen oder durch andere Tätigkeiten unterbrochen wird, die die Belastung durch Bildschirmarbeit verringern […].“ In einer Sicherheitsinformation der österreichischen Allgemeinen Unfallversicherungsanstalt zu Bildschirmarbeitsplätzen wird unter Verweis auf § 68 (3) ASchG präzisiert: „Ein nicht unwesentlicher Teil der normalen Arbeit im Sinne des § 68 (3) ASchG liegt vor, wenn Arbeitnehmer entweder durchschnittlich ununterbrochen mehr als zwei Stunden oder durchschnittlich mehr als drei Stunden ihrer Tagesarbeitszeit mit Bildschirmarbeit beschäftigt sind“[385]. Weiter steht in dieser Sicherheitsinformation zu lesen:

„Pausenregelung. Bei ununterbrochener Bildschirmarbeit sollte schon aus Gründen der erhöhten Augenbelastung und der statischen Muskelarbeit (Zwangshaltung durch Sitzen in einer starren Position) maximal nach einer Stunde eine Pause eingelegt oder ein Tätigkeitswechsel gemacht werden. Eine ideale Pausenregelung lt. BS-V § 10 (1) [Bildschirmarbeitsverordnung] ist das Einlegen einer zehnminütigen Pause nach 50 Minuten Bildschirmarbeit. Diese Pausen sind in die Arbeitszeit einzurechnen. Insbesondere ist bei der Pausenlänge zu berücksichtigen, dass der Erholungswert einer Pause mit zunehmender Dauer extrem sinkt. D. h. oftmalige kürzere Pausen sind erholungswirksamer als wenige länger dauernde Pausen. In der Praxis sollten daher mehrere Kurzpausen (ca. 10 min.), gleichmäßig über den Tag verteilt, eingehalten werden."[386]

Aussagen dieser Art untermauern die Wichtigkeit von Pausen bei Computerarbeit. Dass die hier auf der Basis diverser Quellen empfohlenen Pausenlängen nicht identisch sind, sollte Sie nicht weiter beunruhigen. Die zentrale Botschaft ist: Vergessen Sie nicht darauf, bei Computerarbeit regelmäßig über den Tag verteilt Pausen einzulegen!

Mozart, Brahms und Haydn, bitte kommen!

Neben angemessenen Pausenregelungen kann das Hören bestimmter Musikstücke stressreduzierende Wirkung haben.[387] Eine Studie belegt, dass durch Mensch-Computer-Interaktion ausgelöster Stress durch das anschließende Hören von langsamer Instrumentalmusik reduziert werden kann.[388] Dieser Effekt trat innerhalb weniger Minuten ein. Dieses Ergebnis legt nahe, dass ein Benutzer in stressvollen Situationen durch kurzes Musikhören seinen Stresspegel unmittelbar reduzieren kann. Konkret lief die Studie wie folgt ab.

Musik reduziert digitalen Stress

Japanische Wissenschaftler haben in einer Laborstudie untersucht, ob die Bearbeitung einer Aufgabe am Computer den Immunglobulin-A-Spiegel (IgA) beeinflusst, und wenn ja, ob angenehme Musik diesen Effekt verändern kann. IgA ist eine wichtige Substanz für das Funktionieren des Immunsystems. Diese Substanz schützt den Organismus ua gegen negative Auswirkungen von Bakterien und Viren. Im Falle eines IgA-Defizits besteht ein Risiko für Immunschwäche.[389] Der IgA-Gehalt im Speichel steigt unmittelbar nach einer kurzen Belastung durch einen Stressor an (= Sofortstresseffekt), während er einige Zeit nach dem Stress oder bei anhaltendem Stress abnimmt (= verzögerter Stresseffekt).[390, 391]

Den Testpersonen wurde aufgetragen, Zahlen zu addieren und die Ergebnisse durch Verwendung einer Tastatur am Computer einzutragen. Die Teilnehmer wurden angewiesen, die Berechnungen so schnell wie möglich durchzuführen. Dadurch sollte kognitive Belastung simuliert werden, die heutzutage den Arbeitsalltag vieler Benutzer kennzeichnet. Die Aufgabe dauerte 30 Minuten. Danach wurden die Probanden für sieben Minuten drei Bedingungen ausgesetzt: 1. Musik (langsame Instrumentalmusik), 2. Lärm, 3. Ruhe in einem stillen dunklen Raum. Die Substanz IgA wurde basierend auf Speichelproben zu drei Zeitpunkten erhoben: Zeitpunkt t1 vor dem Start der Aufgabe, t2 nach den 30 Minuten der Aufgabenerledigung am Computer und t3 nach der siebenminütigen Exposition (Musik, Lärm, Ruhe).

Die Ergebnisse der Studie zeigen, dass sich der IgA-Spiegel von t1 auf t2 signifikant erhöhte. Das bedeutet, dass mentale Arbeit bei gleichzeitiger Interaktion mit einem Computer zu einer physiologischen Stressreaktion führte. Weiter zeigen die Befunde, dass die IgA-Konzentration von t2 auf t3 in 15 von 18 Fällen (6 Probanden × 3 Bedingungen) zurückgegangen ist. Besonders wichtig ist aber die Erkenntnis, dass der IgA-Spiegel nach der Musik-Bedingung deutlich mehr zurückging als in den anderen beiden Bedingungen (Lärm, Ruhe). Die Studienautoren betonen in ihrer Veröffentlichung, dass der IgA-Spiegel nach der Musik-Bedingung fast auf das Ausgangsniveau von t1 zurückgegangen ist.

Trotz des Umstands, dass die Stichprobengröße in dieser Studie klein ist, weisen die Ergebnisse eindeutig darauf hin, dass das Musikhören für wenige Minuten zu einer Reduktion von digitalem Stress führen kann. Die Befunde dieser Studie werden durch andere Forschungsergebnisse gestützt, die belegen, dass als angenehm empfundene Musik zu einer Verbesserung physiologischer Stressparameter beitragen kann.[392, 393] Beispielsweise wurde nachgewiesen, dass Musikhören zur Erhöhung der Herzratenvariabilität beitragen kann, Stresshormone wie Adrenalin, Noradrenalin und Kortisol reduziert und auch den Blutdruck senkt.[394, 395, 396]

Programmierer hören Musik und reduzieren damit ihren Stress

Berücksichtigen Sie, dass einem Hörer bekannte Musikstücke, die eher langsam und rhythmisch sind und die nicht zu laut gehört werden, das größte Potenzial zur Stressreduktion haben. Zudem sind im Regelfall klassische Musik und reine Instrumentalstücke wirksamer gegen Stress als Songs mit Text.[397] Hier einige Beispielstücke, die in jenen Studien als Stimuli verwendet wurden, die das stressreduzierende Potenzial von Musik nachgewiesen haben:[398]

- Mozart, *Six German Dances, Numbers 1–3, K. 509.*
- Brahms, *Symphony #1.*
- Respighi, *Pini di Roma.*
- Haydn, *Concerto for Cello and Orchestra No. 1 in C, Adagio.*
- Sibelius, *Swan of Tuonely.*
- Villa-Lobos, *Bachianas Brasileiras, No. 5.*

Sie können sich diese Musikstücke beispielsweise auf Youtube anhören. In meinen Seminaren zum Digital Stress Management frage ich die Teilnehmer immer wieder, welche Berufsgruppe ihrer Meinung nach die meiste Arbeitszeit am Computer verbringt und gestresst ist. Viele antworten darauf Softwareentwickler bzw Programmierer – und sie liegen damit richtig!

In der Tat ist es so, dass diese Berufsgruppe fast ihre gesamte Arbeitszeit am PC verbringt und oft gestresst ist.[399] Die US-Wissenschaftlerin Teresa Lesiuk, Direktorin eines akademischen Programms zu Musiktherapie an der Universität Miami, hat in den 2000er Jahren umfangreiche Forschungen durchgeführt, um das Stressreduktionspotenzial von Musik bei Softwareentwicklern zu erforschen. Ihre Ergebnisse zeigen, dass das Musikhören selbst in Berufen mit permanenter Computer-Interaktion wirksam zur Stressreduktion beitragen kann.

In einem Experiment untersuchte die US-Wissenschaftlerin den Einfluss von klassischer Musik auf wahrgenommenen Stress und Arbeitsleistung. Es wurden die genannten Stücke von Brahms, Respighi, Haydn und Sibelius verwendet. Aufgabe der Studienteilnehmer war es, Fehler in einem Software-Code zu identifizieren; die Aufgabe dauerte rund 30 Minuten.[400] Die drei Bedingungen im Experiment waren: 1. keine Musik, 2. elfminütiges Hören von Musik vor der Aufgabe, 3. elfminütiges Hören von Musik vor der Aufgabe und zusätzlich auch während der Aufgabe. Der Stresswert wurde als Gesamt-Score über zehn Fragen wie „Ich fühle mich angespannt" und „Ich fühle mich nervös" ermittelt.

Was glauben Sie, was rauskam? Sie ahnen es vermutlich schon. In der Bedingung, in der Musik vor und während der Aufgabe gehört wurde, war der Stresswert am niedrigsten. Im Übrigen, auf die Arbeitsleistung, also die korrekt identifizierten Fehler im Software-Code, hatte das Musikhören *keinen* signifikanten Einfluss. Ob die Fehler korrekt identifiziert wurden, wurde durch wissenschaftliches Personal festgestellt.

In einer Folgeuntersuchung wurde erhoben, ob das Musikhören während der Arbeit einen positiven Einfluss auf den Gemütszustand und die Arbeitsqualität von Programmierern hat.[401] Methodisch wurde dabei so vorgegangen, dass die Entwickler in bestimmten Arbeitswochen selbst ausgewählte Songs und in anderen Wochen keine Musik hörten. Die Ergebnisse zeigen, dass in den Wochen ohne Musik der Gemütszustand der Programmierer am schlechtesten war. Und auch die Arbeitsqualität war am niedrigsten. Die Studie belegt somit, dass Musik positive Wirkung hat. Ein wichtiger Unterschied zur ersten Studie ist, dass die Arbeitsqualität nicht wie in der ersten Studie durch Experten bestimmt wurde, sondern bei den Programmierern selbst abgefragt wurde. Der positive Gemütszustand hat offensichtlich dazu geführt, die eigene Leistung besser einzustufen.

In einer weiteren Studie, an der Datenbankentwickler teilnahmen, ua auch aus Deutschland, wurde das stressreduzierende Potenzial von Musik bestätigt.[402] Die Teilnehmer berichteten reduzierte Nervosität und erhöhte Erholungswerte als Konsequenz des zehnminütigen Hörens selbst ausgewählter Songs vor der eigentlichen Arbeit. Interessant ist, dass auch in dieser Studie herauskam, dass objektiv gemessene Arbeitsleistung durch Musik *nicht* beeinflusst wird.

In der Gesamtschau der Befunde der US-amerikanischen Wissenschaftlerin Teresa Lesiuk kann somit Folgendes festgehalten werden: Das Musikhören vor, aber insbesondere während der Arbeit, kann den von Softwareentwicklern wahrgenommenen Arbeitsstress signifikant reduzieren. Mit hoher Wahrscheinlichkeit hat das Musikhören vor und während der Arbeit jedoch *keinen* Einfluss auf die objektiv bestimmte Arbeitsleistung und -qualität. Die stressreduzierende Wirkung wurde sowohl für klassische Instrumentalstücke als auch für Musikstücke nachgewiesen, für die die Hörer eine Vorliebe haben. Die positive Wirkung besteht somit nicht ausschließlich bei klassischer Instrumentalmusik. Sollten Sie daher kein Fan von Mozart, Brahms oder Haydn sein, dann können Sie beruhigt auch Ihre Lieblingsmusik hören.

Bedenken Sie bei der Musikauswahl aber, dass Musikstücke mit hohem Tempo und mit hoher Lautstärke gehörte Songs mit einer Aktivierung des Sympathikus und somit mit Stress als auch mit eingeschränkter kognitiver Leistungsfähigkeit einhergehen. Wissenschaftler geben an, dass Songs mit einer Taktzahl von weniger als 60 Schlägen pro Minute langsam, von 60 bis 120 mittel und bei über 120 schnell sind. Bezüglich Lautstärke gilt, dass leise in einem Raum gehörte Musik bei einem Pegel von rund 40 bis 50 Dezibel liegt, via Kopfhörer abgespielte Musik typischerweise jedoch bei 90 bis 100 Dezibel. Letzteres ist für den Durchschnittsmenschen viel zu laut und kann mit Stress und Hörschäden einhergehen.[403, 404]

Nun zu einem Problem, das wir alle kennen! Lange Antwortzeiten bei der Interaktion mit digitalen Technologien.

Lange Antwortzeiten

Mit Antwortzeit bezeichnet man die Zeitdauer von der Eingabe eines Users auf einem digitalen Gerät bis zur Rückmeldung durch das System, was im Regelfall durch die Darstellung von Informationen am Bildschirm bzw Display erfolgt. Die Antwortzeit hängt von mehreren technischen Parametern ab, ua von der Rechenleistung des Computers, von der Qualität der Anwendungssoftware und der Datenbank sowie von der Netzleistung bei der Datenübertragung. Im Idealfall ist die Antwortzeit so kurz, dass wir als User die Rückmeldung des Systems als nicht zeitverzögert und somit als unmittelbar wahrnehmen. Typischerweise ist das bei Antwortzeiten bis zu 0,2 Sekunden der Fall.[405, 406] Doch was passiert, wenn Antwortzeiten länger sind? Dieser Frage gehen Forscher seit Jahrzehnten nach.

Je länger die Antwortzeit, desto höher die Herzschlagrate

In einem Experiment wurde untersucht, wie sich Antwortzeiten von zwei Sekunden, zehn Sekunden und 22 Sekunden auf die Herzschlagfrequenz und die Hautleitfähigkeit von Usern auswirken.[407] Aufgabe der Probanden war es, im Internet zu recherchieren, um danach Fragen zu beantworten. Unter anderem ging es darum, Informationen für eine Reise nach London zu suchen.[408] In der Studie werden Antwortzeiten von zwei Sekunden als kurz, von zehn Sekunden als mittel und von 22 Sekunden als lang bezeichnet.

Die Befunde zeigen, dass während der Wartezeit von zehn und 22 Sekunden ein signifikanter Anstieg von Herzschlagfrequenz und Hautleitfähigkeit im Vergleich zu einer Baseline-Messung (= Ausgangsniveau) erfolgte, bei einer Wartezeit von zwei Sekunden war dies nicht der Fall. Dieser Anstieg ist dann nach rund zehn Sekunden wieder in etwa auf das Ausgangsniveau zurückgegangen.[409]

Weiter wurde beobachtet, dass die Herzschlagfrequenz mit zunehmender Wartezeit anstieg. Bei einer Wartezeit von zehn Sekunden stieg die Frequenz im Durchschnitt über alle Probanden auf knapp 95 Schläge pro Minute, bei einer Wartezeit von 22 Sekunden auf knapp 100 Schläge pro Minute. Die Ausgangswerte der Baseline lagen in dieser Studie bei 85 bis 90 Schlägen pro Minute. Gesunde Erwachsene haben in Abhängigkeit von ihrer sportlichen Leistungsfähigkeit meist eine Herzschlagfrequenz von 60 bis 80 in Ruhephase.[410] Je sportlicher ein Mensch ist, desto niedriger ist die Herzschlagfrequenz in Ruhephase: bei Top-Athleten sind Werte bis 30 Schläge pro Minute beobachtbar und bei Menschen, die regelmäßig Ausdauertraining machen, sind Werte um die 50 Schläge pro Minute normal.[411] Im Experiment war somit die Herzschlagfrequenz der Probanden in der Baseline leicht erhöht. Dies kann damit erklärt werden, dass die Testpersonen kurz vor der Durchführung der

Arbeitsaufgabe standen, vermutlich waren sie daher ein wenig aufgeregt. Diese leichte Aufregung entspricht weitgehend den Arbeitsbedingungen der meisten Menschen. In einer völligen Ruhephase befindet man sich am Arbeitsplatz selten.

Interaktion von Psyche und Physis

Die Forscher haben zudem *nach* der Internetrecherche die Probanden zu ihrer gefühlten mentalen Belastung während der Wartezeit befragt. Danach wurden die Probanden in zwei Gruppen eingeteilt: jene mit einer hohen und jene mit einer niedrigen Belastung. Auf der Basis dieser beiden Gruppen wurde dann der Anstieg der Herzschlagfrequenz während der Wartezeit nochmals analysiert. Ein interessantes Ergebnis kam zum Vorschein: Diejenigen, die während der Wartezeit eine eher niedrige Belastung gefühlt hatten, zeigten kaum veränderte Werte der Herzschlagfrequenz. Diejenigen hingegen, die während der Wartezeit eine eher hohe Belastung gefühlt hatten, zeigten im Durchschnitt während der 22-sekündigen Wartezeit Anstiege der Herzfrequenz auf 114 Schläge pro Minute.

Spannend ist zudem, dass das Ausgangsniveau der Herzschlagfrequenz jener mit hoher gefühlter Belastung um rund 15 Schläge pro Minute höher war als bei jenen mit niedriger Belastung. Konkret: niedrige Belastung 80 Schläge, hohe Belastung 95 Schläge. Ein Anstieg von 95 Schlägen auf 114 Schläge pro Minute während der 22-sekündigen Wartezeit bedeutet eine 20%ige Erhöhung, und das „nur", weil der Computer länger brauchte. Das ist keine Kleinigkeit!

Die Conclusio der Studie sieht daher wie folgt aus: Lange Antwortzeiten führen zu einer Aktivierung des Sympathikus, und zwar dann, wenn dabei eine hohe mentale Belastung während der Wartezeit gefühlt wird. Eine mögliche Erklärung hierfür ist, dass sich diese Personen über die Unzuverlässigkeit des Systems geärgert und somit innerlich aufgeregt haben. Die körperliche

Reaktion der User auf lange Antwortzeiten hängt damit offensichtlich mit der psychologischen Verarbeitung der Situation zusammen. Die Studie hat auch herausgefunden, dass die Ergebnisse unabhängig von der Erfahrung im Umgang mit dem Internet sind.[412]

Bewegung ≠ Ärger

Als ich die Ergebnisse dieser Studie kürzlich bei einem Vortrag präsentierte, streckte eine Teilnehmerin ganz aufgeregt die Hand hoch, um folgende Frage zu stellen: „Wenn ich zum Joggen gehe, dann steigt meine Herzschlagfrequenz auch und ich beginne zu schwitzen, also meine Hautleitfähigkeit geht nach oben. Was ist also so problematisch, wenn dieselben physiologischen Effekte beim Warten auf eine Antwort des Computers auftreten?" Sinngemäß gab ich folgende Antwort: Es ist körperlich und psychologisch nicht dasselbe, ob die Herzschlagfrequenz und die Hautleitfähigkeit ansteigen, weil man sich bewegt, wie beim Joggen, oder weil man sich über etwas ärgert und dadurch gestresst ist. Der Grund des Schwitzens bei körperlicher Betätigung ist, einem zu starken Anstieg der Körpertemperatur entgegenzuwirken, da der Schweiß auf der Haut verdunstet, was kühlend wirkt. Ich erläuterte weiter, dass durch Bewegung vielmehr den negativen Folgen von Stress begegnet werden kann.[413] Zum einen erzielt man dadurch kurzfristig spürbare Effekte. Viele Menschen fühlen sich nach einer Trainingseinheit besser – Bewegung zur Stimmungsverbesserung sozusagen. Zum anderen wird dadurch die Gesundheit positiv beeinflusst, ua weil durch regelmäßiges Ausdauertraining der Blutdruck gesenkt wird, was die Wahrscheinlichkeit für Herz-Kreislauf-Erkrankungen verringert.[414]

Zeitdruck verschärft die Problematik

Neben dem vorgestellten Experiment gibt es eine Vielzahl weiterer Studien, in denen die Konsequenzen langer Antwortzeiten untersucht wurden.[415] Einer der weltweit wichtigsten Forscher in diesem Bereich ist Wolfram Boucsein (1944–2012), der an der Bergischen Universität Wuppertal wirkte. Seine Forschergruppe hat eine Vielzahl von Experimenten durchgeführt, an denen in Summe mehrere Hundert Probanden teilgenommen haben. Alle Experimente hier vorzustellen ist nicht möglich, man könnte darüber ein eigenes Buch schreiben. Daher fasse ich das Wesentliche zusammen.

Als generelle Regel gilt, dass lange Antwortzeiten sowie variable Wartezeiten, die durch den Benutzer nicht prognostizierbar sind, zu physiologischen Stressreaktionen führen. Die Forschungsgruppe von Wolfram Boucsein hat jedoch nicht nur die Konsequenzen unterschiedlich langer Antwortzeiten untersucht, sondern auch ihren Zusammenhang mit Zeitdruck.[416] Bemerkenswert ist, dass bereits relativ kurze Antwortzeiten von 0,5 bis zwei Sekunden zu physiologischen Reaktionen führen können – bei Aufgaben **mit Zeitdruck** werden ua folgende Konsequenzen berichtet:

- der diastolische und systolische Blutdruck steigen,
- die Atemfrequenz steigt,
- die Muskelanspannung des Frontalis steigt (das ist ein Muskel an der Stirn, der ua mit negativen Emotionen in Verbindung steht),
- die Herzratenvariabilität sinkt und
- die elektrodermische Aktivität steigt.

Zur Durchführung von Aufgaben **ohne Zeitdruck**, wiederum mit Antwortzeiten im Bereich 0,5 bis zwei Sekunden, werden folgende physiologische Konsequenzen berichtet:

- der diastolische und systolische Blutdruck steigen und
- die Herzschlagfrequenz steigt.

Was bedeuten diese Ergebnisse nun? Sie sind ein Beleg dafür, dass bereits relativ kurze Antwortzeiten den Sympathikus aktivieren; dieser Effekt wird durch Zeitdruck bei der Aufgabenerledigung verstärkt.

Erwartungen und Gewohnheit

Doch warum sind viele Menschen bereits von kurzen Antwortzeiten von wenigen Sekunden gestresst? Maschinen, und dazu gehören natürlich auch IT-Geräte wie PC, Tablet, Smartphone usw, haben perfekt zu funktionieren, so jedenfalls die Annahme vieler Menschen. Zum guten Funktionieren gehört auch, dass IT-Geräte eine Antwortzeit haben, die die Nutzer als unmittelbare Reaktion des Systems wahrnehmen, also maximal 0,2 Sekunden.[417, 418] Wenn wir Menschen nun die Annahme vertreten, dass Maschinen grundsätzlich perfekt funktionieren und vielleicht auch noch in der Vergangenheit Interaktionserfahrung mit gut funktionierenden IT-Geräten gemacht haben, dann entwickelt sich daraus eine Erwartung, nämlich dass auch bei zukünftigen Interaktionen die Antwortzeit sehr kurz sein wird. Ist die Antwortzeit dann aber länger als erwartet, treten rasch die beschriebenen Effekte auf. Die Herzschlagfrequenz steigt, der Blutdruck erhöht sich usw. Man ärgert sich und ist frustriert.

Eine Frage, die ich in diesem Zusammenhang oft gestellt bekomme, ist: Bedeutet das, dass Benutzer, die an veraltete bzw schlecht funktionierende Systeme mit langen Antwortzeiten gewöhnt sind, eine schwächer ausgeprägte Reaktion haben als Personen, die gut funktionierende Systeme gewöhnt sind? Ja! Die Stressforschung hat gezeigt, dass sich Menschen – im Übrigen auch viele Tiere – oft an Stressfaktoren gewöhnen. Der Gewohnheitseffekt bezieht sich hierbei darauf, dass das physiologische Stresssystem beim wiederholten Erleben desselben Stressors weniger stark reagiert.[419] An alle Systementwickler und IT-Verantwortlichen: Bitte verstehen Sie diese Erkenntnis nicht als Legitimation dafür, keine technischen und organisatorischen Maßnahmen zu ergreifen, um Antwortzeiten möglichst kurz zu halten!

Optimale Antwortzeit

Für Systementwickler und IT-Verantwortliche habe ich noch eine Empfehlung: Sie können die optimale Antwortzeit bei der Ausführung einer Aufgabe bestimmen – das Optimum liegt in einer Situation mit folgenden Eigenschaften vor:[420]

- Es gibt keine signifikanten Anstiege kardiovaskulärer Aktivität (zB Herzschlagfrequenz, Blutdruck),
- es gibt keinen bemerkenswerten Anstieg der Hautleitfähigkeit,
- es gibt keine erhöhte generelle Muskelanspannung,
- es gibt – wenn überhaupt – nur wenige Berichte des Users zu möglichen Schmerzsymptomen (zB aufgrund von Muskelverspannungen) und
- der User erledigt seine Aufgaben am Computer ordnungsgemäß.

Diese Empfehlungen können dazu verwendet werden, um technische Systeme zu evaluieren.

Wovon es abhängt, wie stark Antwortzeiten körperliche Reaktionen auslösen

In einer Studie haben wir 19 wissenschaftliche Einzeluntersuchungen analysiert, die in den letzten Jahrzehnten zu den neurophysiologischen Wirkungen von unterschiedlich langen und variablen Antwortzeiten veröffentlicht wurden.[421] Die Quintessenz ist, dass die Länge und Variabilität der Antwortzeit signifikanten Einfluss auf die neurophysiologische Aktivierung im Körper des Benutzers hat, wobei dieser Einfluss situativ von drei Faktoren beeinflusst wird. 1. Eigenschaften des Benutzers: zB welche Antwortzeit wird erwartet? 2. Kontextfaktoren: zB erfolgt die Aufgabenerledigung unter Zeitdruck. 3. Eigenschaften der Aufgabe: zB wie monoton ist die Aufgabe. Je größer die Abweichung von der Erwartung, je höher der Zeitdruck und je monotoner die Aufgabe (zB bloße Dateneingabe am PC), desto größer ist der Einfluss auf die neurophysiologische Aktivierung.

Robotersteuerung und Antwortzeiten

Die Steuerung von Robotern gewinnt in Zeiten von Industrie 4.0 enorm an Bedeutung. In einer Studie der Iowa State Universität in den USA haben Wissenschaftler ein Experiment durchgeführt, indem Probanden einen kleinen Roboter (15 cm Länge, 10 cm Breite, 14 cm Höhe) in einem quadratischen Labyrinth (2,7 Meter Seitenlänge) steuern mussten.[422, 423] Diese Art von Aufgabe spielt in einer zunehmend digitalisierten Industrielandschaft eine wichtige Rolle, aber auch in der Chirurgie werden immer öfter Roboter eingesetzt, um Operationen durchzuführen. Die Probanden sahen den Roboter dabei nicht direkt, sondern sie saßen vor einem Bildschirm und steuerten ihn über einen Joystick. Am Roboter war eine Videokamera angebracht, die die Bilder aus dem Labyrinth auf den Bildschirm übertrug. Im Experiment gab es zwei verschiedene Arten von Labyrinthen, ein einfaches mit wenigen Verzweigungen und ein komplexes mit vielen Verzweigungen. Die Wissenschaftler wollten herausfinden, wie sich verzögerte Antwortzeiten von zwei bis drei Sekunden auf die Emotionen, wahrgenommene Arbeitsbelastung und Zufriedenheit der Benutzer auswirken würden. Zudem wurde die

Wirkung der Antwortzeit auf die wahrgenommene Usability des Systems und die Arbeitsleistung untersucht.

Die Ergebnisse der Studie zeigen sowohl im einfachen als auch im komplexen Labyrinth, dass Wartezeiten von zwei bis drei Sekunden im Vergleich zu unmittelbaren Rückmeldungen des Systems zu einer Erhöhung von Frustration, Ärger und wahrgenommener Arbeitsbelastung führen. Zudem wurde festgestellt, dass auch die Usability des Systems schlechter beurteilt wurde, die Zufriedenheit der Benutzer zurückging und die Arbeitsleistung schlechter ausgefallen ist.[424]

Was passiert bei verzögerten Antwortzeiten im Gehirn?

Zu den physiologischen Konsequenzen nicht perfekter Antwortzeiten gibt es auch Erkenntnisse aus der Hirnforschung, konkret von Wissenschaftlern der Universität Magdeburg.[425, 426] In mehreren Kernspintomografie-Studien mit insgesamt 70 Versuchspersonen wurde untersucht, wie sich Hirnaktivierungsmuster unterscheiden, wenn Benutzer in Mensch-Maschine-Interaktionssituationen die Rückmeldung des Systems unmittelbar sowie leicht zeitverzögert bekommen. Leicht zeitverzögert bedeutete in der Studie im Durschnitt 0,5 Sekunden, bei einem Maximum von 0,7 Sekunden. Sie werden mir zustimmen, dass viele Benutzer froh wären, wenn ihre Systeme nur eine halbe Sekunde Verzögerung hätten, oftmals dauert die Rückmeldung des Systems sehr viel länger. In Anbetracht dieses Umstands ist es umso beeindruckender, was die Forscher herausgefunden haben.

Die Analyse der Daten zeigt, dass im Falle von unerwarteten leichten Zeitverzögerungen eine vergleichsweise stärkere Aktivierung im Vergleich zu keinen Zeitverzögerungen in folgenden Hirnregionen zu beobachten war: vordere Insula beidseitig, hinterer medialer Frontalkortex, unteres Parietalläppchen links und untere IFJ (inferior frontal junction) rechts.[427]

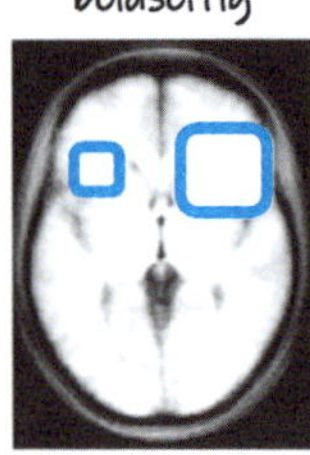

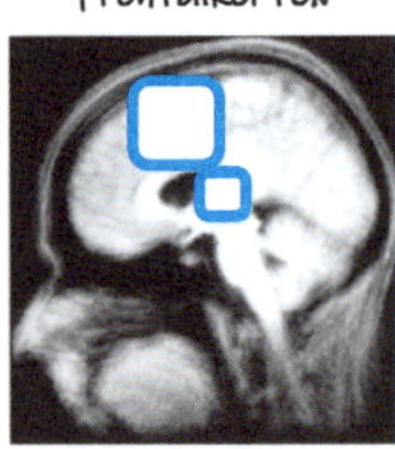

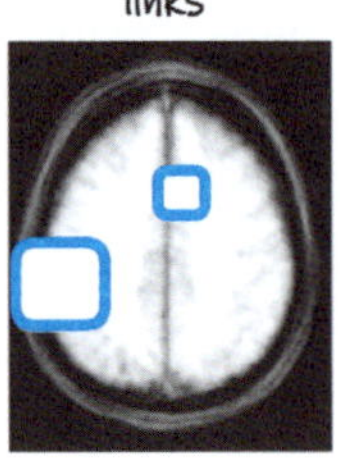

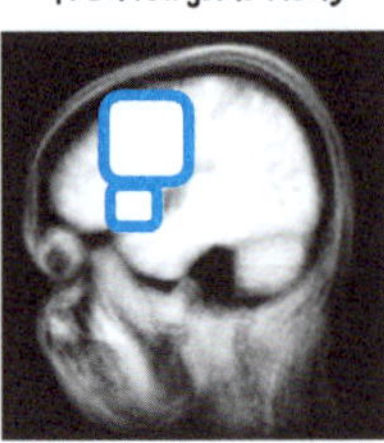

Zudem wurde herausgefunden, dass die Stärke der Aktivierung mit der Dauer der Antwortzeit anstieg. Dieses Hirnaktivierungsmuster bedeutet, dass sich bereits bei sehr kurzen Zeitverzögerungen unter einer Sekunde Aufmerksamkeitsprozesse und Prozesse der Handlungskontrolle verändern. Die kognitiven Prozesse verändern sich dahingehend, dass Benutzer von einem Modus der automatisierten Informationsverarbeitung in einen Modus der kontrollierten und somit kognitiv aufwändigeren Verarbeitung wechseln.

Eine Arbeit nordamerikanischer Forscher hat gezeigt, dass eine Unterbrechung automatisierter Informationsverarbeitung durch nicht erwartetes Verhalten eines Anwendungssystems mit Leistungseinbußen bei der Aufgabenerledigung einhergeht. Die Begründung hierfür liegt darin, dass kognitive Ressourcen nicht mehr in erster Linie für die Aufgabenbewältigung selbst zur Verfügung stehen, sondern vermehrt für die Reorientierung während der Wartezeit und die erhöhte Aufmerksamkeit und Handlungskontrolle benötigt werden.[428]

Die Hirnforscher der Universität Magdeburg weisen darauf hin, dass sich Benutzer hirnphysiologisch an längere Antwortzeiten gewöhnen können. Das bedeutet kognitionspsychologisch, sie bleiben im „Autopiloten“. Dies gilt aber nur dann, wenn die Verzögerungen konstant in ähnlicher Dauer auftreten. Die praktische Erfahrung im Umgang mit Systemen zeigt jedoch, dass die Zeitdauer von Verzögerungen aus Benutzersicht oft variabel und somit selten prognostizierbar ist.

Abgestürzte Systeme

Wann ist es Ihnen zum letzten Mal passiert, dass ein Programm auf Ihrem PC oder Laptop abgestürzt ist? Ich tippe, es ist noch nicht allzu lange her. Wenn ich falschliegen sollte, dann schätzen Sie sich glücklich, denn viele User sind weltweit regelmäßig mit Systemabstürzen konfrontiert, nicht wenige erleben diese täglich.[429] Wenn ein System nicht mehr funktioniert, ist das nicht nur nervig und ärgerlich, sondern es hindert den Benutzer auch an der Aufgabenausführung. Dies reduziert im beruflichen Kontext die Arbeitsproduktivität und Leistung von Mitarbeitern, die Produktivität des Unternehmens leidet.[430]

Doch was passiert im Körper eines Benutzers, wenn ein System abstürzt? Um diese Frage zu beantworten, haben wir in unserer Forschungsgruppe Experimente durchgeführt. Zudem haben sich weitere Wissenschaftler dieser Frage gewidmet und es wurden auch psychologische Wirkungen von Systemabstürzen durch Befragung erhoben. Ich stelle Ihnen nachfolgend wichtige Forschungsbefunde vor.

Systemabsturz führt zum Anstieg von Herzschlag, Blutdruck und Adrenalin

Die älteste Studie, die mir zu den Wirkungen von Computer-Abstürzen bekannt ist, wurde von Psychologen der Universität Stockholm in den frühen 1980er Jahren durchgeführt.[431] Beachten Sie hierbei, dass „älteste" nichts darüber aussagt, ob die Erkenntnisse einer Studie „veraltet" sind – im gegenständlichen Fall sind die Studienergebnisse relevanter denn je! Konkret handelt es sich bei dieser Untersuchung um eine Feldstudie. Das bedeutet, dass die Forscher ihre Erhebungen direkt im Unternehmen durchgeführt haben. Die Studie fand in einem Versicherungsunternehmen statt. Im Rahmen des Forschungsprojekts untersuchte man systematisch die psychologischen und physiologischen Wirkungen von PC-Arbeit.

An einem der Tage, an dem die Forscher im Unternehmen ihre Erhebungen durchführten, ereignete sich ungeplant ein Systemabsturz. Konkret geben die Forscher an, dass das Anwendungssystem der Versicherung an einem Wochentag von 12.34 bis 16.06 Uhr nicht verfügbar war. Geistesgegenwärtig nutzten die Forscher diese Chance und erhoben eine Menge von physiologischen und psychologischen Parametern bei den betroffenen Mitarbeiterinnen – nur Frauen, was ein Zufall war. Die erhobenen Daten verglichen sie dann mit Daten von Tagen, an denen keine Abstürze passierten.

Die Herzschlagfrequenz, der diastolische und systolische Blutdruck sowie das Stresshormon Adrenalin waren am Tag des Absturzes erhöht, wobei die Erhöhung beim diastolischen Blutdruck und Adrenalin sogar signifikant war. Zudem zeigten Fragebogendaten zum psychologischen Zustand der betroffenen Benutzer, dass der Absturz zu einem signifikanten Anstieg von Ärger geführt hat und dass sich die Stimmung der Betroffenen beträchtlich verschlechterte. Dieses Ergebnis passt wunderbar zu dem, was der deutsche Publizist und Aphorismensammler Peter Schuhmacher (1941–2013) wie folgt formulierte: „Ich fluche, also bin ich. Am Computer.“

Systemabsturz führt zum Anstieg des Stresshormons Kortisol

Nun will ich Ihnen zwei Studien vorstellen, die ich mit einem Forschungsteam in Österreich durchgeführt habe. In der ersten Studie haben wir untersucht, ob ein Systemabsturz zu einer Erhöhung des Stresshormons Kortisol führt.[432] In der zweiten Studie sind wir der Frage nachgegangen, ob ein PC-Absturz Frauen oder Männer mehr stresst.[433]

Beim Design der ersten Studie gingen wir wie folgt vor: Zuerst integrierten wir den Stressfaktor „Systemabsturz“ in eine grafische Benutzungsoberfläche. Konkret wurde für unser Experiment ein Onlineshop neu entwickelt, anstatt einen bestehenden und somit möglicherweise bekannten Shop wie Amazon zu verwenden. Wir konnten dadurch ausschließen, dass die Erfahrungen der Testpersonen mit einem spezifischen Shop die Ergebnisse beeinflussen. Die Probanden, in dieser ersten Studie nur Männer, hatten die Aufgabe, Produkte wie Kleidung zu suchen und diese in den Warenkorb des Shops zu legen. Die Produkte waren auf einem Blatt Papier abgebildet und kurz beschrieben. Dieses Blatt lag neben dem Computer. Es gab keinen Zeitdruck, um die Aufgabe auszuführen. Den Testpersonen wurde mitgeteilt, dass das Ziel des Experiments die Untersuchung der Usability des Onlineshops ist. Nach dem Experiment klärten wir die Probanden über das tatsächliche Untersuchungsziel auf.

Nun zum konkreten Ablauf: Nachdem ein Proband den Versuchsraum betrat, wurde eine erste Speichelprobe genommen, um den Basiswert (Baseline) des Kortisols zu bestimmen. Danach wurde die Testperson an einen Computer gesetzt und es wurde die Online-Shopping-Aufgabe erklärt. Dann startete der Shopping-Prozess. Bei einer zufällig ausgewählten Hälfte aller Testpersonen passierte während des Shoppings ein Systemabsturz, und zwar in Form einer nach ein paar Minuten am Bildschirm erscheinenden Fehlermeldung. Nach dem Auftauchen der Fehlermeldung war der Bildschirm „eingefroren". Die Testpersonen konnten die Meldung nicht wegklicken. Bei der anderen Hälfte der Probanden war kein Systemabsturz implementiert. Nach dem Systemabsturz wurde vorgegeben, dass ein ungeplantes technisches Problem aufgetreten sei und die Aufgabe gestoppt werden müsste. Auch in der Kontrollgruppe wurde der Shopping-Prozess nach ein paar Minuten beendet. Nach rund 20 Minuten wurde in beiden Probandengruppen eine zweite Kortisolmessung vorgenommen.[434] Die biochemischen Analysen wurden im medizinischen Labor eines österreichischen Krankenhauses durchgeführt.

Das Ergebnis: Der Kortisolspiegel stieg als Konsequenz des Systemabsturzes signifikant an. Um dieses Ergebnis besser zu verstehen, stellten wir das Ausmaß des Kortisolanstiegs in unserem Experiment in einen breiteren Kontext und verglichen ihn mit den Kortisolanstiegen in anderen Studien. Ein interessanter Befund trat zutage. Ein PC-Absturz auf Basis einer Fehlermeldung ist ein Stressfaktor, der zu ähnlich hohen Kortisolanstiegen führen kann wie Stressoren in nicht-computerbasierten sozialen Interaktionen wie dem öffentlichen Vortragen vor Publikum. Eine solche Situation bedeutet für viele Menschen puren Stress. Regelmäßig sowie chronisch erhöhte Kortisolwerte haben erhebliche negative Auswirkungen auf die Gesundheit.[435]

Wer reagiert bei Systemabstürzen gestresster: Frauen oder Männer?

In einer Folgestudie wollten wir wissen, ob bei derselben experimentellen Aufgabe zwischen Frauen und Männern ein Unterschied in der Stressreaktion besteht. Wir haben in der Folgestudie aber nicht das Stresshormon Kortisol gemessen, sondern die Hautleitfähigkeit, die ein Indikator für physiologische Aktivierung in Stresssituationen ist. Zudem waren wir daran interessiert, ob Zeitdruck bei der Aufgabenausführung einen Einfluss auf die Ergebnisse hat. Männer hatten unter Zeitdruck signifikant mehr Stress als Frauen. Wie kann man dieses Ergebnis erklären?

Menschen verwenden IT-Geräte, um Aufgaben zu erledigen und um damit Ziele zu erreichen. Beispielsweise setzen Manager und Mitarbeiter in Unternehmen Programme ein, um Abläufe in der Organisation besser steuern zu können. Das Ziel der Verwendung solcher Programme ist letztlich, bessere Entscheidungen zu treffen und das Unternehmen produktiver zu machen. Auch wenn wir im privaten Kontext IT-Geräte verwenden, verfolgen wir Ziele. Beispielsweise verwenden wir Onlineshops, um einzukaufen. Wenn nun jedoch ein System abstürzt, werden wir an der Aufgabenerledigung und somit an der Zielerreichung gehindert. Zudem beschleunigt die Verwendung von Computern und Internet die Abläufe in Wirtschaft und Gesellschaft. Dadurch entsteht die Erwartung, dass Menschen Aufgaben immer sofort erledigen sollten. Die meisten Menschen agieren heute beruflich wie privat unter großem Zeitdruck.

Doch warum sollten nun Männer bei der Wahrnehmung von Problemen mit technischen Geräten mehr Stress als Frauen haben? Männer sind sensitiver für Leistungsstress, wohingegen Frauen sensitiver für Stress sind, der aus der Zurückweisung bei sozialer Interaktion und bei zwischenmenschlichen Konflikten entsteht.[436, 437] Wenn nun jemand unter Zeitdruck am Computer eine Aufgabe erledigt und das System plötzlich abstürzt, dann ist das eine

Situation, in der man seine Leistung nicht wie geplant erbringen kann. Das führt zu Leistungsstress. Das erklärt, warum im Experiment Männer gestresster waren als Frauen. Man kann aber *nicht* davon ausgehen, dass Männer grundsätzlich mehr digitalen Stress haben als Frauen. Und dies, obwohl auch eine US-Studie herausgefunden hat, dass männliche User mehr Stress wahrnehmen als weibliche.[438] Befunde weiterer Studien belegen nämlich, dass Frauen über mehr Stress beim Verstehen, Erlernen und Verwenden neuer Technologien berichten als Männer.[439, 440]

Was passiert bei Systemabstürzen im Gehirn?

Zu den physiologischen Konsequenzen abgestürzter Systeme gibt es auch Erkenntnisse aus der Hirnforschung. In einer US-Studie hatten Probanden die Aufgabe, die Suchmaschine Google zu verwenden, um Informationen zu Fahrrädern zu recherchieren.[441] Jeder Proband führte die Aufgabe, die in etwa eine Stunde dauerte, an vier Tagen hintereinander aus. An jedem Tag wurde die Hirnaktivität mittels funktioneller Nahinfrarotspektroskopie (fNIRS) gemessen. Zudem beantworteten die Testpersonen einen Fragebogen und es wurde die Hautleitfähigkeit als Indikator für Sympathikusaktivität gemessen.

fNIRS ist ein nicht invasives bildgebendes Verfahren, das darauf basiert, dass eine Änderung in der Hirnaktivität zu einer Veränderung der optischen Eigenschaften von Hirngewebe führt.[442] Das Verfahren hat eine eingeschränkte Tiefeneindringung, in etwa 2,0 bis 2,5 cm von der Schädeloberfläche. Daher kann Aktivität in tiefer gelegenen Hirnregionen nicht erfasst werden. Dennoch sind interessante Rückschlüsse auf die Hirnaktivität möglich. So auch in Situationen, wo Menschen mit Computern interagieren.

An Tag 1 und Tag 2 funktionierte das System fehlerlos. Diese beiden Tage werden in der Ergebnisdarstellung zusammengefasst als Baseline verwendet. Am Tag 3 wurde die Internetgeschwindigkeit reduziert. An Tag 4 erschienen auf der Website zuerst auffällige Designelemente wie blinkende Animationen, bis dann schließlich das System völlig abstürzte. Für die Testpersonen gab es keine Möglichkeit, die Pop-up-Fehlernachricht wegzuklicken. Die Befragungsergebnisse der Studie zeigen, dass das Misstrauen der Versuchspersonen in die Website an Tag 4 signifikant größer war als in der Baseline, wo das

System fehlerlos funktionierte. Zudem waren die im Fragebogen berichtete Arbeitsbelastung sowie die Sympathikusaktivierung an Tag 4 signifikant höher als in der Baseline. Bezüglich der Hirndaten stellten die Forscher beim Vergleich der Baseline mit Tag 4, dem Systemabsturz, ua Aktivitätserhöhungen in folgenden Hirnarealen fest: Broca-Areal, dorsolateraler präfrontaler Kortex und orbitofrontaler Kortex.

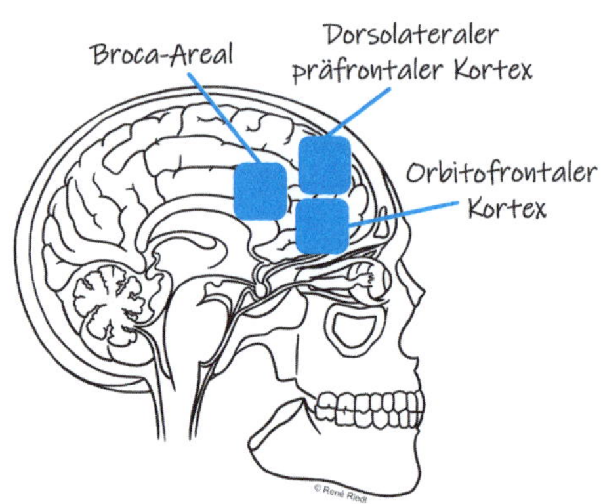

Die Hirndaten werden von den Forschern wie folgt interpretiert: Die vermehrte Aktivierung im Broca-Areal, einem Teil des Sprachzentrums, könnte anzeigen, dass die Testpersonen ihre negativen Erfahrungen mit dem Systemabsturz in Worte fassen wollten. Dies vermutlich mit dem Ziel, den Forschern später von den Vorkommnissen zu erzählen. Vermehrte Aktivierung im dorsolateralen präfrontalen Kortex steht ua mit Emotionsregulation und Selbstkontrolle in Verbindung.[443, 444, 445] Daher ist die in der Studie gefundene Aktivierung dieser Region ein Indiz dafür, dass bei den Testpersonen mentale Prozesse abgelaufen sind, die der Verarbeitung der negativen Emotion und der Handlungskontrolle dienten. Zudem geben die Forscher an, dass die vermehrte Aktivierung im orbitofrontalen Kortex direkt mit Stresswahrnehmungen in Verbindung steht.[446]

In der Studie wurde auch die Baseline mit Tag 3 verglichen. Sie erinnern sich, an diesem Tag war die Internetgeschwindigkeit reduziert, es gab somit verzögerte Antwortzeiten der Website. Im Großen und Ganzen unterscheiden sich die Ergebnisse nicht wesentlich vom Vergleich der Baseline mit Tag 4. Das bedeutet, dass bei Unzuverlässigkeit von Technologie relativ unabhängig davon, ob es sich um langsame Antwortzeiten oder Abstürze handelt, die psychologischen und neurophysiologischen Konsequenzen ähnlich sind. Das ist meiner Meinung nach plausibel. Die Erklärung ist, dass in einer Situation nicht (gut) funktionierender Programme die Aufmerksamkeit des Users weg von der eigentlichen Aufgabe auf das Problem gelenkt wird. Das führt zu negativen Emotionen wie Frustration sowie Ärger und zu mentalen Prozessen im Gehirn, die diese negativen Gefühle verarbeiten, regulieren und Handlungskontrolle sicherstellen. Zudem werden diese Prozesse im Gehirn von Aktivität des Sympathikus begleitet, zB Anstieg von Herzschlagfrequenz, Blutdruck und Hautleitfähigkeit. Der Körper reagiert gestresst.

IT-Helpdesk: Die letzte Hoffnung

Ein sehr gut funktionierender Helpdesk kann Benutzerstress signifikant reduzieren, was wiederum einen positiven Einfluss auf die Benutzerzufriedenheit und Mitarbeiterproduktivität hat.[447] Die Botschaft an verantwortliche Manager und IT-Leiter in Unternehmen ist daher einfach: Wenn Sie es schon nicht schaffen, stabile und zuverlässige Systeme bereitzustellen, dann sorgen Sie wenigstens für einen funktionierenden Helpdesk!

In einem von mir mitverfassten Buch zum betrieblichen Informationsmanagement gehen wir auch auf das Störungs- und Problemmanagement ein.[448] Ziel von ersterem ist es, beeinträchtigte IT-Services wie die Nicht-Verfügbarkeit von Programmen so schnell wie möglich wiederherzustellen und negative betriebliche Auswirkungen so gering wie möglich zu halten. Ziel von Letzterem ist es, Ursachen von Störungen zu finden und zu beheben. Weiter sollen Lösungen entwickelt werden, die helfen, die Eintrittswahrscheinlichkeit und unerwünschte Konsequenzen von Störungen zu reduzieren. Störungsmanagement und Problemmanagement sind damit zentrale Aufgabenbereiche eines Helpdesk.

Doch wie gut performen IT-Helpdesks? In einer internationalen Studie des britischen Markt- und Meinungsforschungsinstituts YouGov wurden 2019 über 1.000 Personen zur wahrgenommenen Qualität von Helpdesks befragt, darunter waren auch 555 Arbeitnehmer aus verschiedensten Unternehmen in Deutschland. Das Ergebnis der Studie wurde in einem Pressebericht wie folgt zusammengefasst:

„Macht der Computer Probleme, muss der IT-Support helfen. Doch wie ist es um dessen Erreichbarkeit und Service bestellt? Rund jeder dritte Befragte (32 Prozent) bezeichnet es als frustrierend, dass es schwierig sei, jemanden aus der IT-Abteilung persönlich, telefonisch oder per Mail zu erreichen. Jeden fünften (20 Prozent) ärgert es, dass zu wenig Trainings und Einführungen für neue Software angeboten werden. Das Fehlen eines Self-Service-Portals, mit dessen Hilfe etwa Routineprobleme selbst gelöst oder Serviceanfragen gestellt werden können, bemängeln immerhin 14 Prozent der Mitarbeiter.“[449]

Es gibt keine Hinweise darauf, dass sich dieses Ergebnis aus Deutschland signifikant von österreichischen und schweizerischen Zuständen unterscheidet. Ein funktionierender Helpdesk ist somit in vielen Unternehmen im deutschen Sprachraum bei weitem *kein* Standard. Die Ergebnisse anderer Studien im deutschen Sprachraum untermauern diesen Befund. So geben zB in einer 2018 veröffentlichten Studie unter 347 Befragten nur rund 61 % an, mit dem IT-Servicemanagement im Unternehmen „sehr zufrieden“ oder „zufrieden“ zu sein.[450] Es fehlt somit in vielen Unternehmen eine wesentliche organisationale Grundlage, von der man weiß, dass sie einen wirksamen Beitrag zur Reduktion von digitalem Stress leisten kann.

Die erwähnte Studie von YouGov hat auch die Top-5 der „Aufreger“ am Arbeitsplatz erhoben. Vier der Top-5-Aufreger haben mit digitalen Technologien zu tun. In Klammern ist jener Anteil der Befragten genannt, die einen Aufreger angegeben haben: mein Rechner funktioniert nicht (55 %), alle Parkplätze sind besetzt (25 %), die Druckerpatrone ist leer (22 %), ich habe mein Passwort vergessen (21 %) und die Technik für Videokonferenzen funktioniert nicht (13 %).[451] Der digitale Stress lässt grüßen!

Sollten Sie die folgenden Zitate[452] nur aufs erste lustig finden, sind Sie wahrscheinlich „Kenner“ der in diesem Kapitel beschriebenen Unzuverlässigkeiten digitaler Technologien. Was hier pointiert dargestellt wird, hat – leider – einen wissenschaftlich belegten und bezüglich Gesundheit, Wohlbefinden und Arbeitsproduktivität ernsten Hintergrund.

- *Computer rechnen – mit deinem Verständnis.*
- *Ein Computer arbeitet nur mit Nullen und Einsen – aber irgendwie entsteht oft der Eindruck, es sind mehr Nullen als Einsen am Werk.*
- *Was Gott dem Menschen erspart hat, kann der Computer.*
- *Wer einen Computer hat, braucht keine Feinde mehr.*
- *Mit dem Computer geht alles schneller, es dauert nur etwas länger.*

Kapitel 6:

Technologiebasierte Überwachung

User hinterlassen bei ihrer Interaktion mit digitalen Technologien Spuren. Videokameras, Softwareprogramme und weitere Technologien wie Künstliche Intelligenz können dazu benutzt werden, das Verhalten von Menschen aufzuzeichnen und zu analysieren. Damit wird eine Grundlage geschaffen, zukünftiges Verhalten zu prognostizieren und gezielt zu beeinflussen, nicht immer zum Vorteil des Users. Wissenschaftliche Befunde zeigen, dass elektronische Überwachung zu physiologischer Aktivierung führen kann (zB Blutdruckanstieg) und den wahrgenommenen Stress erhöht. Das folgene Kapitel geht auch auf die Gestaltung von computerbasierten Überwachungssystemen ein, da laut Fachleuten ihr Einsatz nicht grundsätzlich ausgeschlossen werden sollte. Unter anderem können solche Systeme die Sicherheit erhöhen. Ziel muss es jedoch sein, sofern der Einsatz solcher Systeme nicht vermeidbar ist, ihr Stresspotenzial möglichst gering zu halten.

Big Brother Is Watching You!

Kennen Sie die Fernsehshow „Big Brother“? Vermutlich schon. Sie wissen, das ist jene Show, in der eine Gruppe von Menschen über einen längeren Zeitraum in einem als Wohnumgebung eingerichteten Fernsehstudio lebt. Die Personen werden dabei permanent von Kameras und Mikrofonen aufgezeichnet. Die Aufzeichnung wird dann entweder live im Fernsehen übertragen oder als Highlight-Zusammenschnitt ausgestrahlt. Gewinner ist, wer am Ende der Staffel vom Fernsehpublikum nicht hinausgewählt wurde und somit der letzte verbleibende Kandidat ist.

Wahrscheinlich fragen Sie sich jetzt, warum ich Ihnen das hier erzähle. Ich mache das deshalb, weil der Name der Show, Big Brother, auf einer Figur in einem Roman des englischen Schriftstellers George Orwell (1903–1950) beruht. Der weltberühmte Roman trägt den Namen „Nineteen Eighty-Four“, kurz „1984“. In diesem 1949 erschienenen Roman wird ein düsteres Zukunftsbild gezeichnet. Konkret wird ein totalitärer Staat im Jahr 1984 dargestellt, in dem Kontrolle und Überwachung allgegenwärtig sind. Somit existiert keine Privatsphäre mehr. „Big Brother“ ist im Roman die fiktive Personifizierung einer Kollektivherrschaft, der nur wenige Menschen einer Elite angehören. Alle anderen sind dieser Elite untergeordnet und werden strengstens überwacht.

Leider keine Fiktion: China lässt grüßen

Vielleicht denken Sie jetzt, was in einem Roman steht, ist doch Fiktion und das unterscheidet diese literarische Gattung eben von faktenbasierten Darstellungen. Somit besteht kein Grund zur Sorge. Was kümmern uns die „Hirngespinste“ eines George Orwell oder anderer Romanverfasser, die Ähnliches schreiben. Weit gefehlt! Haben Sie schon einmal den Begriff „Sozialkreditsystem“ gehört? Wenn nicht, hier die Definition:

„Das Sozialkreditsystem (engl. ‚social credit system‘) ist ein elektronisches Überwachungs-, Erfassungs- und Bewertungssystem zur Harmonisierung des Verhaltens der Bürger, Behörden und Firmen von China mit den moralischen, sozialen, rechtlichen, wirtschaftlichen und politischen Ansprüchen der dortigen Kommunistischen Partei (KP). Es findet ein permanentes Rating und Scoring (‚citizen score' bzw ‚social scoring') mit Blick auf die Lebenssituation, das Sozialverhalten oder Verwaltungs- und Wirtschaftsaktivitäten statt. Dabei werden vernetzte Datenbanken sowie Bild- und Tonsysteme in Verbindung mit Big-Data-Analysen und Methoden der Künstlichen Intelligenz eingesetzt."[453]

Viele Medien im deutschsprachigen Raum, aber auch in vielen anderen Ländern dieser Welt, kritisieren die aktuellen Entwicklungen in China. Auf Tagesspiegel.de war ua zu lesen, dass seit Dezember 2019 in China gilt, dass jede Person, die eine neue Mobiltelefonnummer registrieren will, sich einem Gesichts-Scan zu unterziehen hat. Weiter stand dort Beunruhigendes:

„Die Gesichtserkennung ist mittlerweile in ganz China verbreitet. Am neuen Flughafen Daxing in Peking wird sie fürs Einchecken, zum Zugang ins Bürogebäude oder aufs Hotelzimmer [...] eingesetzt [... zudem wurde am] Pekinger U-Bahn-System sogar begonnen, an Sicherheitskontrollpunkten neue Gesichtserkennungseingänge zu testen. Über seine biometrischen Daten wird künftig das Ticket für die Fahrt bezahlt. 118 Millionen Nutzer sollen schon per Gesichtsscan Einkäufe im Alltag bezahlen [...] Häufig aber ist die Technologie noch so fehlerhaft, dass allein das Tragen einer Kopfbedeckung dazu führt, dass die Künstliche Intelligenz die Person nicht mehr wiedererkennt [...] Kritiker sehen aber nicht die fehlerhafte Technologie allein als Problem. Vielmehr warnen sie, dass nicht klar ist, was die Behörden mit den Daten machen werden. Schon jetzt zählen laut amerikanischen Studien die Großstädte in der Volksrepublik zu den am meisten überwachten Orten der Welt. Mehr als 100 Überwachungskameras kommen dabei auf 1000 Einwohner."[454]

Doch nicht nur staatlich verordnete und organisierte Überwachung kann problematisch sein. Wir selbst legen durch unser digitales Verhalten viel über uns offen. Weiter stellt sich die Frage, welcher Überwachung wir in Unternehmen ausgesetzt sind, wenn wir dort unserer beruflichen Tätigkeit nachgehen, und welche Konsequenzen dies haben kann. Mit diesen Themen befasse ich mich nachfolgend.

Digitale Technologien verwenden = Datenspuren hinterlassen

Beim Verwenden digitaler Technologien hinterlassen wir Datenspuren. Solche Daten können – vorwiegend dann, wenn sie aus mehreren Kontexten zusammengefasst betrachtet werden – viel über einen Menschen aussagen. Wenn wir beispielsweise im Internet surfen, hinterlassen wir Spuren. Wir kaufen online Dinge ein (zB Bücher, Tickets für Veranstaltungen), sehen uns News-Seiten an (um uns über Politik, Wirtschaft, Kultur, Sport usw zu informieren), kommunizieren in sozialen Medien und googeln Begriffe, die uns interessieren. Aus all diesen Online-Aktivitäten ergibt sich ein Gesamtbild.

© René Riedl

Ein solches Bild ermöglicht sehr konkrete Rückschlüsse auf die Persönlichkeit, Denkweisen, Einstellungen und Verhaltensweisen eines Users.[455, 456] Mitunter kann noch mehr daraus geschlossen werden, zB über den Gesundheitszustand, wenn jemand Bücher zu bestimmten Krankheitsbildern online kauft, Gesundheitsportale aufruft, sich in sozialen Medien bei Bekannten über gewisse Symptome erkundigt und bestimmte Begriffe googelt. Zudem wird der öffentliche Bereich immer mehr überwacht, nicht nur in China, sondern auch im deutschsprachigen Raum. Versuchen Sie mal, die vielen Videokameras bewusst wahrzunehmen. In Kombination mit Gesichtserkennungssoftware können zutiefst menschliche Bedürfnisse wie die Bewahrung der Privatsphäre, Vertraulichkeit und Ungestörtheit ins Hintertreffen geraten – China ist hier warnendes Beispiel.

Die gute Nachricht ist, dass wir zumindest beim Hinterlassen von Datenspuren im Internet teilweise selbst bestimmen können, wie viele und welche Spuren wir hinterlassen wollen. Zudem muss es nicht notwendigerweise negativ sein, wenn wir aufgrund unserer hinterlassenen Spuren beim zukünftigen Besuch einer Website Informationen zu Produkten eingespielt bekommen, an deren Erwerb wir Interesse haben könnten. So funktioniert Internet-Werbung heute nun mal. Und schließlich ist es doch beruhigend, dass viele Online-Systeme heute noch nicht jene Intelligenz besitzen, die ich als „nah am durchschnittlich intelligenten Menschen" bezeichnen würde.

Ein Beispiel aus meinem eigenen Nutzungskontext: Es kommt immer wieder vor, dass mir online beim Besuch von Websites Bücher angeboten werden, die ich selbst geschrieben habe. Was kann man daraus schließen? Das System ist zwar so intelligent, Vorschläge entsprechend meiner Präferenzen zu unterbreiten (zB Bücher zur Digitalisierung), denn ich schreibe nicht nur solche Bücher, sondern lese natürlich auch welche von anderen Autoren. Das System ist jedoch noch nicht ausreichend intelligent (Betonung auf „noch"!), um zu erkennen, dass ich selbst der Autor eines vorgeschlagenen Buches bin. Trotz des Umstands, dass diese Systeme heute bei weitem (noch) nicht perfekt funktionieren, sind wir als Benutzer des Internets bereits jetzt ziemlich „gläserne Menschen".

Elektronische Überwachung am Arbeitsplatz

Wenn wir in der Arbeit Anwendungssysteme zur Erledigung von Aufgaben verwenden, dann hinterlassen wir auch Spuren. Es ergibt sich eine große Menge an Daten über unser Nutzungsverhalten. Wie oft hat sich jemand in ein bestimmtes System eingeloggt? Wie viele E-Mails hat eine Person empfangen oder gesendet? Mit wem, wie oft und wie lange hat jemand telefoniert? Wie lange benötigt ein Benutzer, um bestimmte Aufgaben im System zu erledigen? Wie viele Fehler macht der User dabei?

Insbesondere die **elektronische Leistungsüberwachung** kann Mitarbeiter stressen. Stellen Sie sich einen Büroangestellten vor, dessen Aufgabe es ist, Daten in ein Anwendungssystem einzugeben, und er wird dabei elektronisch überwacht. Es wird aufgezeichnet, wie viel Zeit er für die Eingabe von Datensätzen wie zB Name und Kontaktdaten in einer elektronischen Kundenkartei benötigt und wie viele Fehler dabei begangen werden. Oder stellen Sie sich einen Mitarbeiter in einem Call Center vor, dessen Telefonate überwacht werden. Überwachung kann sich dabei sowohl auf die Anzahl und Dauer der Gespräche beziehen als auch auf die konkreten Inhalte, wenn Telefonate aufgezeichnet werden.

In diesen und vielen weiteren Situationen im beruflichen Alltag kann die elektronische Überwachung Stress beim Benutzer auslösen. In diesem Kapitel werde ich Ihnen dazu interessante Erkenntnisse aus der Forschung vorstellen. Bevor ich damit beginne, lassen Sie mich vorab noch kurz die aktuelle rechtliche Situation im deutschsprachigen Raum skizzieren.[457, 458, 459, 460, 461]

Was erlaubt ist und was nicht

Grundsätzlich gilt, dass Kontrollmaßnahmen, die die Menschenwürde *verletzen*, unzulässig sind. Dazu gehört beispielsweise das heimliche Abhören von Telefongesprächen. Kontrollmaßnahmen, die die Menschenwürde *berühren*, dürfen nur eingesetzt werden, wenn der Betriebsrat mit dem Betriebsinhaber vorab eine entsprechende Vereinbarung getroffen hat. In Unternehmen ohne Betriebsrat bedürfen solche Kontrollmaßnahmen der Zustimmung der einzelnen Arbeitnehmer. Eine solche Zustimmung ist jederzeit widerrufbar. Beispiele, die einer Vereinbarung bzw Zustimmung bedürfen, sind die bereits erwähnten elektronischen Systeme zur Leistungsüberwachung, aber auch Videoüberwachung am Arbeitsplatz, technikbasierte Lokalisierung von Mitarbeitern im Außendienst oder Kontrolle von E-Mails und angewählten Internetseiten.

Zudem gilt es zu beachten, dass die Dauer der Kontrolle (zB Stichproben oder dauerhafte Kontrolle) und der Umfang der Kontrolle (zB Verknüpfung der Daten mit anderen Daten) neben weiteren Faktoren (zB hat der Arbeitgeber ein legitimes Kontrollziel) bei der Beurteilung der Zulässigkeit einer Kontrolle eine Rolle spielen. Letztlich stellt sich im Streitfall die Frage, ob es „gelindere Mittel" geben würde, um ein legitimes Kontrollziel zu erreichen.

Im Regelfall wird es zB bei der Prüfung von Außendienstmitarbeitern ausreichen, ein Fahrtenbuch in Kombination mit Aufzeichnungen des Mitarbeiters über die Dauer der auswärtigen Termine und Fahrtstrecken zu haben sowie über ein Mobiltelefon erreichbar zu sein. Die permanente Ortung des Außendienstmitarbeiters über GPS[462] stellt typischerweise „eine beträchtliche

Kontrolldichte und Eingriffsintensität in die Persönlichkeitssphäre des Arbeitnehmers“ dar.[463] Die Fahrtenbuch-Variante wäre somit im Regelfall das „gelindere Mittel“. Beachten Sie hierbei, dass es Ausnahmen wie zB im Transportwesen gibt. Auch ist Videoüberwachung im Eingangs- und Schalterbereich von Banken zulässig, weil dadurch ein Beitrag zur Sicherheit der Mitarbeiter geleistet wird. Bei der juristischen Interpretation elektronischer Überwachung spielen verschiedenste Rechtsmaterien eine Rolle, ua das Arbeitsrecht, das Datenschutzrecht sowie das Allgemeine Bürgerliche Recht.

Wirkung elektronischer Überwachung am Arbeitsplatz

Eine 2019 veröffentlichte Studie hat herausgefunden, dass in Deutschland computerbasierte Leistungsüberwachung und die daraus resultierende Beeinträchtigung der Privatsphäre der dominanteste Belastungsfaktor im Kontext von digitalem Stress ist.[464] Zudem berichten Medien in den letzten Jahren verstärkt über Mitarbeiterüberwachung. Die Süddeutsche Zeitung titelte zB im November 2019 „So überwacht Zalando seine Mitarbeiter“ und schrieb ua: „Angestellte klagen über enorme Überwachung und infolgedessen über hohen Leistungsdruck und Stress.“[465] Die Bundesanstalt für Arbeitsschutz und Arbeitsmedizin hat einen umfassenden Bericht zur Wirkung elektronischer Überwachung am Arbeitsplatz herausgegeben. Zu Beginn des Berichts wird formuliert:

„Im Produktions- bzw Dienstleistungssektor werden Arbeitsprozesse und -tätigkeiten zunehmend durch digitale, kontextsensitive Assistenzsysteme unterstützt. Grundbedingung einer hohen Kontextsensitivität der technischen Systeme sind die umfassende kontinuierliche Sammlung, Speicherung und (Echtzeit-)Verarbeitung der Daten zu Arbeitssystem bzw -produkt. Dies betrifft nicht zuletzt auch personenbezogene Daten der Beschäftigten selbst, die nicht nur zur kontextsensitiven Assistenz, sondern auch zur elektronischen Überwachung der Beschäftigten herangezogen werden könnten, d. h. zur Arbeits-, Leistungs- und Verhaltenskontrolle [...] riesige[r] Pool unstrukturierter Massendaten (Big Data), der mit Hilfe von Data Mining und Algorithmen durchsucht wird, um interessierende Muster zu erkennen (Smart Data), die eine Produktions- bzw Effizienzsteigerung sowie Verhaltensvorhersagen und Prognosen ermöglichen [...] Ängste vor Totalüberwachung und dem Verlust von Privatsphäre und Freiheit."[466]

Es besteht kein Zweifel daran, dass elektronische Überwachung am Arbeitsplatz eine Stressquelle ist und dass aktuelle technologische Entwicklungen wie Assistenzsysteme, Big Data und Künstliche Intelligenz neues Potenzial zur Überwachung von Leistung und Verhalten schaffen.[467, 468, 469]

Zurück in die Zukunft

Bereits 1987 befasste sich der US-Kongress mit elektronischer Arbeitsüberwachung und definierte diese als computerbasierte Sammlung, Speicherung, Analyse und Auswertung von Informationen über die Arbeitstätigkeit von Beschäftigten.[470] Auslöser der Debatte war, dass Schätzungen zufolge 20 bis 35 % aller Büroangestellten im privaten und öffentlichen Sektor überwacht wurden.[471, 472] Diese Debatte hatte einen positiven Nebeneffekt. Es kam zu einer Intensivierung der wissenschaftlichen Forschung.

Doch warum war und ist die öffentliche Debatte zur computerbasierten Überwachung dermaßen ausgeprägt? Weil computerbasierte Überwachung am Arbeitsplatz *gesamtgesellschaftliche Relevanz* hat! Es werden ökonomische Fragestellungen wie mögliche Produktivitätssteigerungen diskutiert, natürlich auch Stress- und Gesundheitskonsequenzen bei den betroffenen Mitarbeitern sowie grundlegende Rechte wie beispielsweise Datenschutz als auch ethische Fragestellungen.[473, 474]

Neben Stress und negativen Gesundheitskonsequenzen hat elektronische Leistungsüberwachung noch weitere Nachteile. Der US-Experte John Aiello fasst diese wie folgt zusammen: Eingriff in die Privatsphäre, niedrige Arbeitszufriedenheit und Moral, weniger Bereitschaft zur Teamarbeit, Rückgang der sozialen Interaktion zwischen Vorgesetztem und den überwachten Mitarbeitern, zunehmender Anstieg zu erreichender Leistungsziele, die vom Mitarbeiter als unfair empfunden werden, Schaffung einer Atmosphäre von Misstrauen und zu starke Betonung quantitativer Aspekte bei gleichzeitiger Vernachlässigung von Qualitätsaspekten – „wenn es nicht gezählt wird, dann zählt es nicht".[475]

Elektronische Leistungsüberwachung und Stress

In dem erwähnten Bericht der Bundesanstalt für Arbeitsschutz und Arbeitsmedizin wird auch über die Stresswirkungen des Einsatzes computerbasierter Leistungsüberwachung berichtet.[476] Die Aussagen basieren dabei auf einer zusammenfassenden Betrachtung von wissenschaftlichen Studien, die über einen Zeitraum von rund 20 Jahren publiziert wurden. Es wurden Daten von insgesamt 1.814 Testpersonen analysiert, die in acht voneinander unabhängigen Studien erhoben wurden. Das Ergebnis zeigt, dass zwischen dem Einsatz computerbasierter Leistungsüberwachung und subjektiv erlebtem Stress ein positiver Zusammenhang besteht. Dieser Befund wird durch eine aktuelle Studie gestützt, in der insgesamt 96 Arbeiten zu elektronischer Leistungsüberwachung von Forscherinnen aus Irland und England analysiert wurden, die im Zeitraum 1978 bis 2016 erschienen sind.[477]

Neben Studien, die Stress via Fragebogen erhoben haben, gibt es auch Untersuchungen, die Stress physiologisch gemessen haben. Ein australisches Forschungsteam untersuchte in einem Experiment die physiologische Aktivierung der Probanden auf der Basis von zwei unterschiedlichen Funktionen eines elektronischen Überwachungssystems.[478] Es wurden die Tastaturanschläge der Testpersonen während der Dateneingabe am Computer erfasst. Dies geschah zum einen zur Authentifizierung des Users anhand seines Anschlagsmusters. Da durch die Authentifizierung ein User seine Identität nachweist, dient eine solche Funktion der Sicherheitserhöhung. Zum anderen wurde von den Forschern vorgegeben, dass die Anschläge erfasst werden, um die Leistung zu bestimmen. Das Ergebnis ihrer Studie beschreiben die Autoren wie folgt: „Überwachungssysteme haben das Potenzial, veränderte Aktivierungszustände in der Form von erhöhter Herzfrequenzrate und Blutdruck hervorzurufen [...] Die Ergebnisse legen nahe, dass elektronische Systeme zur Leistungsüberwachung das Potenzial haben, Aktivierungszustände auszulösen, die mit Stress im Einklang stehen.“[479] Dieser Studie zufolge aktivieren elektronische Überwachungssysteme den Sympathikus eines Benutzers.

Dass computerbasierte Leistungsüberwachung physiologischen Stress auslöst, konnte in einer weiteren Studie jedoch *nicht* bestätigt werden.[480] Stress wurde via Pulsfrequenz und Hauttemperatur im Gesicht der Testpersonen gemessen. Beide Faktoren erhöhen sich typischerweise in Stresssituation, was jedoch in der Studie beim Vergleich der drei untersuchten Gruppen – ohne Überwachung, mit Überwachung durch einen Menschen, mit computerbasierter Überwachung – nicht der Fall war. Wenn Stress also physiologisch gemessen wird, ergibt sich bislang kein eindeutiges Bild, wobei diese Erkenntnis lediglich auf zwei Studien basiert. Hier ist zukünftig noch mehr Forschung notwendig, um zu eindeutigeren Befunden zu kommen.[481]

Elektronische Leistungsüberwachung, Gesundheit und Burnout

Auch der Zusammenhang zwischen computerbasierter Überwachung und Gesundheit von Usern bzw dem Auftreten bestimmter Symptome wurde untersucht. Es sei erwähnt, dass die vorliegenden Studien ausschließlich auf Befragungsdaten beruhen. Gesundheit wurde daher bislang *nicht* durch medizinische Tests wie Blutuntersuchungen erhoben, sondern beruht ausschließlich auf Fragebogenangaben der Betroffenen. Rein auf Befragungsdaten basierende Aussagen zum Gesundheitszustand eines Menschen geben kein komplettes Bild. Berücksichtigen Sie das bei der Interpretation nachfolgender Befunde.

Die Weltgesundheitsorganisation (WHO) gibt die internationale statistische Klassifikation der Krankheiten und verwandter Gesundheitsprobleme heraus (kurz: ICD). Im Mai 2019 wurde von der WHO die Ausgabe ICD-11 beschlossen, die ab 2022 in Kraft treten soll.[482] Burnout wird in dieser Klassifikation als Faktor eingestuft, der die Gesundheit beeinträchtigen kann. Obwohl Burnout somit nach der WHO-Klassifikation *keine Krankheit im eigentlichen Sinn* ist, gilt es als herrschende Meinung, dass Burnout die Gesundheit von Menschen erheblich beeinträchtigen kann. Doch was ist Burnout überhaupt, und in welchem Zusammenhang steht Burnout mit elektronischer Leistungsüberwachung? Nach der ICD-11 ist Burnout wie folgt definiert:

„Burnout ist ein Syndrom, das aus chronischem Stress am Arbeitsplatz hervorgeht, der noch nicht erfolgreich bewältigt wurde. Es ist charakterisiert in drei Dimensionen: 1. Gefühle von Energieschwund oder Erschöpfung. 2. Erhöhte mentale Distanz zum Beruf oder Gefühle von Negativismus oder Zynismus in Verbindung mit dem Beruf. 3. Reduzierte professionelle Effizienz. Burnout bezieht sich spezifisch auf Phänomene im Beschäftigungsumfeld und sollte nicht angewendet werden, um Erfahrungen in anderen Lebensbereichen zu beschreiben."[483]

In einer in Südafrika durchgeführten Studie wurden Mitarbeiter eines Call Centers zu elektronischer Leistungsüberwachung und Burnout befragt.[484, 485] Die Ergebnisse zeigen einen positiven Zusammenhang. Die Forscher schreiben: „Elektronische Leistungsüberwachung hängt stark mit Stress zusammen [...] Sie verursacht bei den Mitarbeitern ein höheres Ausmaß an Niedergeschlagenheit und Ängstlichkeit [...] Mitarbeiterüberwachung steht daher mit einem höheren Ausmaß an emotionaler Erschöpfung in Zusammenhang, und zwar insbesondere dann, wenn Mitarbeiter es ablehnen, dass ihre Leistung kontinuierlich genau überprüft wird."[486]

Eine Befragungsstudie mit 745 Personen aus der Telekommunikationsbranche in den USA berichtet, dass Mitarbeiter, deren Leistung elektronisch überwacht wurde, ihre Arbeitsbedingungen als stressiger empfanden und es wurden höhere Werte bei psychischer Anspannung, Angstzuständen, Depression, Wut, Gesundheitsbeschwerden und Müdigkeit verzeichnet.[487] Eine weitere Studie aus den USA kam zu ähnlichen Ergebnissen.[488] Bemerkenswert ist hierbei, dass der Durchschnittswert von Arbeitsstress bei 4,33 lag, auf einer Skala von 1 bis 5. Der Wert von selbst berichteten Gesundheitsproblemen lag bei 4,83, auf einer Skala von 0 bis 8. Das bedeutet, dass die Befragten im Schnitt recht hohen Stress empfanden, dieser Stress aber nicht zwingend zu ausgeprägten Gesundheitsproblemen führt. Ein wichtiges Ergebnis dieser Studie war auch, dass die Möglichkeit, die Ergebnisse elektronischer Leistungsüberwachung mit einem Vorgesetzten zu besprechen, zu weniger Arbeitsstress und Gesundheitsproblemen führte.[489] Dies ist ein wichtiger Hinweis darauf, dass der faire Umgang mit elektronisch erhobenen Leistungsdaten im Kontext der Mitarbeiterführung einen bedeutsamen Einfluss auf subjektiv wahrgenommenen Stress und selbst berichtete Gesundheitsprobleme hat. Je ausgeprägter die Möglichkeit, Ergebnisse mit dem Vorgesetzten zu erörtern, desto schwächer ausgeprägt der Stress und desto weniger Gesundheitsprobleme.

In einer weiteren Untersuchung wurden Fallstudien in fünf US-Unternehmen durchgeführt.[490] Unter anderem wurden Call-Center-Mitarbeiter in den Bereichen telefonische Abwicklung von Katalogbestellungen, Versicherungsangelegenheiten und Airline-Ticketverkauf untersucht. Die Mitarbeiter hatten zwischen 9 und 63 Anrufe pro Stunde abzuwickeln und elektronische Überwachung war Standard. Die Forscher haben in jedem der fünf Unternehmen die gesundheitlichen Probleme der Mitarbeiter in Bezug auf Kopfschmerzen, Sehstörungen, Rückenschmerzen sowie Hand-, Ohren- und Kieferprobleme erhoben. Konkret wurde abgefragt, ob die Mitarbeiter seit ihrem Tätigkeitsbeginn in der Organisation wegen einem der sechs genannten Probleme einen Arzt aufgesucht hatten.

Die Ergebnisse sehen im Durchschnitt über alle fünf Unternehmen wie folgt aus (die Werte geben an, wie viel Prozent der Befragten wegen dem jeweiligen Symptom beim Arzt gewesen sind): 18 % wegen Kopfschmerzen, 13 % wegen Sehstörungen, 9 % wegen Rückenschmerzen, 5 % wegen Handproblemen, keine Arztbesuche wegen Ohren- und Kieferproblemen. Zwischen den Unternehmen bestanden beträchtliche Unterschiede hinsichtlich der Arztbesuchsquote. Die niedrigsten und die höchsten gefundenen Prozentsätze werden wie folgt angegeben: Kopfschmerzen (von 8 % in einem Unternehmen bis 25 % in einem anderen Unternehmen), Sehstörungen (von 5 % bis 18 %), Rückenschmerzen (von 8 % bis 16 %) und Handprobleme (von 0 % bis 12 %).

Der Zusammenhang zwischen computerbasierter Überwachung und Stress bzw Gesundheitsbewerden muss *kein* direkter sein, so eine wesentliche Erkenntnis der Fallstudienuntersuchung. Vielmehr ist es oft so, dass die Installierung einer elektronischen Leistungsüberwachung das vom Mitarbeiter wahrgenommene Arbeitsumfeld ungünstig verändert, und erst das führt dann in weiterer Konsequenz zu Stress bzw Gesundheitsbeschwerden und Burnout.[491, 492, 493] Das Management hat es daher großteils selbst in der Hand, durch entsprechende Gestaltungsmaßnahmen den erlebten Stress-Level bei den Mitarbeitern zu senken und so ihre Gesundheit zu erhalten.

Ein positives Beispiel zur Gestaltung des Arbeitsumfelds könnte wie folgt aussehen: Wenn das Management kommuniziert, dass das primäre Ziel der Überwachung die Erhaltung der Mitarbeitergesundheit ist, und das dann tatsächlich auch so gelebt wird, dann kann die Überwachung sogar zu einer Senkung von Stress führen. Durch die automatisierte Überwachung kann die Arbeitslast eines Mitarbeiters exakt bestimmt werden. Es wird zB aufgezeichnet, wie viele Anrufe mit welcher Dauer und mit welchen Pausen ein Mitarbeiter in einem bestimmten Zeitfenster abgewickelt hat. Diese Information kann dazu verwendet werden, den Erschöpfungszustand abzuschätzen, um darauf aufbauend aktiv Pausen vorzuschlagen oder die Arbeitslast auf andere Mitarbeiter zu verteilen.

Was Ratten mit digitalem Stress zu tun haben

Elektronische Überwachung führt bei den Mitarbeitern zu einer niedrigeren wahrgenommenen Kontrolle über ihren Job.[494] Das Gefühl, in einer Situation keine (volle) Handlungskontrolle zu haben, geht mit Stressreaktionen einher. Diese grundlegende Erkenntnis beruht ua auf einer Forschungsarbeit aus den 1970er Jahren, in der ein Experiment mit Ratten durchgeführt wurde.[495] Die folgende Beschreibung des Experiments beruht auf einer vereinfachten, aber recht anschaulichen Darstellung.[496]

Eine Ratte befindet sich in einem Käfig und bekommt hin und wieder einen Stromschlag. Die Ratte versucht, den Stromschlag und den dadurch ausgelösten Schmerz zu vermeiden. Dies ist deshalb möglich, weil im Käfig eine Lampe eingebaut ist, die immer kurz vor dem Stromschlag aufleuchtet. Zudem ist im Käfig noch ein Hebel. Wenn dieser rasch genug gedrückt wird, sobald die Lampe aufleuchtet, erfolgt kein Stromschlag. Ist die Ratte jedoch nicht schnell genug, so erhält sie den Stromschlag. Der Versuchsaufbau kann so angelegt werden, dass es meist gelingt, den Stromschlag zu vermeiden. Gelegentlich wird jedoch die Ratte einen Stromschlag abgekommen, da sie nicht immer schnell genug sein kann. An der Apparatur zur Generierung des Stromschlags ist ein weiterer Käfig angeschlossen. Dort sitzt eine zweite Ratte. Immer wenn die erste Ratte einen Stromschlag bekommt, weil sie zu langsam auf die Lampe reagiert hat, bekommt auch die zweite Ratte einen Stromschlag ab. Die zweite Ratte hat jedoch keinerlei Aufgaben, sie hat auch keine Lampe und keinen Hebel. Sie kann somit „relaxen“, während die erste Ratte die Aufgabe hat, auf die Lampe zu reagieren.

Welche Ratte hat mehr Stress? Die zweite Ratte hat mehr Stress, obwohl die erste Ratte angespannt ist, um rasch auf die Lampe reagieren zu können. Es soll ja der Stromschlag vermieden werden. Doch warum hat die zweite Ratte mehr Stress? Beide Ratten bekommen die gleiche Anzahl schmerzhafter Stromschläge ab und dies zum selben Zeitpunkt. Daran kann es somit nicht liegen. Hier ist die Antwort.

Es gibt einen entscheidenden Unterschied: Die erste Ratte hat ihre Situation einigermaßen „im Griff", die zweite Ratte hingegen nicht. Die erste Ratte wird lernen, dass der Schock in den meisten Fällen vermieden werden kann. Nur wenn sie zu langsam ist, erfolgt die Bestrafung. Die zweite Ratte hat zwar nichts zu tun, bekommt aber in nicht erlernbarer und somit auch nicht prognostizierbarer Weise Stromschläge ab, „aus heiterem Himmel" sozusagen. Die Schlussfolgerung aus dem Experiment ist, dass nicht primär die unangenehmen Erfahrungen per se wie hier die Stromschläge Stress verursachen, sondern die Erfahrung, diesen machtlos ausgeliefert zu sein. Das Fehlen der Kontrolle über die Situation ist stressauslösend, was natürlich auch für digitalen Stress gilt. Stress wird im Übrigen in Tierexperimenten über physiologische Indikatoren wie Stresshormone oder durch die Untersuchung stressbedingter Krankheiten wie Magengeschwüre quantifiziert. Beim Beantworten von Stressfragebögen tun sich Ratten nämlich schwer ;-)

Sind diese Erkenntnisse aus der Tierwelt auf den Menschen anwendbar? Durchaus! Untersuchungen des Wissenschaftlers Robert Karasek haben gezeigt, dass der Stress am Arbeitsplatz insbesondere dann hoch ist, wenn man in seinem Job wenig Entscheidungsfreiheit bei der Ausführung seiner Aufgaben hat und gleichzeitig hohe Jobanforderungen.[497] Ein geringes Ausmaß an Entscheidungsfreiheit bedeutet wenig eigene Kontrolle über die Situation. Später wurde dann in einer weiteren Forschungsarbeit herausgefunden, dass ausgeprägte soziale Unterstützung am Arbeitsplatz wie zB durch Vorgesetzte sowie Kollegen in Kombination mit ausgeprägter Situationskontrolle und niedrigen Jobanforderungen mit einer signifikant niedrigeren Wahrscheinlichkeit für kardiovaskuläre Erkrankungen zusammenhängt.[498]

Was schließen Sie daraus in Bezug auf die Stress- und Gesundheitskonsequenzen computerbasierter Überwachung? Im Regelfall ist computerbasierte Überwachung durch folgende Merkmale gekennzeichnet, denken Sie zB an einen Call-Center-Mitarbeiter: 1. wenig Entscheidungsfreiheit und somit schwach ausgeprägte Situationskontrolle, man sitzt beim Telefon und ein Anruf nach dem anderen kommt herein; 2. hohe Jobanforderungen zB aufgrund quantitativer Leistungsvorgaben wie Anzahl abzuwickelnder Telefonate pro Stunde; 3. niedrige soziale Unterstützung, weil man aufgrund quantitativer Leistungsvorgaben eher in Konkurrenz mit Kollegen steht. Dieser Argumentation folgend sind Jobs mit elektronischer Leistungsüberwachung sehr stressauslösend und somit gesundheitsschädlich. Die gute Nachricht: Durch die Berücksichtigung bestimmter Gestaltungsmaßnahmen kann das stressauslösende Potenzial computerbasierter Überwachungssysteme erheblich reduziert werden.

Computerbasierte Überwachungssysteme richtig gestalten

Vorab will ich betonen, dass ich grundsätzlich selbst *kein* Befürworter computerbasierter Überwachung bin. Insbesondere deshalb nicht, weil diese oft dem Zweck dient, die Performance der Mitarbeiter zu pushen. Eine „Höher-Schneller-Weiter"-Mentalität ist grundsätzlich abzulehnen und zudem nicht grenzenlos steigerbar. Darüber hinaus bin ich auch deshalb kein Befürworter, weil mit Überwachungssystemen oft ein Signal von Misstrauen an die Mitarbeiter gesendet wird, was eine Spirale von gegenseitigem Misstrauen auslösen kann.[499, 500, 501]

Dennoch erkenne ich an, dass Überwachungssysteme auch Vorteile, insbesondere betriebswirtschaftliche, mit sich bringen können.[502] Experten berichten, dass Überwachungstools die Produktivität von Mitarbeitern erhöhen können. Zudem ermöglicht der Einsatz solcher Systeme eine objektivere Beurteilung der Leistung, weil nicht der allgemeine Gesamteindruck eines Vorgesetzten ausschlaggebend ist, sondern quantitativ erhobene Werte (sofern die Leistung eines Mitarbeiters quantitativ überhaupt bestimmbar ist). Wenn solche Systeme die Leistung in Echtzeit überwachen, dann kann auch das Feedback zur Arbeitsleistung unmittelbar verfügbar gemacht werden. Das bedeutet, dass Abweichungen von Sollwerten rasch erkannt und Korrekturmaßnahmen eingeleitet werden können. Weiter ermöglichen solche Systeme eine bessere organisationale Kontrolle, was sich positiv auf die Ressourcenplanung auswirken kann. Zudem können auf der Basis einer automatisierten Leistungsüberwachung nützliche Erkenntnisse gewonnen werden, die man in die Planung von Mitarbeiterschulungen einfließen lassen kann. Denken Sie hier zB an die Verwendung von Gesprächsprotokollen zur Schulung eines Call-Center-Mitarbeiters, wodurch eventuell auch die Kundenzufriedenheit erhöht werden kann. Elektronische Leistungsüberwachung kann auch dazu verwendet werden, die Arbeitslast einzelner Mitarbeiter zu steuern. Auch hier ein Beispiel: Wenn in einem Call Center das System erkennt, dass ein Mitarbeiter im Vergleich zu den anderen über einen längeren Zeitraum nie freie Zeiten zwischen Telefonaten hat, dann kann das System eingehende Anrufe auf andere Mitarbeiter umleiten.

Zudem kann beobachtet werden, dass sich heutzutage viele Menschen mit Fitness-Trackern und Apps ohnehin ständig selbst überwachen. Möglicherweise gehören Sie auch zu jenen, die via Smartwatch ihre täglich absolvierten Schritte oder Kilometer zählen, die konsumierten Kalorien erfassen oder ihren Herzschlag messen, ohne dass es dafür eine medizinische Indikation gäbe. Es ist daher nicht abwegig anzunehmen, dass die Akzeptanz unternehmerischer Überwachungssysteme langfristig wahrscheinlich zunehmen wird. Diese Entwicklung hin zur „digitalen Selbstvermessung" hat insbesondere im letzten Jahrzehnt stark an Bedeutung gewonnen, sie hat sich unter dem Begriff **Lifelogging** etabliert.[503, 504, 505] Eigenständige Communities haben sich dazu entwickelt, wie zB die Quantified-Self-Community.[506] In Anbetracht dieser Entwicklungen kann nicht ausgeschlossen werden, dass in einer nicht allzufernen Zukunft computerbasierte Überwachungssysteme eine flächendeckende Realität sind. Sollte dies tatsächlich der Fall sein, so ist bei deren Gestaltung explizit darauf zu achten, dass das von solchen Systemen ausgehende Stresspotenzial möglichst gering gehalten wird. Folgende Designelemente sollten beachtet werden:[507]

- Individuelle Sichtbarkeit: Werden einzelne Individuen überwacht oder Gruppen?
- Fokus: Liegt der Schwerpunkt der Überwachung auf dem Verhalten der überwachten Person oder auf den von ihr erarbeiteten Ergebnissen?
- Ergebniskontrolle: Haben die Überwachungsergebnisse einen Einfluss auf Faktoren, die für den Mitarbeiter unmittelbar relevant sind, wie zB sein Gehalt?

- Vertraulichkeit: Wer hat Zugang zu den Daten des Überwachungssystems? Nur der überwachte Mitarbeiter? Oder auch das Management? Oder werden die Daten überhaupt öffentlich gemacht?
- Aktualität: Wie lange dauert es, bis die aus der Überwachung gewonnenen Daten für die autorisierten Personen verfügbar gemacht werden?
- Feedback-Medium: Wie werden die durch die Überwachung gewonnenen Daten für die autorisierten Personen verfügbar gemacht? Werden diese im persönlichen Gespräch mit dem Vorgesetzten kommuniziert? Oder erfolgt die Übermittlung eines automatisiert generierten Berichts an die überwachte Person?
- Zweck: Ist es der Zweck des Überwachungssystems, positiv (zB leistungsabhängige Gehaltszulagen) oder negativ (zB Sanktionierung bei Nichterreichen bestimmter Leistungsziele) zu wirken?

Bestimmte Ausprägungen der Designelemente führen zu mehr Stress. Auf der Basis der in diesem Kapitel vorgestellten Befunde und meinen eigenen Erfahrungen in der Praxis gilt grundsätzlich das Folgende:

- Wenn Mitarbeiter wissen, dass ihre individuelle Leistung überwacht wird, dann führt dies zu höheren Stress-Levels als bei einer Überwachung auf Gruppenebene.
- Die Überwachung des Verhaltens führt zu mehr Stress als die Überwachung von Arbeitsergebnissen.
- Hat das Überwachungsergebnis einen Einfluss auf Faktoren, die für den Mitarbeiter hoch relevant sind (zB Gehalt), so erhöht das den Stress.
- Je mehr Personen Zugang zu den aus der Überwachung gewonnenen Daten haben, desto höher ist der Stress.
- Je länger es dauert, bis die erhobenen Daten dem Überwachten zur Verfügung gestellt werden, desto höher ist der Stress.
- Grundsätzlich ist es begrüßenswert, wenn Leistungsdaten im persönlichen Gespräch zwischen dem Vorgesetzten und dem überwachten Mitarbeiter in einem wertschätzenden Klima besprochen werden. Zeigen die Daten Leistungsdefizite auf, so kann die Kommunikation im persönlichen Gespräch jedoch stressauslösend sein.

→ Ist der Zweck des Überwachungssystems die Sanktionierung beim Nichterreichen von Leistungszielen, so ist dies eher stressauslösend, als wenn die Informationen für positive Zwecke genutzt werden.

Einen weiteren Anhaltspunkt für die Gestaltung computerbasierter Überwachungssysteme liefert eine Studie des US-amerikanischen Management-Professors Bradley Alge. Er hat untersucht, in welcher Weise Eigenschaften von Überwachungssystemen die Wahrnehmung der eigenen Privatsphäre beeinflussen.[508] Privatsphäre meint hierbei das Ausmaß, in dem Personen glauben, dass sie Kontrolle über ihre persönlichen Informationen und Interaktionen mit anderen Menschen haben. Die Ergebnisse der Studie zeigen, dass die Einbindung von überwachten Menschen in die Gestaltung des Überwachungsprozesses, also Partizipation, zu einer verringerten wahrgenommenen Verletzung der Privatsphäre führt. Weiter zeigen die Ergebnisse, dass auch die ausschließliche Überwachung jobrelevanter Aktivitäten zu einer verringerten wahrgenommenen Verletzung der Privatsphäre führt – im Vergleich zur gleichzeitigen Überwachung von jobrelevanten und jobirrelevanten Aktivitäten.

Was bedeuten diese Ergebnisse nun für die Gestaltung computerbasierter Überwachungssysteme? Wenn ein Überwachungssystem entwickelt wird, dann ist es empfehlenswert, die überwachten Mitarbeiter von Anfang an in die Systementwicklung miteinzubeziehen. Zudem ist es wichtig, ausschließlich jobrelevante Aktivitäten sowie deren Ergebnisse zu überwachen. Beide Maßnahmen erhöhen die wahrgenommene Privatsphäre, was wiederum stressreduzierend wirkt. Die Botschaft ist daher einfach: Wenn schon elektronische Leistungsüberwachung, dann richtig, und richtig heißt primär mit möglichst geringen Stressauswirkungen.

Kapitel 7:

Jobverlust durch Digitalisierung

Gesellschaftliche und wirtschaftliche Veränderungen haben auch in der Vergangenheit Sorgen ausgelöst. Der mögliche Jobverlust durch Digitalisierung ist jedoch eine neuere Quelle von Ängsten und Stress. Auf der Basis von Studien renommierter Institutionen erläutert das folgende Kapitel, dass die Berechnungsmodalität entscheidenden Einfluss darauf hat, wie viele Jobs durch Computer, Algorithmen, Künstliche Intelligenz und andere digitale Technologien voraussichtlich verlorengehen werden. Es wird auch gezeigt, von welchen Faktoren es abhängt, ob ein Job eher zukunftssicher ist oder nicht. Zudem wird die mögliche Gefahr von Jobverlust durch Digitalisierung anhand von Beispielberufen besprochen und auf eine Plattform verwiesen, auf der jeder Leser selbst das Gefahrenpotenzial der Digitalisierung für seinen eigenen Job ermitteln kann.

In welchem Job arbeiten Sie? Haben Sie sich schon einmal gefragt, ob Ihr Job nicht in Zukunft durch Maschinen, Computer, Algorithmen, Roboter, Software, Künstliche Intelligenz oder durch eine andere Digitaltechnologie ersetzt werden könnte? Wenn ja, dann könnte das mit Ängsten und Sorgen einhergehen, was bei vielen Menschen zu beträchtlichen Stresswahrnehmungen führt. In diesem Kapitel befassen wir uns mit möglichen Jobverlusten durch Digitalisierung und wie Menschen darüber denken. Auf der Basis dieser Ausführungen sollte es für Sie möglich sein, eine realistische Einschätzung zum Gefährdungspotenzial in Bezug auf *Ihren* Job zu entwickeln.

Industrielle Revolutionen und Ängste

Unter einer Industriellen Revolution versteht man die tiefgreifende und dauerhafte Umgestaltung wirtschaftlicher und sozialer Verhältnisse sowie der damit einhergehenden Arbeitsbedingungen und Lebensumstände. Die Erste Industrielle Revolution hatte ihren Ausgangspunkt in der Erfindung der Dampfmaschine und der daraus resultierenden mechanisierten Produktion. Die Zweite Industrielle Revolution geschah mit der zunehmenden Massenproduktion durch die Nutzung elektrischer Energie. Die Dritte Industrielle Revolution wurde durch die Produktion auf der Basis von Elektronik und Informationstechnologie ausgelöst.

Nach Ansicht von Experten erleben wir aktuell den Beginn der Vierten Industriellen Revolution.[509] Diese ist insbesondere durch die Verschmelzung verschiedenster Technologien aus den Bereichen Künstliche Intelligenz, Robotik und Sensorik gekennzeichnet. Es ist davon auszugehen, dass die aktuellen und in naher Zukunft zu erwartenden technologischen Entwicklungen unsere Wirtschaft und Gesellschaft nachhaltig verändern werden. Wie genau diese Veränderungen vonstattengehen werden, weiß heute niemand so genau. Dieses fehlende Wissen befördert Ängste und Sorgen und die Konsequenz kann ausgeprägter Stress sein.

Ängste, Sorgen und Stress dieser Art sind jedoch kein neues Phänomen. Schon in früheren Epochen wurde immer wieder auf die möglichen negativen Wirkungen von Technologien und die damit verbundenen Ängste hingewiesen.[510] Ein prominentes Beispiel ist Albert Einstein (1879–1955), der in einem seiner Bücher schreibt:

„Ich glaube auch, daß die kapitalistische Wirtschaft (das System des „free enterprise") sich als unfähig erweisen wird, die durch technologischen Fortschritt in steigendem Maße sich einstellende chronische Arbeitslosigkeit zu überwinden und ein gesundes Gleichgewicht zwischen der Produktion und der Kaufkraft des Volkes herbeizuführen".[511]

Geprägt und weithin bekannt wurde der Begriff **technologische Arbeitslosigkeit** durch den britischen Ökonomen John Maynard Keynes (1883–1946). Er schrieb dazu im Jahr 1930:

„Wir sind von einer neuen Krankheit befallen, deren Namen einige Leser möglicherweise noch nicht gehört haben, von der sie aber in den nächsten Jahren noch viel hören werden – nämlich technologische Arbeitslosigkeit. Hiermit ist die Arbeitslosigkeit gemeint, die entsteht, weil unsere Entdeckung von Mitteln zur Einsparung von Arbeit schneller voranschreitet als unsere Fähigkeit, neue Verwendungen für Arbeit zu finden".[512]

In einem wissenschaftlichen Artikel zu den Auswirkungen Künstlicher Intelligenz auf den Arbeitsmarkt[513], der von Wissenschaftlern des Massachusetts Institute of Technology (MIT), der Harvard Universität sowie von weiteren renommierten Forschungseinrichtungen veröffentlicht wurde, wird auf eine Erkenntnis von Wassily Leontief (1905–1999), Gewinner des Wirtschaftsnobelpreises 1973, hingewiesen – er sagte bereits 1952 das Folgende:

„Arbeitskräfte werden immer weniger wichtig [...] Mehr Arbeiter werden durch Maschinen ersetzt. Ich sehe nicht, dass neue Industrien jeden beschäftigen können, der einen Job haben will".[514]

Dieses düstere Szenario wurde auch in vielen anderen Werken weltbekannter Autoren in den folgenden Jahrzehnten gezeichnet.

Der Ökonom und Managementforscher Peter Drucker (1909–2005) skizziert in seinem Buch „Die postkapitalistische Gesellschaft", dass der Übergang von den Produktionsfaktoren Arbeit und Kapital auf Information und Wissen mit Konflikten zwischen sozialen Schichten und einem Rückgang manuell geprägter Jobs einhergeht.[515] Der US-amerikanische Zukunftsforscher Alvin Toffler (1928–2016) befasst sich in seinem Werk „Machtbeben" mit den Auswirkungen von Information als Gut auf die Gesellschaft.[516] Ein Fokus liegt dabei auf mit Konflikten einhergehenden Machtverschiebungen in Wirtschaft und Politik. Als Konflikt ist dabei eine durch Interessensgegensätze gekennzeichnete Beziehung zwischen Individuen, Gruppen und Institutionen bezeichnet. Bedenkt man, dass technologische Entwicklungen und Innovation wesentliche Treiber unseres Wohlstands sind, gleichzeitig jedoch enormes Potenzial haben, manche Jobs und Branchen „auszulöschen", so werden die aktuell beobachtbaren Interessensgegensätze in unserer Gesellschaft offenkundig.

Der US-amerikanische Ökonom und Publizist Jeremy Rifkin zeigt in seinem Werk „Die Null-Grenzkosten-Gesellschaft" auf, dass aus unserer industriell geprägten Gesellschaft aktuell eine globale, gemeinschaftlich orientierte Gesellschaft erwächst.[517] Technologien ermöglichen oder unterstützen hierbei, dass dem Teilen eine höhere Bedeutung zukommt als dem Besitzen, dass Bürger über nationale Grenzen hinweg politisch aktiv sind und dass das Streben nach Lebensqualität über dem nach Reichtum steht. In Rifkins Werk geht die in der Vergangenheit oftmals eher negativ geprägte Sichtweise zu neuen Technologien in eine Ansicht über, die Technologie als Grundlage positiver wirtschaftlicher und gesellschaftlicher Entwicklungen sieht.

Diese Sichtweise von Rifkin steht mit der Idee der „kreativen Zerstörung" des Ökonomen Joseph Schumpeter (1883–1950) im Einklang. Diese Idee besagt, dass ökonomische Entwicklungen im Sinne von Innovation auf einem Prozess der kreativen bzw schöpferischen Zerstörung aufbauen. Erfolgreiche Innovationen und deren Konsequenzen verdrängen die alten Technologien und Strukturen, sie zerstören diese gewissermaßen. Daraus folgt, dass „Zerstörung" notwendig ist, um Neues sowie eine Neuordnung zu schaffen.

Studie der Universität Oxford

Im Jahr 2013 wurde von der Universität Oxford, einer der weltweit renommiertesten Lehr- und Forschungseinrichtungen, eine in Praxis und Wissenschaft viel beachtete Studie zu möglichen Jobverlusten durch Digitalisierung veröffentlicht.[518] In der Studie wird auf der Basis von Daten aus den USA die Wahrscheinlichkeit für 702 Berufe geschätzt, digitalisiert zu werden. Zum Zeithorizont der Automatisierung und Digitalisierungsgefahr geben die Studienautoren „ein bis zwei Jahrzehnte" an. Ergebnis der Studie ist, dass rund 47 % der Jobs einem hohen Digitalisierungsrisiko unterliegen, 19 % einem mittleren Risiko und 33 % einem geringen Risiko. Beispielberufe mit dem niedrigsten Risiko sind ua Therapeuten, Sozialarbeiter im Gesundheitsbereich, Ernährungsberater, Choreografen oder Trainer im Sportbereich. Hier liegt die Wahrscheinlichkeit der Digitalisierung des Jobs bei unter 5 %.

Ein Beispielberuf, dessen Digitalisierungswahrscheinlichkeit bei rund 50 % liegt, ist die zahnärztliche Assistenz. Die Wahrscheinlichkeit für Bibliothekare, durch Computer ersetzt zu werden, liegt zB bei 65 %. Busfahrer haben eine Digitalisierungswahrscheinlichkeit von 89 %. Berufe mit einer Digitalisierungswahrscheinlichkeit von über 95 % sind Büroangestellte, Telefonisten, Mitarbeiter in den Bereichen Buchhaltung und Rechnungsprüfung, Kreditsachbearbeiter sowie Versicherungsangestellte im Bereich der Polizzenbearbeitung.

Interessant finde ich auch, dass in der Studie die Digitalisierungswahrscheinlichkeit von Barkeepern mit 77 % angegeben wird. Vielleicht sind also Roboter á la Arthur, der im US-amerikanischen Science-Fiction-Film „Passengers" einen Barkeeper spielt, bald keine Fiktion mehr. Sollten Sie den Film, der Anfang 2017 im deutschsprachigen Raum in den Kinos war, nicht gesehen haben, so schauen Sie sich zumindest den Trailer an, zB auf Youtube. Vielleicht stimmen Sie mir zu, Arthur ist witzig und charmant. Das bedeutet aber noch lange nicht, dass wir eine Welt ohne menschliche Barkeeper als wünschenswerten Zustand ansehen.

Jetzt stellen Sie sich wahrscheinlich die Frage, wie die Forscher der Universität Oxford überhaupt prognostizieren können, welche Jobs in Zukunft der Digitalisierung zum Opfer fallen. Sie haben dazu drei Eigenschaften von Jobs bzw Tätigkeiten definiert, die Aufschluss über das Digitalisierungsrisiko geben:

- Wahrnehmung und Handhabung von Objekten und/oder Personen,
- Kreativität,
- soziale Intelligenz.

Wenn ein Job eine komplexe Wahrnehmung und Handhabung von Objekten und/oder Personen erfordert, dann ist das Risiko gering, dass er der Digitalisierung zum Opfer fällt. Ein Zahnarzt ist hier ein Beispiel. Wenn ein Job hohe Kreativität erfordert, so ist das Risiko der Digitalisierung ebenfalls gering. Ein Beispiel ist der Choreograf. Weiter gilt, dass Jobs, die hohe soziale Intelligenz erfordern, auch kaum automatisierbar sind, was beispielsweise auf PR-Manager zutrifft. Am besten ist man gegen Jobverlust durch Digitalisierung gewappnet, wenn ein Job alle drei Eigenschaften aufweist. Gar nicht sicher ist man, wenn ein Job keine der drei Eigenschaften hat. Das trifft beispielsweise auf Jobs in der Produktion zu, wo ohnehin bereits viele Tätigkeiten vollautomatisiert ablaufen, aber auch auf viele Bürotätigkeiten.

Service wird immer mehr zum Self-Service

Es ist Ihnen sicherlich schon aufgefallen, dass auf Flughäfen das Check-in-Personal immer mehr durch Self-Service-Terminals ersetzt wird. Wenn wir diesen Job analysieren, dann stellen wir fest, dass Wahrnehmung und Handhabung (zB beim Anbringen der Gepäcksidentifikationsnummer) sowie soziale Intelligenz (insbesondere beim Umgang mit den Passagieren) relevante Fähigkeiten im Job sind. Kreativität eher nicht. Theoretisch müsste der Job als Check-in-Mitarbeiter somit einigermaßen sicher sein, da zwei der drei Faktoren für die Aufgabenerfüllung relevant sind. Der Job am Check-in-Schalter ist aber dennoch nicht sicher, weil zunehmend mehr Fluglinien Aufgaben vom eigenen Personal auf die Passagiere übertragen.

Was lernen wir daraus? Aufgabenübertragung vom Servicepersonal auf Kunden kann auch zur Freisetzung von Arbeitskräften führen, nicht nur die Digitalisierung selbst. Ironischerweise befeuert die Tendenz zu immer mehr Self-Service-Terminals zwei Manifestationen von digitalem Stress. Erstens Stress, den die Mitarbeiter haben, da sie sich um ihren Job sorgen, wie zB das Flughafenbodenpersonal. Zweitens Stress, den Nutzer aufgrund von Interaktionsschwierigkeiten mit den Self-Service-Terminals haben. Sollten Sie nicht glauben, dass Letzteres der Fall ist, dann reisen Sie bei Ihrem nächsten Flug ein weniger früher an und beobachten Sie die oftmals verzweifelten Passagiere an den Terminals.

Self-Service-Terminals gewinnen auch in vielen anderen Branchen rasant an Bedeutung, denken Sie beispielsweise an Banken oder Fast-Food-Restaurants. Vor wenigen Jahrzehnten waren durch Automatisierung in erster Linie Jobs in produktionsnahen Branchen betroffen, zunehmend mehr und in immer rasanterem Tempo unterliegen auch Jobs im Dienstleistungsbereich dem Risiko, digitalisiert zu werden. Die Schweizer Handelszeitung titelte zB 2018 „Prognose: Zehntausende Banker werden durch Maschinen ersetzt" und spricht im Beitrag wörtlich vom „Kahlschlag in der Finanzbranche".[519]

Berichte der OECD

Die Organisation für wirtschaftliche Zusammenarbeit und Entwicklung – Organisation for Economic Co-operation and Development (OECD) – befasst sich seit einiger Zeit auch mit dem Risiko von Jobverlust durch Automatisierung.[520] In einem 2016 veröffentlichten Bericht werden die Ergebnisse der Oxford-Studie relativiert, insbesondere der Befund, dass 47 % der Jobs einem hohen Digitalisierungsrisiko unterliegen.[521] Auf der Basis eines im Vergleich zur Oxford-Studie unterschiedlichen Berechnungsverfahrens kommen die OECD-Experten zum Schluss, dass im Schnitt 9 % der Arbeitsplätze einem hohen Automatisierungsrisiko unterliegen, hoch ist hierbei mit >70 % Risiko definiert. Interessant ist, dass im Bericht explizit angegeben wird, dass in Deutschland und Österreich die Rate an stark bedrohten Arbeitsplätzen mit 12 % am höchsten ist, während sie in Korea und Estland mit 6 % am niedrigsten ist. Zum Vergleich: Die USA liegen mit 9 % genau im Durchschnitt, für die Schweiz werden keine Daten angegeben.

In einem Folgebericht aus dem Jahr 2018 wird eine Aufstellung nach OECD-Staaten präsentiert, aus der nicht nur die Rate der Arbeitsplätze mit hohem Automatisierungsrisiko hervorgeht, sondern auch die Rate an Jobs, die dem „Risiko signifikanter Veränderungen" unterliegen.[522] Es wird berichtet, dass in Deutschland in Summe mehr als 50 % der Jobs signifikanten Veränderungen und einem hohen Automatisierungsrisiko unterliegen, in Österreich liegt der Prozentsatz bei knapp unter 50 %. Zum Durchschnitt über alle untersuchten Staaten wird angegeben, dass 14 % der Jobs ein hohes Risiko zur Automatisierung haben und weitere 32 % signifikanten Änderungen unterliegen werden. Die 9%-Rate aus dem Bericht von 2016 ist somit auf 14 % im Jahr 2018 gestiegen. Die OECD hat somit die Rate an Arbeitsplätzen mit einem hohen Automatisierungsrisiko nach oben korrigiert.

Was sagen uns diese Zahlen? Glaubt man den OECD-Berichten, dann ist der mögliche Verlust von Arbeitsplätzen durch Digitalisierung niedriger als in der Oxford-Studie. Ein hohes Risiko für Automatisierung liegt laut Oxford-Studie bei 47 % der Jobs vor, nach dem aktuellen OECD-Bericht bei 14 %. Eine auf der Oxford-Studie basierende Untersuchung gibt an, dass in Deutschland sogar 59 % der Arbeitsplätze der sozialversicherungspflichtig und geringfügig Beschäftigten durch Technologiesierung bedroht sind.[523] Andere Untersuchungen sind hinsichtlich möglicher Jobverluste durch Digitalisierung jedoch weniger pessimistisch.[524]

Aus den vorgestellten Befunden folgt, dass die Berechnungsmodalität einen entscheidenden Einfluss auf die Prognose hat. Im OECD-Bericht wird zudem argumentiert, dass es mehrere Gründe gibt, warum das Bedrohungspotenzial *nicht* übermäßig ist.[525] Erstens ist der Einsatz neuer Technologien ein langsamer Prozess, bei dem rechtliche und gesellschaftliche Hürden zu berücksichtigen sind, so dass die technologische Substitution häufig nicht so rasch wie erwartet erfolgt. Zweitens gilt, dass selbst wenn neue Technologien in weiten Teilen der Wirtschaft und Gesellschaft eingeführt werden, sich die Arbeitnehmer auf sich ändernde technologische Voraussetzungen einstellen können. Das hilft, technologische Arbeitslosigkeit zu vermeiden, beispielsweise indem man sich neue Fähigkeiten durch Aus- und Fortbildung aneignet. Drittens erzeugt der technologische Wandel – getrieben durch die Nachfrage nach neuen Technologien und durch die höhere Wettbewerbsfähigkeit – zusätzliche Arbeitsplätze.

Jobunsicherheit als Stressfaktor

Unter Jobunsicherheit versteht man die Bedenken eines Mitarbeiters, den Arbeitsplatz in nächster Zeit zu verlieren. Viele Menschen erkennen, dass technologische Innovationen, so wie wir sie aktuell erleben, notwendigerweise mit wirtschaftlicher und gesellschaftlicher Neuordnung einhergehen. Dies ändert jedoch nichts an dem Umstand, dass nach Ansicht von Experten die dadurch ausgelöste Jobunsicherheit ein beträchtlicher Stressfaktor sein kann.[526]

Jobunsicherheit, die durch neue Technologien ausgelöst wird, kann verschiedene Konsequenzen haben. Diese können sich für den einzelnen Mitarbeiter sowie für das Unternehmen als Ganzes ergeben. Mit zunehmender Jobunsicherheit nehmen sowohl die Arbeitszufriedenheit als auch die Arbeitsmotivation ab. Zudem ist belegt, dass Jobunsicherheit zu Stress führt und sich negativ auf die Gesundheit auswirkt; erfasst wurden hierbei in der Forschung bislang sowohl physiologisch ermittelte Gesundheit wie zB Blutdruck als auch mit Fragebögen erhobene körperliche Beschwerden. Mehr Jobunsicherheit geht zudem mit einem niedrigeren Bekenntnis zum Unternehmen sowie reduziertem Vertrauen einher. Es ist auch erwiesen, dass höhere Jobunsicherheit die Performance des Unternehmens verringert und die Wahrscheinlichkeit erhöht, dass Mitarbeiter den Arbeitgeber wechseln.[527, 528]

Befragungsergebnisse mit mehreren Tausend Teilnehmern aus Deutschland zeigen, dass eine Mehrheit der Menschen aktuell Jobunsicherheit durch Digitalisierung *nicht* als großen Stressfaktor wahrnimmt.[529] Das steht im Einklang mit den Aussagen in den OECD-Berichten. Dieses eher niedrige Stresspotenzial gilt insbesondere im Vergleich zu anderen Stressfaktoren wie Unzuverlässigkeit der Technologie, gestörte Work-Life-Balance durch ständige Erreichbarkeit am Smartphone oder technologiebasierte Leistungsüberwachung. Die Süddeutsche Zeitung schrieb in diesem Zusammenhang im Juni 2019 unter Bezugnahme auf Befragungsergebnisse des Marktforschers Respondi, dass 81 % der 1.045 Befragten „kaum oder gar nicht besorgt seien, dass ihr Beruf künftig von Maschinen oder Künstlicher Intelligenz ausgeführt werden könnte".[530] Weiter ist zu lesen, dass rund 15 % der Personen „eher besorgt" sind und lediglich 4 % „sehr besorgt". Befragt wurden Menschen im Alter von 18 bis 69 Jahren in Deutschland.

Zu beachten ist, dass sich dieses Ergebnis auf den Durchschnitt der Gesamtbevölkerung bezieht und sich somit von einzelnen Branchenergebnissen stark unterscheiden kann. Ich habe von etlichen Menschen, die zB in Produktionsunternehmen und Banken arbeiten, die durchaus berechtigte Sorge vernommen, dass sie nicht sicher sind, ob sie auch in fünf Jahren ihren heutigen Job noch haben werden. Weiter gilt, dass es sich bei Ergebnissen von Befragungsstudien zu Sorgen und Stress durch Automatisierung um Momentaufnahmen handelt, die insbesondere durch öffentliche Meinungsbildung jederzeit beeinflussbar sind. Man stelle sich hier den medienwirksamen Auftritt eines Wirtschaftsforschers vor, der behauptet, dass Digitalisierung im kommenden Jahrzehnt zu Massenarbeitslosigkeit führen wird. Selbst wenn man wüsste, dass diese Prognose mit Sicherheit eintreten wird, würde man sich davor hüten, eine solche Botschaft in direkter Weise öffentlich kundzutun. Wir sind daher im Regelfall mit „relativierendem Jargon" konfrontiert.

In manchen Branchen ist absehbar, dass kein Stein auf dem anderen bleiben wird und viele Jobs verlorengehen bzw sich verlagern werden. Beispiele sind die Taxibranche und die Beherbergungsbranche. Wo dies wahrscheinlich ist und daraus signifikante negative gesamtgesellschaftliche Konsequenzen drohen, ist der Gesetzgeber gefordert, um den „Frieden" zu wahren. Ob zB die „Lex Uber" oder die „Lex Airbnb" Beispiele für signifikante negative gesamtgesellschaftliche Konsequenzen sind, soll jeder für sich selbst entscheiden. Die teilweise dogmatisch und emotional geführten Auseinandersetzungen der Streitparteien in diesen und ähnlichen Fällen liegen meines Erachtens nicht zuletzt darin begründet, dass die *Geschwindigkeit* der durch Internetgeschäftsmodelle hervorgerufenen Veränderungen signifikant höher ist als bei Umbrüchen in der Vergangenheit.

Einstellung gegenüber Computern, Robotern und Automatisierung

Welche Einstellung haben Sie gegenüber Computern, Robotern und Automatisierung? Kurz gesagt, sind Sie ein Anhänger der Digitalisierung oder eher nicht? Wissenschaftler haben sich Gedanken darüber gemacht, wie man Menschen nach ihrer Einstellung zur Digitalisierung klassifizieren kann. Das folgende Klassifikationsmodell unterscheidet vier Menschentypen:[531]

- **Optimisten** vertreten die Ansicht, dass sich Technologie niemals so weit entwickeln wird, dass die Arbeit eines durchschnittlichen Menschen automatisiert werden kann. Während Routinearbeiten nach und nach verschwinden werden, wird die Wirtschaft immer wieder neue Arbeitsplätze schaffen, die durchschnittliches menschliches Wissen und Können erfordern.
- **Pessimisten** vertreten eine gegensätzliche Meinung. Ihrer Auffassung nach wird die voranschreitende Entwicklung von Technologien einen großen Teil der menschlichen Arbeitskraft ersetzen und zu dauerhafter Arbeitslosigkeit führen. In der Zukunft werden Durchschnittsarbeiter nicht mehr in der Lage sein, neue Jobs zu finden. Der Unterschied zwischen Optimisten und Pessimisten liegt somit auf der Hand: Erstere zeichnen sich durch hohe Begeisterung und geringe Sorge aus, letztere durch geringe Begeisterung und große Sorge.
- **Hybride** sind Personen, die sich durch hohe Begeisterung für die Digitalisierung auszeichnen, aber gleichzeitig auch große Sorgen haben, dass Computer, Künstliche Intelligenz, Roboter und Co. viele Arbeitsplätze kosten könnten. Diese Personen sind gewissermaßen Unentschlossene, was die Folgen der Digitalisierung angeht.
- **Skeptiker** sind Menschen, die von der Digitalisierung wenig begeistert sind, aber auch kaum Sorgen wegen massiver drohender Jobverluste sowie großer gesellschaftlicher Veränderung haben. Skeptiker glauben somit an die stete Normalisierung in Wirtschaft und Gesellschaft. Ihre Denkweise ist, dass neu geschaffene Arbeitsplätze oder andere politische Maßnahmen die negativen Folgen des Verschwindens von traditionellen Arbeitsplätzen kompensieren werden. Sie vertrauen darauf, dass ein politischer und gesellschaftlicher Diskurs langfristige Stabilität sicherstellt.

In einer aktuellen wissenschaftlichen Studie auf der Basis von Daten von rund 3.800 Personen aus den USA wird folgende Verteilung der vier Typen in der Bevölkerung angegeben: 15 % Optimisten, 50 % Pessimisten, 19 % Hybride und 16 % Skeptiker.[532] Die negative Einstellung gegenüber Digitalisierung und Automatisierung überwiegt somit. Auf der Basis solcher Daten kann man schließen, dass es in den USA, wo die Daten erhoben wurden, durchaus einen beträchtlichen Anteil an Menschen gibt, die aufgrund der zunehmenden Automatisierung besorgt und gestresst sind, den Job zu verlieren. Für den deutschsprachigen Raum sind mir keine Studien bekannt, die die Häufigkeit der vier Typen angeben.

In der US-Studie wurde weiter untersucht, welche staatlichen Maßnahmen ergriffen werden sollten, um gegen die möglichen negativen Folgen der Digitalisierung, insbesondere hohe Arbeitslosigkeit, anzukämpfen. Konkret ging es um folgende Maßnahmen: 1. bedingungsloses Grundeinkommen, 2. festgelegte Roboterquoten (Roboter dürfen nur Jobs ausführen, die für den Menschen gefährlich sind), 3. Subventionierung von Jobs, bei denen soziale Interaktion aus ethischen Gründen erhalten bleiben sollte (zB in der Pflege) und 4. staatliche Programme, um Arbeitskräfte zu unterstützen, die ihren Job durch Digitalisierung verloren haben (zB staatliche Entgeltzahlung für die Ausführung von Tätigkeiten, die aufgrund wirtschaftlicher Überlegungen eigentlich digitalisiert werden sollten).

Die präferierten staatlichen Maßnahmen unterscheiden sich in Abhängigkeit von der Einstellung zur Digitalisierung.[533] Aus Sicht der **Optimisten** ist Job-Subventionierung bei sozialer Interaktion die bevorzugteste Variante eines staatlichen Eingriffs (73 %), die höchste Ablehnung ergibt sich für staatliche Programme für freigesetzte Arbeitskräfte (65 %). Die bevorzugteste Maßnahme aus Sicht der **Pessimisten** sind festgelegte Roboterquoten (92 %), die größte Ablehnung besteht gegenüber dem bedingungslosen Grundeinkommen (49 %). Die bevorzugteste Maßnahme aus Sicht der **Hybriden** sind festgelegte Roboterquoten (82 %), die höchste Ablehnung besteht gegenüber staatlichen Programmen für freigesetzte Arbeitskräfte (48 %). Für **Skeptiker** sind Roboterquoten die am meisten präferierte Maßnahme (86 %), die größte Ablehnung besteht gegenüber dem bedingungslosen Grundeinkommen (58 %).

Durch Technologie unterstützt werden ≠ durch Technologie ersetzt werden

Menschen begegnen Technologien oftmals mit Skepsis, weil sie fürchten, von ihnen ersetzt zu werden. Der Stress, den Menschen in solchen Situationen fühlen, ist jedoch nicht immer angebracht. Eine differenzierte Betrachtung der Situation zeigt, dass digitale Technologien wie Künstliche Intelligenz den Menschen in vielen Fällen nicht ersetzen, sondern unterstützen. Das schließt natürlich nicht aus, dass in einer ferneren Zukunft eine weitreichende Substitution menschlicher Denk-, Entscheidungs- und Arbeitskraft durch Software, Algorithmen, Künstliche Intelligenz und Maschinen erfolgt. Zum aktuellen technologischen Stand bringe ich nachfolgend ein paar Beispiele. Sie werden überrascht sein, wie stark digitale Technologien – konkret Künstliche Intelligenz – auch Aufgaben in gut bezahlten Jobs beeinflusst.

Advokaten und Digitalisierung

Pascal (35 Jahre) hat Jus studiert, will Rechtsanwalt werden und arbeitet aktuell als Rechtsanwaltsanwärter in einer großen Kanzlei. Er interessiert sich besonders für Wirtschaftsrecht, daher hat er sich bereits im Studium auf diesen Bereich spezialisiert. Eine seiner wichtigsten Aufgaben ist das Sichten und Analysieren von Verträgen. Auf der Basis der in Verträgen und anderen Dokumenten recherchierten Informationen bespricht er sich regelmäßig mit seinem Vorgesetzten (65 Jahre), einem arrivierten Anwalt und gleichzeitig Eigentümer der Kanzlei. Pascals Boss hat schon viele Verträge bei „großen Deals" in der Wirtschaft juristisch verantwortet und vor Gericht für seine Mandanten etliche „Schlachten" gewonnen.

Bei einer Fachtagung hört Pascal eines Tages, dass es Softwaresysteme auf der Basis von Künstlicher Intelligenz geben soll, die Verträge und andere Dokumente automatisiert nach bestimmten Inhalten analysieren können. Zudem bereiten diese Systeme nutzerfreundlich Informationen auf und generieren übersichtliche Berichte. Pascal ist ein sehr selbstsicherer Mensch, jemand, der von seinen Fähigkeiten überzeugt ist. Dennoch lässt ihn der Gedanke nicht los, dass Software einen Teil seiner Aufgaben erledigen kann, sofern man den Aussagen des Referenten bei der Fachtagung glauben darf. Noch am Abend nach der Rückkehr von der Fachtagung startet Pascal eine Internet-Recherche und tatsächlich findet er diverse Technologien, die Aufgaben im juristischen Bereich übernehmen können. Die Zukunft ist also bereits Realität, denkt er sich. Er landet auf der Website des nordamerikanischen Unternehmens Kira Systems[534] und liest auf der Startseite: „We help enterprises make meaning from their unstructured contracts and related documents." Doch genau das, Struktur und Bedeutung in die Inhalte von Tausenden Seiten von Verträgen und Dokumenten zu bringen, ist doch aktuell seine primäre Aufgabe in der Kanzlei.

Pascal recherchiert weiter. Er landet auf der Website eines anderen nordamerikanischen Unternehmens: Blue J Legal[535]. Auf der Startseite liest er: „Instincts are good. Foresight is better. Blue J Legal's AI-powered platform accurately predicts court outcomes and enables you to find relevant cases faster than ever before." Mit AI (Artificial Intelligence, deutsch: Künstliche Intelligenz, KI) kann man also Urteile bei Gericht prognostizieren und relevante juristische Fälle aus der Vergangenheit rasch auffinden. Keine Frage, sollte das tatsächlich wie von diesem Technologieunternehmen behauptet funktionieren, würde das seine Tätigkeit zwar nicht vollständig ersetzen, aber doch massiv betreffen.

Gleich am nächsten Morgen erzählt Pascal seinem Boss von den Recherchen. Der beruhigt ihn jedoch umgehend, auch er habe von diesen KI-Systemen schon gehört, der Einsatz derartiger Systeme sei im Moment aber kein Thema. Dann fügt der Kanzleieigentümer hinzu: „Ich bin froh, dass ich in Kürze in den Ruhestand trete, denn irgendwann werden solche KI-Systeme sicher flächendeckend im Einsatz sein. Das sollen dann die Jungen, so wie du Pascal, managen."

Was lernen wir aus diesem Beispiel? Mehrere Dinge. Erstens wirken die meisten heute im Einsatz befindlichen Systeme mit Künstlicher Intelligenz auf unterschiedlichen Ebenen. Während viele Aufgaben von Rechtsanwaltsanwärtern und anderen Mitarbeitern in Kanzleien nach aktuellem Technologiestand massiv betroffen sind (zB Recherche und Darstellung von Information), sind klassische Aufgaben des Anwalts wie Planung von juristischen Vorgehensweisen, das Fällen von Entscheidungen sowie die Vertretung vor Gericht (noch) nicht davon berührt. Zweitens sind eher Jüngere und Personen mittleren Alters durch diese neuen Technologien gestresst, da die ältere Generation (ich beziehe mich hier auf 60+) Technologieentscheidungen oft aufschiebt, um sie der nächsten Generation zu überlassen. Drittens ist es keinesfalls so, dass nur Jobs mit niedrigem Qualifikationsniveau durch Digitalisierung gefährdet sind. Prinzipiell kann es fast jeden (be)treffen.

Auf Kaution frei: Wenn Algorithmen entscheiden

Im juristischen Bereich wird über weitere Anwendungen Künstlicher Intelligenz berichtet. Beispielsweise hat ein Forscherteam unter Leitung des Informatikers Jon Kleinberg von der US-amerikanischen Cornell Universität berechnet, ob Entscheidungen zur Freilassung von Gefangenen unter Kautionsbedingungen von Algorithmen besser als von Menschen getroffen werden. Die Forscher geben an, dass ihre Simulationsstudie die Nützlichkeit einer auf Algorithmen beruhenden automatisierten Entscheidung zeigt, wörtlich schreiben sie von einer „Senkung der Kriminalität um bis zu 24,7 % ohne Änderung der Gefängnisrate oder [einer] Senkung der Gefängnisrate um bis zu 41,9 % ohne Erhöhung der Kriminalitätsrate"[536]. Mit anderen Worten: Künstliche Intelligenz schafft es, bei gleich vielen Inhaftierten die Verbrechen signifikant zu senken oder bei konstanter Anzahl an Verbrechen die Anzahl der Inhaftierten zu reduzieren. Klingt nicht schlecht!

In einem Kommentar zu dieser Simulationsstudie meinen kanadische Wissenschaftler, dass der primäre Nutzen solcher Algorithmen nicht darin bestehe, Richterkosten einzusparen, sondern darin, eine bessere Entscheidungsqualität herbeizuführen, die Leben bewahrt und Folgekosten für die Gesellschaft wie zB für Gefängnisinsassen reduziert. Weiter wird angegeben, dass Rechtssysteme wie das aktuelle amerikanische, aber auch jene in Europa, zwingend verlangen, dass Gerichtsentscheidungen von Menschen getroffen werden.[537] Daraus folgt, dass solche Algorithmen Menschen bei ihren Entscheidungen unterstützen können, aber sie nicht ersetzen – aktuell zumindest.

Radiologen und Digitalisierung

Nun zu einem anderen Bereich, in dem Künstliche Intelligenz auch eine wichtige Rolle spielt und in Zukunft noch viel mehr spielen wird: Radiologie. Dieses Teilgebiet der Medizin befasst sich ua damit, bildgebende Verfahren wie Röntgen, Ultraschall oder Magnetresonanztomografie zur Diagnose von Krankheiten einzusetzen. Der Radiologe befundet somit in erster Linie auf der Basis von Bildern. Könnten nicht vielleicht Systeme auf der Basis von Künstlicher Intelligenz diese Bilder sichten, um mögliche Pathologien zu entdecken? Und wenn ja, brauchen wir dann Radiologen noch?

Unternehmen wie IBM, General Electric oder Zebra Medial Vision haben derartige Systeme bereits entwickelt und mit Nachdruck wird an einer fortlaufenden Verbesserung gearbeitet. Der britische Informatiker Geoffrey Hinton sagte 2016, dass man aufhören sollte, Radiologen auszubilden – Originalzitat: „People should stop training radiologists now."[538] Diese extreme Sichtweise teile ich nicht. Was jedoch wahrscheinlich passieren wird, sind Anpassungen in den Ausbildungsplänen in der Radiologie.

Nach Ansicht von Experten wird Künstliche Intelligenz den Radiologen nicht ersetzen, sondern unterstützen. Eine Analyse zeigt, dass von 29 Aufgaben, die mit dem Berufsbild des Radiologen in Verbindung stehen, lediglich zwei Aufgaben durch den Einsatz von Bilderkennungssoftware direkt beeinflusst werden.[539] Die Analyse beruht auf Daten des US-amerikanischen O*NET Resource Center, einer Institution, die im Auftrag einer Organisationseinheit des US-amerikanischen Arbeitsministeriums handelt.[540] Was jedoch hierbei nicht übersehen werden darf, ist, dass Bilderkennungssoftware nicht die alleinige Technologie ist, die das Aktivitätsprofil des Radiologen und seiner Arbeitsumgebung beeinflusst.

Man denke hier beispielsweise an den Umstand, dass Radiologen ihre Befunde im Regelfall auf Band diktieren, damit hinterher eine menschliche Schreibkraft das Gesprochene „auf Papier bringt". Spracherkennungssoftware ist heutzutage weithin verfügbar, so dass der Computer – und nicht eine Schreibkraft – das Gesprochene dokumentieren kann. Obwohl vielerorts im deutschsprachigen Raum in Wirtschaft, Medizin und Verwaltung noch nicht weit verbreitet, ist davon auszugehen, dass in absehbarer Zeit die Tätigkeit des Transkribierens nicht mehr existieren wird. Damit werden auch Jobs von Schreibkräften, im medizinischen sowie in anderen Bereichen wie zB in den erwähnten Rechtsanwaltskanzleien, wegfallen.[541]

Denjenigen, die vielleicht die Relevanz von Spracherkennungssoftware in Wirtschaft und Gesellschaft in Frage stellen, empfehle ich, sich mit Amazons

Alexa, Apples Siri, Googles Assistant, Microsofts Cortana und weiteren Technologien auseinanderzusetzen. Daten aus dem Jahr 2019 zeigen, dass Kenntnis und Nutzung von Sprachassistenten in Deutschland noch weit auseinanderliegen.[542] Konkret sieht das Ergebnis einer Befragung von rund 1.000 Personen im Alter von 18 bis 69 Jahren wie folgt aus („ja, kenne und nutze ich"/„ja, kenne ich"/„nein, kenne ich nicht"): Alexa (14 %/78 %/8 %), Siri (14 %/63 %/23 %), Assistant (17 %/60 %/23 %) und Cortana (9 %/43 %/48 %). Aus Stressperspektive interessant sind auch die beiden Top-Gründe, die gegen eine Nutzung von Sprachassistenten sprechen. Befragungsdaten aus dem Jahr 2018 aus Deutschland zeigen, dass „Sicherheitsbedenken, ungewollt belauscht zu werden" mit 43 % vor „sie sammeln zu viele Daten von mir" mit 39 % rangiert.[543]

E-Mail-Antworten automatisieren

Gmail ist ein kostenloser E-Mail-Dienst von Google. In der Entstehungsphase dieses Buchs nutzten rund 1,5 Milliarden Menschen Gmail. Wäre es nicht vorteilhaft, wenn man bei einer eingehenden Nachricht automatisch vom System mögliche Antworten vorgeschlagen bekommt? Aus Sicht vieler Menschen vermutlich ja, denn man würde sich dadurch einiges an Zeit sparen. Google hat mit „Smart Reply" („schlaue Antwort") eine Funktion geschaffen, die dem Empfänger einer Nachricht Kurzantworten vorschlägt. Mit einem Klick darauf wählt man eine Antwort aus und spart sich das Verfassen von Text. Man muss lediglich noch auf den Senden-Button drücken. Dieses Feature hat sich gerade bei mobiler Kommunikation über das Smartphone bewährt, funktioniert jedoch auch in der Desktop-Version.[544] Bei Redaktionsschluss dieses Buchs gab es die Funktion nur für englischsprachige Nachrichten. Die Funktion ist zudem auf Kurzantworten fokussiert. Wenn Sie einem Bekannten eine Nachricht übermitteln und fragen, ob er heute Zeit für ein gemeinsames Mittagessen hat, dann erscheint bei Ihrem Bekannten auf dem Bildschirm bzw Display die Nachricht zB mit drei automatisiert generierten Kurzantworten wie „Great!" (großartig), „Sounds good." (klingt gut) und „Sure!" (sicher). Änderungen vor dem Absenden der Nachricht sind möglich.

Dieses Beispiel verdeutlicht, dass heutzutage Kommunikationssysteme im Einsatz sind, die großes Potenzial zur Automatisierung im Kontext einfacher Kommunikation haben. Zunehmend mehr kommen aber auch komplexere Systeme auf den Markt. Ein Beispielsystem ist „Smart Answer".[545] Das Bearbeiten von E-Mails ist nicht nur zeitintensiv, sondern für qualifizierte und motivierte Mitarbeiter im Falle fortlaufend ähnlicher Nachrichten auch frustrierend und unterfordernd, so das Argument des Systemanbieters aus Deutschland. Denken Sie zB an jemanden, der sukzessive E-Mails zu beantworten hat, in denen nach standardisierten Produktangeboten gefragt wird. Auf der Basis dieser Argumentation wurde ein auf Künstlicher Intelligenz beruhendes Softwareprodukt entwickelt, das Mail-Standardanfragen automatisiert beantworten kann. Das Produkt basiert auf Computerlinguistik. Es geht dabei darum, wie natürliche Sprache in Form von Text- oder Sprachdaten mit Hilfe des Computers algorithmisch verarbeitet werden kann.

Es ist davon auszugehen, dass in absehbarer Zukunft solche und ähnliche Systeme dazu führen werden, dass Angestellte in Büros einen wichtigen Tätigkeitsbereich verlieren, nämlich das Verfassen von Antworten in routinemäßigen Kommunikationsprozessen. Experten bestätigen das von solchen Kommunikationstechnologien ausgehende Gefährdungspotenzial für viele Arbeitsplätze.[546]

Chatbots: Killer von Arbeitsplätzen?

Ein Chatbot ist ein textbasiertes Dialogsystem, das das Kommunizieren mit einem technischen System erlaubt. Die Benutzungsoberfläche hat ein Texteingabe- und Textausgabefeld. Im Vergleich zu einem Chat bzw Instant Messenger wird bei einem Chatbot mit einer Maschine kommuniziert und nicht mit einem Menschen. Chatbots sind oft anthropomorph gestaltet. Das bedeutet, dass sie von menschlicher oder menschenähnlicher Gestalt sind. Dies kann vertrauensfördernd wirken.[547, 548]

Turing-Test: Mensch oder Maschine?

Auf Alan Turing (1912–1954), britischer Mathematiker und Informatiker, geht der in den 1950er Jahren entwickelte Turing-Test zurück. Mit diesem

Test kann man feststellen, ob ein Computer bzw eine Maschine ein dem Menschen gleichwertiges Denkvermögen hat. Im Zuge der aktuellen Entwicklungen im Bereich der Künstlichen Intelligenz gewinnt dieser Test wieder an Bedeutung. Wie funktioniert der Test?

Ein menschlicher Fragesteller führt über eine Tastatur und einen Bildschirm eine Konversation mit zwei unbekannten Gesprächspartnern. Der eine Gesprächspartner ist eine Maschine, der andere ein Mensch. Kann der Fragesteller nach einer Phase intensiver Kommunikation nicht eindeutig sagen, wer von beiden die Maschine ist, dann hat die Maschine den Turing-Test bestanden. Der Maschine wird in diesem Fall ein dem Menschen ebenbürtiges Denkvermögen unterstellt.

Chatbots: Beispiele, Verbreitung und Akzeptanz

Die Liste an Branchen, in denen Chatbots bereits eingesetzt werden bzw wo dies ökonomisch zweckmäßig erscheint, ist lang. Hier ein paar Einsatzszenarien: Standardanfragen bei Banken, Versicherungen, Telekommunikationsunternehmen und Versandunternehmen können über Chatbots abgewickelt werden. Fragen wie „Wo kann ich einen Kredit bekommen?“, „Wie hoch ist meine aktuelle Versicherungsprämie?“, „Gibt es für mich bei meinem aktuellen Telefonierverhalten eine günstigere Tarifstufe?“ oder „In welchen Größen sind Laufschuhe verfügbar?“ werden in Zukunft eher an Chatbots und weniger an Mitarbeiter gestellt werden, in erster Linie aus Kostengründen. Die Angestellten können dann – so die Aussagen diverser Manager – wertschöpfenderen Tätigkeiten in anderen Unternehmensbereichen nachgehen. Natürlich kann es auch passieren, dass Mitarbeiter dadurch ihren Job verlieren. Auch in der öffentlichen Verwaltung werden Chatbots eingesetzt, sie dienen hier in erster Linie zur Kommunikation mit den Bürgern. Fragen der Art „Wie und wo kann ich einen neuen Reisepass beantragen?“ können heute schon zuverlässig von Maschinen beantwortet werden. Interagieren Sie zB mit dem Chatbot der Stadt Linz, dieser trägt den charmanten Namen ELLI: https://www.linz.at/db/chatbot/.

Ein anderes Szenario, Stichwort Medizin. Sie berichten einem Chatbot Ihre Symptome. Sie hoffen, auf der Basis der Symptome einen Befund zu erhalten. Gehen Sie auf https://symptomate.com, einem Service des Unternehmens Infermedica, und starten Sie eine Untersuchung, auf der Plattform als „Checkup" bezeichnet. Der Service wird vom Unternehmen mit der Botschaft „Überprüfen Sie Ihre Symptome und finden Sie heraus, wodurch diese verursacht sein könnten – schnell, gratis und anonym" angepriesen. Hinweis: Achten Sie auf die Nutzungsbedingungen, Sie sollten zB den Service nie benutzen, wenn es sich um einen medizinischen Notfall handelt!

Die Medienplattform „The Financial Brand" hat 2018 eine Zusammenstellung von elf Chatbots aus dem Bankenbereich veröffentlicht.[549] Im selben Jahr wurde an der Hochschule für Technik und Wirtschaft Berlin eine Analyse von Chatbots in DAX- und MDAX-Unternehmen durchgeführt. Von den 80 untersuchten Unternehmen hatten zwölf einen Chatbot im Einsatz, das entspricht einer Quote von 15 %.[550]

Im Rahmen einer in Deutschland 2018 durchgeführten Studie wurde den Teilnehmern folgende Frage gestellt: „Chatbots sind Computerprogramme, die automatisiert mit Nutzern im Internet via Chat kommunizieren. Anstelle eines realen Menschen kümmert sich also eine Maschine bzw ein Computer um Anliegen und Anfragen von Nutzern oder Kunden. Beispielsweise könnten Sie von einem ‚Chatbot' beim Online-Shopping beraten werden oder ihm Fragen zu Dienstleistungen von Unternehmen stellen. Können Sie sich ganz allgemein vorstellen, mit einem ‚Chatbot' zu kommunizieren?" Insgesamt 1.164 Befragte ab 18 Jahren nahmen an der Umfrage teil, das Ergebnis ist für Deutschland ab dieser Altersgruppe repräsentativ.[551] In der Gruppe der 18- bis 24-Jährigen können sich 37 % die Nutzung eines Chatbots vorstellen, Summe aus „eher ja" und „auf jeden Fall". Bei den weiteren Altersgruppen sehen die Ergebnisse wie folgt aus: 25–34 Jahre: 42 %, 35–44 Jahre: 42 %, 45–54 Jahre: 23 %, ab 55 Jahre: 16 %. Das Ergebnis zur Antwortkategorie „auf keinen Fall" sieht wie folgt aus: 18–24 Jahre: 13 %, 25–34 Jahre: 19 %, 35–44 Jahre: 16 %, 45–54 Jahre: 27 %, ab 55 Jahre: 36 %. Die Ablehnung von Chatbots ist somit tendenziell bei älteren Menschen höher und die Zustimmung niedriger. Bei jüngeren Menschen zeigt sich ein gegensätzliches Bild. In Anbetracht dieser Ergebnisse ist davon auszugehen, dass Chatbots in Zukunft eine in der Gesellschaft weithin akzeptierte Technologie sein werden.

Heutzutage sind die meisten Chatbots eher eine Spielerei. Hinsichtlich ihrer Kommunikationsqualität sind sie im Regelfall „Lichtjahre" vom Bestehen des Turing-Tests entfernt. Mit zunehmender Qualität werden jedoch Bots mehr und mehr unsere Wirtschaft und Gesellschaft durchdringen, mit einem ernst zu nehmenden Gefahrenpotenzial für den Arbeitsmarkt, insbesondere im Dienstleistungsbereich. Naiv sind meines Erachtens somit diejenigen, die meinen, dass im Dienstleistungsbereich die Anzahl an heute verfügbaren Jobs bestehen bleiben wird. Es besteht die Gefahr, dass der Einsatz von Chatbots langfristig viele Jobs kosten wird, auch wenn manche Akteure die Auffassung vertreten, dass durch Künstliche Intelligenz und Chatbots sogar neue Jobs geschaffen werden könnten.[552, 553, 554] Ich empfehle Ihnen, die Website https://www.ipsoft.com/amelia zu besuchen. Dort wird mit dem Spruch „The World's First Marketplace for Digital Employees™" geworben. Sollte es Realität werden, was auf dieser Plattform sehr visionär dargestellt ist, müsste sich wohl weltweit ein nicht unbeträchtlicher Anteil der Arbeitskräfte Sorgen um den Job machen.

Wie bedroht ist Ihr Job?

Das Institut für Arbeitsmarkt- und Berufsforschung, eine Einrichtung der Bundesagentur für Arbeit in Deutschland, betreibt die Plattform https://job-futuromat.iab.de. Dieser Online-Dienst entstand im Rahmen der ARD-Themenwoche „Zukunft der Arbeit" im Jahr 2016. Auf dieser Seite können Sie herausfinden, welche Tätigkeiten in Ihrem Job heute bereits ein Roboter erledigen könnte. Es wird somit das Automatisierungspotenzial Ihres Jobs ermittelt. Sie brauchen auf der Startseite nichts weiter zu tun, als in ein Textfeld Ihre Berufsbezeichnung einzugeben. Ich habe einen Selbstversuch gemacht und „Professor" eingegeben. Die Antwort des Systems lautete wie folgt:

„Der Arbeitsalltag dieses Berufs besteht im Wesentlichen aus 4 verschiedenen Tätigkeiten, 0 davon und somit 0 % könnten schon heute Roboter übernehmen ... Die Automatisierbarkeit in diesem Beruf ist niedrig, da weniger als 30 % der Tätigkeiten durch Roboter erledigt werden könnten."

Die vier angesprochenen Tätigkeiten sind Forschung, Lehrtätigkeit, Didaktik und Methodik. Offensichtlich muss ich keine Angst vor Jobverlust durch Digitalisierung haben – was für ein Glück! Nach dem Selbstversuch mit „Professor" probierte ich noch einen anderen Job. Ich gab „Maurer" ein. Was glauben Sie, wie ist das Ergebnis ausgefallen? Hier die Antwort:

„Der Arbeitsalltag dieses Berufs besteht im Wesentlichen aus 7 verschiedenen Tätigkeiten, 0 davon und somit 0 % könnten schon heute Roboter übernehmen ... Die Automatisierbarkeit in diesem Beruf ist niedrig, da weniger als 30 % der Tätigkeiten durch Roboter erledigt werden könnten."

Die sieben genannten Tätigkeiten sind Verputzen, Betonieren, Eisenflechten und Bewehrungen herstellen, Fertigteilbau, Mauern, Schalungsarbeiten sowie Sichtmauerwerk herstellen. Auch die Maurer in unseren Landen scheinen sich also keine Sorgen darüber machen zu müssen, dass ihr Job durch Digitalisierung in naher Zukunft verlorengehen könnte. Zu guter Letzt probierte ich noch einen Job aus einer Branche, die sich durch die Digitalisierung nach Ansicht vieler Experten massiv verändern wird: Banken. So gab ich „Kreditsachbearbeiter" ein. Hier das Ergebnis:

„Der Arbeitsalltag dieses Berufs besteht im Wesentlichen aus 6 verschiedenen Tätigkeiten, 5 davon und somit 83 % könnten schon heute Roboter übernehmen. Die Automatisierbarkeit in diesem Beruf ist hoch, da mehr als 70 % der Tätigkeiten durch Roboter erledigt werden könnten."

Die sechs Tätigkeiten sind Bonitätsprüfung, Kreditabwicklung, Kreditgeschäft, Kreditüberwachung, Kundenberatung und -betreuung sowie Sachbearbeitung. Kreditsachbearbeiter scheint als kein Job mit Zukunft zu sein, er ist eher ein „Opfer" der digitalen Transformation. Probieren Sie das Tool doch selbst mal aus! Beachten Sie dabei aber die Hinweise der Entwickler des Programms.[555] Ich wünsche Ihnen ein gutes Ergebnis, also eines, das Sie nicht zu sehr stresst!

Kapitel 8:

Zur Zukunft: Stressbefreite User - eine Illusion?

Es wäre doch schön, wenn es Technologien gäbe, die Stress während der Interaktion mit Benutzungsoberflächen automatisch erkennen, um daraufhin in Echtzeit Anpassungen vorzunehmen, die den Benutzerstress reduzieren. Die gute Nachricht: Es gibt sie schon als Prototypen. Jedoch existieren diese „intelligenten" Technologien heute noch nicht als marktfähige Systeme und es stellt sich die Frage, ob ein solch technikbasierter Ansatz zum Digital Stress Management wirklich die beste Strategie ist. Das folgende Kapitel zeigt auch, dass der Mensch die meiste Zeit seiner evolutionären Entwicklung in Face-to-Face-Umgebungen mit seinen Mitmenschen interagiert hat und er daher auf diese Form der Kommunikation „programmiert" ist. Den Abschluss bildet die Feststellung, dass es in der heutigen digitalen Welt nicht zweckmäßig sein kann, Informations- und Kommunikationstechnologien grundsätzlich abzulehnen. Vielmehr geht es darum, die Problematik des digitalen Stresses als solche zu erkennen, um darauf aufbauend wirksame Bewältigungsmaßnahmen zu definieren, zu denen auch „Die Fantastischen Vier" gehören (Bewegung, Ernährung, Achtsamkeit, Natur).

„Intelligente" Technologien als Problemlösung?

Angesichts der immer weiter voranschreitenden Verbreitung digitaler Technologien und des damit verbundenen digitalen Stresses stellt sich die Frage nach wirksamen Bewältigungsstrategien. In den einzelnen Kapiteln wurden etliche Strategien vorgestellt, deren Effektivität in wissenschaftlichen Studien nachgewiesen wurde.

Als Ergänzung zu den vorgestellten Strategien, die im Wesentlichen technologiefrei sind, gewinnen **innovative Ingenieursinitiativen** im Stressbereich zunehmend an Relevanz. Der Fokus liegt hierbei auf der Entwicklung von Systemen, die die oftmals unbewussten Stresszustände von Benutzern automatisch erkennen, um darauf aufbauend die Interaktion mit dem System zu verbessern.[556, 557] Solche Systeme sind zukünftig vielleicht in der Lage, etliche Probleme wie Informationsüberlastung oder durch digitale Technologien ausgelöste Unterbrechungen zu lösen. Ironischerweise könnten also zukünftige Technologien so „intelligent" sein, dass sie automatisch die Stresswahrnehmungen von Benutzern erkennen und reduzieren, für die ihre Vorgängertechnologien kausal verantwortlich sind. Dennis Gábor (1900–1979), Erfinder der Holografie und Physik-Nobelpreisträger, erkannte dieses Phänomen bereits vor Jahrzehnten – er schrieb:

„Das dringenste Problem der Technologie von heute ist nicht mehr die Befriedigung von Grundbedürfnissen und uralten Wünschen der Menschen, sondern die Beseitigung von Übeln und Schäden, welche uns die Technologie von gestern hinterlassen hat."

Bei diesen „intelligenten" Systemen basiert das Erkennen von Stresszuständen auf Echtzeitmessungen physiologischer Zustände von Benutzern sowie auf Verhaltensmustern wie zB Maus- und Cursor-Bewegungen.[558, 559] In einer wissenschaftlichen Arbeit, die ich mit Kollegen aus Deutschland und Australien verfasst habe, beschreiben wir solche Systeme.[560] Falls jemand zu gestresst ist, werden vom System automatisch stressreduzierende Maßnahmen eingeleitet. Eine Maßnahme wäre zB die dynamische Anpassung der Benutzungsoberfläche, um einer Informationsüberlastung entgegenzuwirken. Es könnten weniger Informationen angezeigt werden oder das Darstellungsformt könnte von textuell auf grafisch verändert werden. Bekanntlich sagt ein Bild mehr als tausend Worte. Die Idee ist, dass eine solche dynamische Anpassung den Benutzerstress reduziert. Zudem könnten einem ohnehin bereits gestressten User keine weiteren E-Mails mehr zugestellt und diese auf andere Mitarbeiter verteilt werden, die zu einem bestimmten Zeitpunkt weniger gestresst sind. Auch das würde das System automatisch in Echtzeit veranlassen, die User müssten dazu aktiv nichts beitragen.

Besonders im Fokus stehen bei solchen Systemen nach aktuellem Entwicklungsstand Signale des autonomen Nervensystems wie Pupillenerweiterung, Hautleitfähigkeit, Herzschlagrate und Herzratenvariabilität. Diese Signale können heutzutage stabil gemessen bzw berechnet werden, oftmals sogar in einer Weise, die der Benutzer gar nicht bemerkt.[561, 562, 563, 564, 565] Pupillenerweiterung über im Computer oder Laptop eingebaute Kameras, die Hautleitfähigkeit über eine mit entsprechender Sensorik ausgestattete Computermaus und die Herzschlagrate sowie darauf aufbauende Parameter wie die Herzratenvariabilität über Smartwatches.

Auf dem Vormarsch sind auch Systeme, die Benutzeremotionen wie Stress auf der Basis von Bewegungen der Computermaus und des Cursors sowie Tastaturanschlagsmustern ermitteln können.[566, 567, 568] Seit einiger Zeit wird zudem an der Entwicklung von EEG-Instrumenten gearbeitet, die ähnlich einem Stirnband oder einer Kopfbedeckung getragen werden und auf der Basis von Hirnaktivität kognitive User-Zustände wie mentale Überlastung quantifizieren können.[569] Die Firma Microsoft hat für eine solche Technologie bereits 2009 ein Patent in den USA erhalten. Falls Sie dieses Projekt näher interessiert, geben Sie in Google die Patentnummer ein, Sie kommen dann direkt zur Patentbeschreibung im englischen Originalwortlaut: US7580742B2.

Sollte ein User gerade nicht am Computer sitzen, sondern sein Smartphone verwenden, dann kann auch in dieser Interaktionssituation Stress automatisch erfasst werden. Laut aktuellen Forschungsarbeiten korrespondieren bestimmte Eigenschaften des Scrollens, Wischens und Tippens relativ gut mit dem wahrgenommenen Stress-Level.[570, 571] Und selbst für jene, die via Sprachtechnologie wie Amazons Alexa oder Apples Siri mit ihrem Gerät interagieren, gibt es prototypisch bereits Lösungen. Die Art und Weise, wie wir sprechen, lässt Rückschlüsse auf unser aktuelles Stressniveau zu.[572, 573]

Abbildung 9 zeigt die Funktionsweise eines „intelligenten" Systems zum Stressmanagement. ❶ Physiologische Zustände des Users werden zB über Kamera (Pupille), Maus (Hautleitfähigkeit), Smartwatch (Herzschlag) und Hirnstrommessungen (EEG) erfasst. Zudem wird das Benutzerverhalten zB über die Verwendung von Tastatur und Maus, Blickbewegungen am Bildschirm, Verwendung von Laptop, Smartphone sowie Smartwatch aufgezeichnet. Weiter kann das Gesprochene bei Interaktion mit anderen Menschen (zB Audio- oder Video-Konferenz) und Sprachassistenten (zB Alexa oder Siri) aufgenommen werden. Schließlich sind weitere Daten aus dem System wie Anzahl der E-Mails in der Inbox, offene Projektaufgaben in Anwendungssystemen oder anstehende Termine im elektronischen Kalender nutzbar. All diese Daten und noch weitere, die hier aus Vereinfachungsgründen nicht weiter benannt werden (zB Erkennung von User-Emotionen über Gesichtsanalyse), gehen in ❷ in Berechnungen durch Algorithmen ein. Ziel der Berechnungen ist es, zu einem bestimmten Zeitpunkt bzw in einem bestimmten Zeitfenster den Benutzerstress zu ermitteln, als ❸ bezeichnet. Auf der Basis dieses Stressprofils erfolgt in ❹ eine dynamische Systemanpassung. Dabei werden zB durch das System automatisch Änderungen an der Benutzungsoberfläche vorgenommen, um den Stress zu reduzieren. Es könnte zB die dargestellte Informationsmenge reduziert werden. Weiter könnten E-Mails auf Kollegen umgeleitet sowie Aufgaben reduziert werden. Im Anschluss an die Anpassung werden erneut ❶ und ❷ durchlaufen. Das Ziel ist, dass die Systeme in Zukunft vielleicht einmal ausreichend „intelligent" sein werden, dass in ❺ der Benutzerstress niedriger als in ❸ ist. Die Messungen erfolgen fortlaufend in Echtzeit, so dass das System permanent auf eine Reduktion des Benutzerstresses hinwirkt bzw diesen nicht über ein bestimmtes Maß hinauskommen lässt.

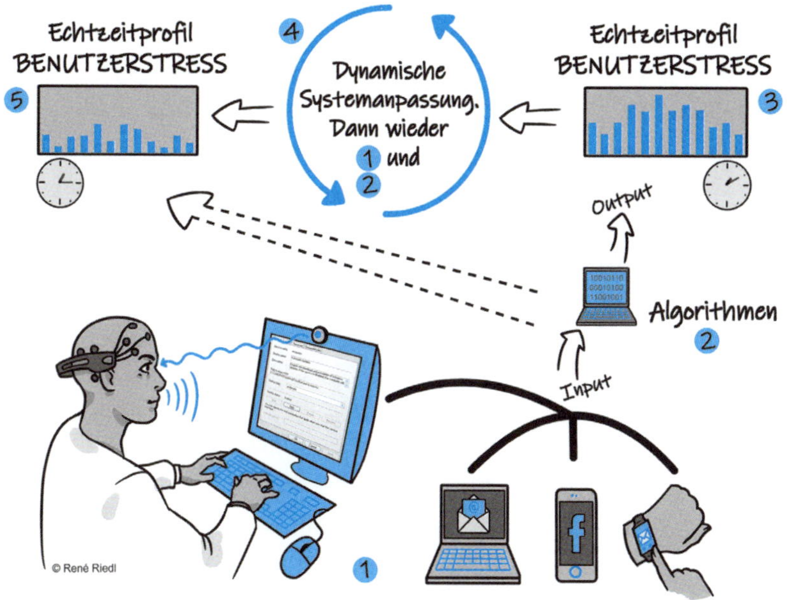

Abb 9: Konzeptionelle Darstellung der Funktionsweise eines „intelligenten" Systems zum Stressmanagement

Es stellt sich nun die Frage, ob diese „intelligenten" Systeme die Lösung gegen digitalen Stress sind? Ist die Vorstellung vom stressbefreiten User somit realistisch? Aktuell nein!

Erstens existieren solche Systeme bislang nur als Prototypen in Forschungslabors an Hochschulen und in Technologieunternehmen. Es gibt also mit Stand Juni 2020 keine marktfähigen Systeme, jedenfalls nicht im beschriebenen Sinne.

Zweitens sind bei der praktischen Umsetzung solcher Systeme schwer lösbare Design-Entscheidungen zu treffen. Wenn zB ein System auf der Basis physiologischer Parameter wie Pupillenerweiterung, Hautleitfähigkeit usw erkennt, dass ein User gestresst ist, und das System dann die Benutzungsoberfläche ändert, dann stellt sich die Frage, in welchen zeitlichen Abständen solche Änderungen geschehen sollen. Geschehen sie zu oft, dann ist dieser permanente Anpassungsprozess der Benutzungsoberfläche wahrscheinlich sogar eine neue Stressquelle. Für Probleme dieser Art wurden bislang keine zufriedenstellenden Lösungen entwickelt.

Drittens gibt es viele Kontextfaktoren, die die physiologischen Parameter beeinflussen. Dies führt dazu, dass nicht mehr eindeutig klar ist, ob ein physiologisches Signal aufgrund von Stress oder wegen eines Kontextfaktors verändert ist. Pupillenerweiterung wird zB von den Lichtverhältnissen beeinflusst, die Hautleitfähigkeit von der Raumtemperatur. Auch dafür wurden bislang keine praxistauglichen Lösungen entwickelt.

Viertens stellt sich die Frage, ob die durch ein „intelligentes" System eventuell reduzierte Informationsüberlastung, eine Facette von digitalem Stress, nicht durch ein Mehr an Stress aus technologiebasierter Überwachung, eine andere Facette, kompensiert wird. „Netto" bleibt damit bei der Reduktion des gesamten digitalen Stresses eventuell wenig bis nichts über, vielleicht erhöht sich der Gesamtstress sogar.

Fünftens sollte man nicht ausschließlich auf eine technologiebasierte Lösung hinarbeiten, da digitaler Stress als Problem ganzheitlich gesehen werden sollte. Eine technologische Lösung ist somit nicht der einzig mögliche Weg und eventuell auch nicht der wirksamste. Die Einführung solcher „intelligenten" Systeme, sofern sie in absehbarer Zukunft in marktfähiger Form überhaupt vorliegen, bedarf daher umfassender Evaluierungen aus psychologischer, ergonomischer, organisatorischer, gesellschaftlicher, ethischer und rechtlicher Perspektive.

Was ist somit das Fazit hinsichtlich der Frage, ob „intelligente" Technologien die Lösung für digitalen Stress sind? Vielleicht in einer fernen Zukunft, heute und in absehbarer Zeit sind sie es jedenfalls nicht.

Es ist mir wichtig zu betonen, dass diese Aussage keinesfalls so verstanden werden darf, dass Investitionen in diesbezügliche Forschungs- und Entwicklungsinitiativen ohne Aussicht auf Erfolg wären. Meine Interpretation des aktuellen Technologiestands und die Prognose zur Verfügbarkeit praxistauglicher Systeme basieren auf einer linearen Fortschreibung der bisherigen Entwicklungen. Die Vergangenheit zeigt jedoch, dass Technologieentwicklungen oft nicht linear sind.[574] Sprunghafte Veränderungen sind daher nicht ausgeschlossen, auch vor dem Hintergrund, dass große Technologiefirmen intensiv in diese Richtung forschen und daher viel Geld investieren. Es ist daher zu fordern, dass die staatlich finanzierte *unabhängige* Forschung und Entwicklung in diesem Bereich nicht ins Hintertreffen gerät, weil wahrscheinlich nur dann eine auf Interessensausgleich fokussierte Entwicklung solcher Systeme sichergestellt werden kann.

Wir sind auf Face-to-Face „programmiert"!

Bei der Frage, was Sie gegen digitalen Stress tun können, sollten Sie berücksichtigen, dass der Mensch durch seine evolutionäre Entwicklung auf Kommunikation von Angesicht zu Angesicht „programmiert" ist. In Abbildung 10 sehen Sie, dass Face-to-Face-Kommunikation in mehr als 99 % der Zeit der Evolution des Menschen und seiner direkten Vorläufer die ausschließliche Form der Interaktion war.[575, 576, 577, 578] Unsere Physiologie und insbesondere unser Gehirn sind daher genetisch auf das Verstehen und Interpretieren von Kommunikationssignalen in direkter persönlicher Interaktion angelegt.

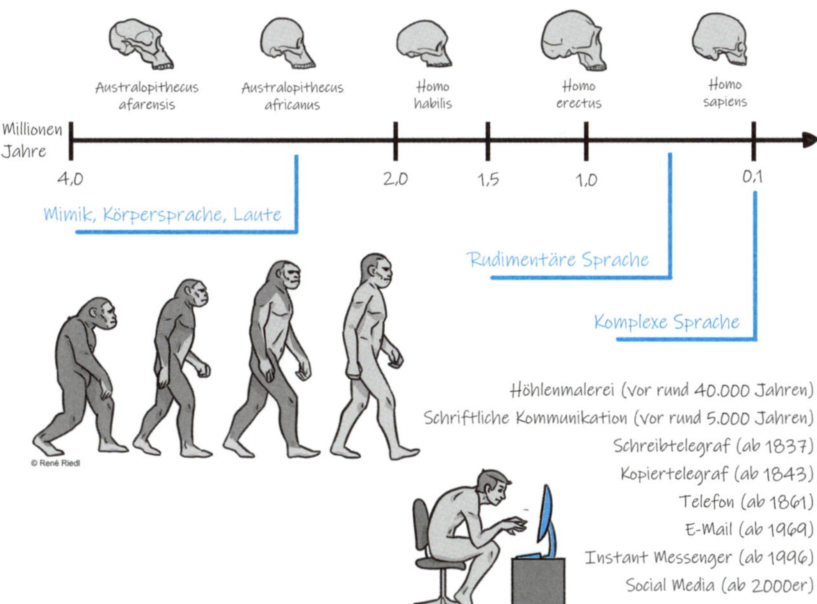

Abb 10: Formen der Kommunikation in bestimmten Phasen der menschlichen Evolution

Vor rund zwei bis drei Millionen Jahren entstand beim Übergang vom *Australopithecus afarensis* zum *Australopithecus africanus* Kommunikation auf der Basis von Gesichtsausdrücken, Körpersprache und primitiven Lauten. Lange Zeit später, vor einigen Hunderttausend Jahren, entwickelte sich aus den Lauten rudimentäre Sprache. Und erst in den letzten 100.000 Jahren entstand komplexe Sprache. Diese wurde durch die Entwicklung des Kehlkopfs ermöglicht, der die Vielfalt generierbarer Laute erheblich erhöhte.[579, 580] Interessant ist hierbei, dass die Entwicklung des Kehlkopfs jedoch auch die Wahrscheinlichkeit erhöhte, dass unsere Vorfahren an aufgenommenen Nahrungsmitteln erstickten und an Erkrankungen des Verdauungstrakts wie Reflux litten.[581]

Was können wir daraus schließen? Komplexe Sprache, die die Grundlage effektiver Kommunikation ist, muss eine entscheidende Bedeutung für das Überleben gehabt haben, da ansonsten die „evolutionären Kosten" wie Erstickungsgefahr nicht erklärbar wären – jedenfalls dann nicht, wenn man den Aussagen der Evolutionstheorie nach Charles Darwin (1809–1882) mit seinen Konzepten der „natürlichen Selektion" und der „Überlebenstüchtigkeit" folgt. Weitere Formen der Kommunikation entstanden erst in der jüngeren Vergangenheit. Die ersten Höhlenmalereien datieren rund 45.000 Jahre zurück, schriftliche Kommunikation entstand vor rund 5.000 Jahren.[582, 583]

Doch wann entstand elektronische Kommunikation? Es ist davon auszugehen, dass dies mit der Konstruktion des ersten funktionsfähigen Schreibtelegrafen ab 1837 durch den US-amerikanischen Erfinder Samuel Morse (1791–1872) geschah. Das Telefon kam ab 1861 (Johann Philipp Reis, 1834–1874, später von Alexander Graham Bell, 1847–1922, zum Patent angemeldet). Vorläuferformen des heutigen Fax gab es ab 1843 (Kopiertelegraf, Alexander Bain, 1811–1877). Das Internet startete im Oktober 1969 als Arpanet (Advanced Research Projects Agency Network). E-Mail als Kommunikationstechnologie fand ab den 1980er Jahren Verbreitung. Der erste Instant-Messaging-Dienst war ICQ, er startete 1996. Videoconferencing als Kommunikationsinstrument setzte sich erst in diesem Jahrtausend durch.[584]

Wenn wir auf die Entwicklungsgeschichte der menschlichen Kommunikation zurückblicken, dann erklärt dies, warum wir auf Face-to-Face-Interaktion „programmiert" sind. Elektronische Kommunikationsformen entstanden erst in den letzten 150 Jahren. Bei einem Betrachtungshorizont von Millionen von

Jahren und aus der Perspektive der Evolutionstheorie gesehen ein „Wimpernschlag".

In diesem Zusammenhang will ich Ihnen auch noch von einem spannenden Experiment berichten.[585] Wissenschaftler aus Kalifornien haben 40 Neugeborene innerhalb der ersten Minuten nach ihrer Geburt untersucht. Den Babys wurden dabei Bilder in der Größe eines echten Gesichts in 15 bis 30 cm Entfernung vorgehalten und nach links und rechts bewegt, der gesamte Radius betrug 180 Grad. Der Versuchsleiter saß dabei, die Babys befanden sich auf seinen Oberschenkeln und die Gesichter der Babys waren ihm zugewandt. Die vier verwendeten Bilder sind in Abbildung 11 dargestellt: A = Gesicht, B = moderat durcheinandergebrachtes Gesicht, C = durcheinandergebrachtes Gesicht, D = unbedruckt (weiß). Die Wissenschaftler haben die Bewegung des Kopfes und der Augen gemessen.

Die Studienergebnisse zeigen eindeutig, dass die Neugeborenen sowohl Kopf als auch Augen mit dem Gesicht (Bild A) signifikant mehr mitbewegten und somit visuell fixierten als bei den Bildern B, C und D. Neugeborene reagieren somit in den ersten Lebensminuten direkt auf menschliche Gesichter. Die Wissenschaftler sprechen davon, dass das Gesicht ein „Auslöser für Aufmerksamkeit" ist. Daraus folgt, dass das Reagieren auf Gesichter genetisch veranlagt ist und kein erlerntes Verhalten sein kann. Die Babys konnten noch nichts gelernt haben, sie waren erst wenige Minuten auf der Welt.

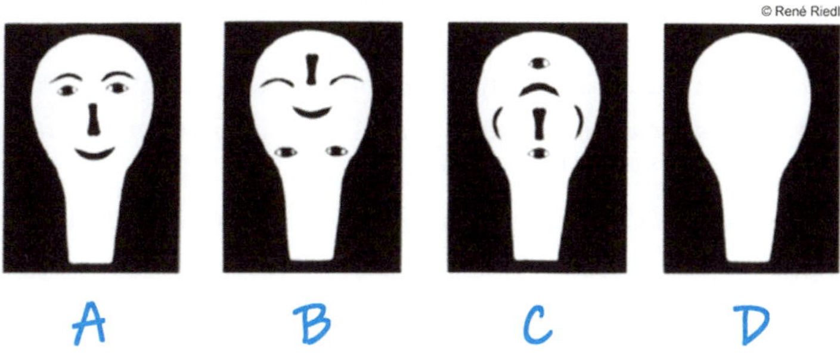

Abb 11: Bilder, die in der Studie mit Neugeborenen verwendet wurden[586]

Unsere genetische Veranlagung zur Face-to-Face-Kommunikation erklärt, warum das Abweichen davon negative Konsequenzen haben kann. In mehreren

Studien konnte gezeigt werden, dass elektronische Kommunikationsformen wie E-Mail, Chat oder Videoconferencing im Vergleich zu Face-to-Face mit einem höheren kognitiven Aufwand bei den Kommunikationspartnern sowie einer größeren Unsicherheit in Bezug auf die Kommunikationsinhalte einhergehen; in weiterer Konsequenz kann dies die Leistungsfähigkeit von Gruppen, in denen Koordination und Kommunikation wichtig sind, einschränken.[587] Die Quintessenz ist somit, dass beruflich wie privat nicht zu viel bzw nicht ausschließlich über elektronische Medien kommuniziert werden sollte, weil dies das Wohlbefinden negativ beeinflussen kann und öfter zu Missverständnissen führt, was wiederum leistungsmindernd sein kann, wenn man in Teams arbeitet. Beachten Sie hierbei, dass dies auch auf Videotelefonie zutrifft, obwohl man hierbei die Gesichter der Kommunikationspartner sieht. Im Zuge der Corona-Krise und der damit verbundenen Notwendigkeit zur intensiven Nutzung von Videokonferenzsystemen wie Zoom, Skype, Microsoft Teams oder Cisco Webex kamen im Frühjahr 2020 Phänomene wie „video call fatigue“[588] oder „Zoom fatigue“[589] in den Fokus. Conclusio der aktuellen Diskussion ist, dass die intensive Nutzung von Videokonferenzsystemen großes Potenzial hat, Benutzer auszulaugen und zu stressen.[590, 591]

Eine wichtige Konsequenz der hier dargestellten Befunde für Ihr Handeln in der Praxis ist, die Medienwahl viel bewusster zu gestalten, als Sie dies wahrscheinlich bislang getan haben. Ich beobachte in meinem Umfeld immer wieder, dass viele Menschen bei komplexen und/oder emotional geladenen Inhalten zu häufig E-Mail oder Chat verwenden. Angebrachter wäre hier persönliche Interaktion, und wenn Face-to-Face nicht machbar ist, dann rate ich, auf Telefon oder stabil funktionierendes Videoconferencing zurückzugreifen.

Die folgenden fünf Eigenschaften geben an, wie nahe ein Kommunikationsmedium an Face-to-Face ist. 1. Am selben Ort sein, sich also unmittelbar sehen und hören können. 2. Ein hohes Maß an Synchronizität haben, wodurch ermöglicht wird, kommunikative Reize rasch auszutauschen. 3. Die Fähigkeit, Mimik zu vermitteln und zu beobachten. 4. Die Fähigkeit, Körpersprache zu vermitteln und zu beobachten. 5. Die Fähigkeit, Sprache zu vermitteln und zu hören. Untersuchungen zeigen, dass sowohl der kognitive Aufwand beim Kommunizieren als auch die Kommunikationsunsicherheit zurückgehen, je mehr Eigenschaften durch ein Medium erfüllt werden.[592] Spielen wir ein paar Beispiele durch: *Fax:* erfüllt keine einzige Eigenschaft. *E-Mail:* wenn es als asynchrones Medium verwendet wird, was es per Definition ist, dann weist es keine einzige Eigenschaft auf. *Instant-Messaging (Chat):* nur Eigenschaft 2. *Telefon:* Eigenschaften 2 und 5. *Videokonferenz:* Eigenschaften 2, 3, 5 (vielleicht auch Eigenschaft 4). *Face-to-Face:* alle Eigenschaften sind erfüllt.

Kommunizieren Sie daher mehr Face-to-Face! Sofern Face-to-Face nicht zweckmäßig ist (zB aus Kostengründen oder um einen Kollegen bei seinen Aktivitäten nicht zu unterbrechen), wählen Sie das elektronische Medium bewusst aus und bedenken Sie die Wirkungen für sich *und* Ihre(n) Kommunikationspartner. Wenn Sie diese Empfehlung umsetzen, werden Sie und Ihr Umfeld weniger digitalen Stress haben und damit einhergehend werden sich Gesundheit, Wohlbefinden und Leistungsfähigkeit erhöhen.

Die Fantastischen Vier: Bewegung, Ernährung, Achtsamkeit, Natur

Viele Menschen fragen nach *spezifischen* Strategien gegen digitalen Stress. In diesem Buch wurden etliche solcher Maßnahmen vorgestellt, wie zB Regeln zur E-Mail-Nutzung, Tipps gegen Smartphone-Stress oder ein funktionierender IT-Helpdesk. Komplementär zu diesen spezifischen Maßnahmen sollten Sie auch *allgemeine* Strategien gegen Stress berücksichtigen, die natürlich auch gegen digitalen Stress sehr wirksam sein können. Bewegung, die richtige Ernährung, Achtsamkeit und das Aufhalten in der Natur gehören zu den wirksamsten Schutzschildern gegen Stress – ich bezeichne Sie daher als „Die Fantastischen Vier".

Bewegung

Groß angelegte Studien belegen eindeutig, dass Bewegung und sportliche Aktivitäten die negativen Konsequenzen von Stress wirksam reduzieren, ua verringern sie die Häufigkeit von Herz-Kreislauf-Erkrankungen, Diabetes, Angsterkrankungen, Depression und verbessern die Immunfunktion.[593, 594, 595, 596, 597]

Eine US-Studie hat zB herausgefunden, dass Menschen, die regelmäßig Sport treiben, eine um 25 % reduzierte Wahrscheinlichkeit für eine Depression im Vergleich zu Personen haben, die nicht regelmäßig Sport machen.[598] Die Forschung zeigt auch, dass mehr Stress mit weniger Bewegung und mehr sitzendem Verhalten einhergeht.[599] Leute, die viel Stress haben, bewegen sich somit weniger und berauben sich damit einer der wirksamsten Möglichkeiten, den Stress und seine negativen Auswirkungen zu reduzieren. Durchbrechen Sie diesen „Teufelskreis"! Wann hatten Sie das letzte Mal Ihre Laufschuhe an?[600]

Hinsichtlich der stressreduzierenden Effekte von Bewegung und sportlichen Aktivitäten ist zu beachten, dass die Wirksamkeit primär für aerobes Training nachgewiesen ist.[601] Aerob bedeutet „mit Sauerstoff", anaerob „ohne Sauerstoff". Damit werden zwei unterschiedliche Arten von Stoffwechselvorgängen zur Energiegewinnung im Körper beschrieben. Normale bis leicht erhöhte körperliche Aktivität wie beim Ausdauersport geht mit aerober Energiegewinnung einher. Kohlenhydrate und Fette werden unter Sauerstoffeinfluss verbrannt, dadurch entsteht Energie für die Muskulatur. Ist hingegen die körperliche Aktivität höher, dann stellt dieser Mechanismus nicht mehr genug Energie bereit. Es werden dann Kohlenhydrate, jedoch keine Fette, ohne Sauerstoff zu Energie umgewandelt, was mit Milchsäuregärung einhergeht. Es entsteht Laktat. Die anaerobe Schwelle kann nicht sehr lange überschritten werden, weil es ansonsten zu einer Übersäuerung und einem starken Leistungsabfall kommt. Die Konsequenz für Sie ist, dass Ausdauersportarten wie Laufen, Schwimmen oder Radfahren wohl am besten dazu geeignet sind, die negativen Konsequenzen von digitalem Stress wirksam zu bekämpfen.

Und noch eine gute Nachricht. Selbst wenn bereits Stresssymptome wie milde bis moderate Depression vorliegen, kann aerobes Training hoch effektiv sein. Eine Untersuchung belegt, dass achtwöchiges Training mit fünf 50-Minuten-Einheiten pro Woche mit einer Herzfrequenz von weniger als 50 % der maximalen Herzfrequenz die Stresshormone Adrenalin und Kortisol verringert, die Herzfrequenz im Ruhezustand reduziert, die Lungenfunktion verbessert und Depressionssymptome abschwächt.[602] Eine Herzfrequenz von rund 50 % des Maximums fällt – salopp gesagt – in die Kategorie „gemütlich". Es ist somit gar nicht notwendig, beim Sport an seine Grenzen zu gehen, um stressreduzierende Effekte zu erzielen.[603]

Ernährung

Bei Stress und Burnout liegen ua eine Störung des Neurotransmitterstoffwechsels im Gehirn (zB Noradrenalin, Serotonin) sowie der Nebennierenfunktion vor, was im Regelfall mit erhöhten Kortisolwerten einhergeht.[604, 605] Zudem treten bei Stress und Burnout überdurchschnittlich starke Entzündungswerte im Körper auf.[606] In der Fachliteratur werden Nährstoffempfehlungen bei Stress gegeben, um das aus dem Lot gekommene Gleichgewicht wieder herzustellen. In einem von Professor Michael Zimmermann, Mediziner und Ernährungsexperte an der ETH Zürich, mitverfassten Buch werden folgende Nährstoffe „bei Stress und Burnout" empfohlen:[607] *Vitamin-B-Komplex* – erhöhter Bedarf bei ausgeprägter Aktivität und Stress; ein Mangel führt ua zu Müdigkeit und Erschöpfung. *Vitamin C* – wird bei Stress vermehrt verbraucht; nivelliert die Stressreaktion des Körpers; reduziert ua die Ausschüttung von Kortisol. *Magnesium* – erhöhter Bedarf bei ausgeprägter Aktivität und Stress; hat spannungslösende Wirkung. *Zink* – wird bei Stress vermehrt verbraucht; kann die Reaktion des Körpers auf Stress modifizieren; Mangel kann zu psychischen Schwankungen führen. *Coenzym Q10* – Antioxidans, also eine chemische Verbindung, die eine Oxidation anderer Substanzen verhindert oder verlangsamt, ist im Körper somit ein Radikalfänger und kann daher das Altern sowie die Entstehung von Krankheiten verhindern oder verlangsamen; reguliert zudem Herz-Kreislauf-Funktionen; hängt mit dem Energiestoffwechsel zusammen. *L-Ornithin* – senkt Stresshormone und kann bei Erschöpfung und Stress die Schlafqualität verbessern.

Jetzt werden Sie sich wahrscheinlich die Frage stellen, in welchen Lebensmitteln die genannten Nährstoffe vorkommen. Im Folgenden ein paar Beispiele aus dem Buch von Michael Zimmermann. *Vitamin B1 (Thiamin)*: Vollkornprodukte, Sonnenblumenkerne, grüne Erbsen, Kartoffeln. *Vitamin B2 (Riboflavin)*: Kalbsleber, Champignons, Spinat, Joghurt, Vollmilch, Hühnerei. *Vitamin B3 (Niacin):* Kalbsleber, Erdnüsse, Thunfisch, Hühnerbrust, Champignons. *Vitamin B6 (Pyridoxin)*: Kalbsleber, Kartoffeln, Banane, Linsen, Forelle, Spinat. *Vitamin B9/B11 (Folsäure)*: Weizenkeime, rote Bohnen, Spinat, Kalbsleber, Brokkoli, Hühnerei. *Vitamin B12 (Cobalamin)*: Kalbsleber, Lachs, Rinderfilet, Hühnerei, Emmentaler-Käse, Vollmilch. *Vitamin C*: Acerolakirsche, Papaya, Brokkoli, Kiwi, Orange, Erdbeeren, grüner Paprika, Kartoffeln. *Magnesium*: Sojamehl, unpolierte Gerste und Reis, Weizenkleie, Sonnenblumenkerne, Weizenvollkornbrot, Walnüsse, Haselnüsse, Erdnüsse, Mandeln, magnesiumreiches Mineralwasser. *Zink*: Leber (Schwein, Kalb), Austern, Linsen, weiße Bohnen, Fleisch (Kalb, Rind), Mais, Haferflocken, Weizenvollkornbrot. *Coenzym Q10*: ist in vielen Lebensmitteln wie zB Sardinen enthalten, aber nur in sehr kleinen Mengen; wird daher bei erhöhtem Bedarf als Nahrungsergänzung zugeführt. *L-Ornithin*: die Vorstufe L-Arginin ist zB in Erdnüssen, Garnelen, Hühnerbrust, Haferflocken und Hühnerei enthalten.

Auch *Omega-3-Fettsäuren* können in Stresssituationen einen positiven Beitrag leisten. Sie beeinflussen sowohl das Herz-Kreislauf-System als auch das Nervensystem in günstiger Weise. Unter anderem reduzieren sie den Triglyzerid-Blutspiegel, hemmen die Thrombozytenaggregation, senken den Blutdruck, beugen gegen Herzrhythmusstörungen vor, wirken entzündungshemmend sowie neuroprotektiv und vermehren vermutlich sogar die Rezeptorendichte des „Glückshormons“ Serotonin.[608] Omega-3-Fettsäuren sind zB in folgenden Nahrungsmitteln enthalten: Hering, Thunfisch, Lachs, Makrele, Heilbutt, Bachforelle, Hummer und Garnelen.

Achten Sie beim Verzehr von Lebensmitteln auch auf andere Wirkungen, die von diesen Produkten ausgehen können. Es ist zB bekannt, dass eine vegetarische Ernährung mit einer verbesserten Stimmung und weniger negativen Gefühlen einhergeht.[609] Diese Erkenntnis kann gerade in Stresssituationen nützlich sein. Wenn Sie wieder einmal stark „unter Strom“ stehen, dann besser wenig(er) Fleisch konsumieren. Mit negativer Stimmung, depressiven Symptomen und teilweise reduzierter kognitiver Leistung müssen Sie eventuell rechnen, wenn Sie den künstlichen Süßstoff Aspartam (E 951) zu sich nehmen. Eine Studie zeigt, dass beim täglichen Konsum von 25 Milligramm (mg) pro Kilogramm (kg) Körpergewicht über acht Tage – im Vergleich zur Einnahme von 10 mg pro kg Körpergewicht über den gleichen Zeitraum – „gereiztere Stimmung, mehr Depressionen und schlechtere Ergebnisse bei räumlichen Orientierungstests“ eingetreten sind.[610] Die erlaubte Tagesdosis liegt in westlichen Staaten typischwerweise bei 40–50 mg pro kg Körpergewicht. Was schließen wir daraus? Wenn Sie gestresst sind, ist es wahrscheinlich nicht optimal, Nahrungsmittel und Getränke mit Aspartam zu sich zu nehmen (bestimmte Erfrischungsgetränke, Süßwaren, Brotaufstriche, Kaugummis, Soßen usw).[611, 612] Berücksichtigen Sie bei der Auswahl Ihrer Nahrungsmittel zudem, dass Fische mit Schwermetallen belastet sein können (zB Thunfisch). Sollten Sie andenken, hier genannte Substanzen durch Nahrungsergänzungsmittel zuzuführen, so rate ich Ihnen, Arzt oder Apotheker vorab zu konsultieren.

Achtsamkeit

Die Achtsamkeitsbasierte Stressreduktion – englisch **Mindfulness-Based Stress Reduction, MBSR** – wurde in den 1970er Jahren von Jon Kabat-Zinn entwickelt, der am Massachusetts Institute of Technology (MIT) promovierte und dort bei Salvador Edward Luria (1912–1991) arbeitete, der 1969 den Nobelpreis für Physiologie und Medizin erhielt. MBSR ist ein Verfahren zur Stressbewältigung. Es geht hierbei um die gezielte Lenkung von Aufmerksamkeit und erweiterte Achtsamkeit. Wesentliche Elemente des Programms sind: Einübung achtsamer Körperwahrnehmung, achtsames Ausführen diverser Yogastellungen, Kennenlernen und Einüben des „stillen Sitzens", achtsames Ausführen langsamer Bewegungen und Aufrechterhaltung der Achtsamkeit auch bei alltäglichen Verrichtungen. MBSR wird im Rahmen eines achtwöchigen Kurses mit Gruppensitzungen durchgeführt. Wöchentlich findet ein gemeinsamer Gruppentermin im Ausmaß von 2,5 Stunden statt und zu Hause sind täglich Übungseinheiten von rund 45 Minuten zu absolvieren. Die konsequente Durchführung dieser Einheiten zu Hause ist für den Erfolg wichtig, das belegt eine wissenschaftliche Studie.[613] Weiter findet gegen Ende des Kurses ein Tag der Achtsamkeit im Ausmaß von rund sieben Stunden statt.[614, 615] Explizit wird betont, dass MBSR weder mit Religion noch mit Esoterik assoziiert ist.[616]

Laut dem deutschen Verband der Achtsamkeitslehrenden sind MBSR-Kurse besonders für Menschen geeignet, „die nach effektiven Möglichkeiten der Stressbewältigung in ihrem täglichen Leben suchen, die körperlich erkrankt sind und/oder unter psychischen und/oder psychosomatischen Beschwerden leiden [und] die einen aktiven Beitrag zum Erhalt ihrer inneren Ausgeglichenheit und Gesundheit leisten möchten".[617] Verbände existieren auch in Österreich[618] und der Schweiz[619].

Eine entscheidende Frage, die sich nun stellt, ist die der Wirksamkeit von MBSR. Sieht man sich die Anzahl der verfügbaren Studien an, so ist man verleitet zu sagen, die gibt es wie „Sand am Meer". Etliche davon entsprechen jedoch nicht wissenschaftlichen Standards. Wissenschaftler aus Freiburg haben bereits 2004 darüber berichtet, dass sie 64 Studien zu den möglichen Gesundheitseffekten von MBSR identifizieren konnten, von denen sie jedoch nur 20 in eine statistische Analyse einbezogen. Die meisten der untersuchten Studien fokussierten dabei auf diverse Patientengruppen wie Menschen mit Herzerkrankungen, Essstörungen, Angststörungen oder Depression. Auf der Basis einer Analyse der Daten von 1.605 Testpersonen kommen die Forscher zu folgendem Befund: „Unsere Ergebnisse legen die Nützlichkeit von MBSR als Intervention für ein breites Spektrum von chronischen Erkrankungen und Problemen nahe".[620]

In einer weiteren Untersuchung aus dem Jahr 2009, in der italienische Forscher zehn Einzelstudien analysierten, wird das Stressreduktionspotenzial von MBSR bestätigt.[621] Im Unterschied zur Studie der Freiburger Forscher lag der Fokus hier jedoch auf gesunden Programmteilnehmern und nicht auf Patientengruppen. Die italienischen Forscher geben auch an, *warum* MBSR wirksam ist. Es ermöglicht das Loslassen von bestimmten Gedanken, reduziert Angstzustände, erhöht Empathie und verbessert das in sich selbst Hineinfühlen. Eine 2015 veröffentlichte Studie von britischen Wissenschaftlern berichtet über einen weiteren Wirkmechanismus, der als „kognitive und emotionale Reaktivität" bezeichnet wird.[622] Damit wird das Phänomen beschrieben, schon bei kleineren Notlagen und geringem Stress in ein Muster negativer Gedanken und Emotionen zu verfallen, wodurch das Risiko für depressive Zustände erhöht wird. Es wurde herausgefunden, dass MBSR diese Reaktivität dämpft, was wiederum stressreduzierend wirkt. Eine weitere Studie zur Nützlichkeit unter Beteiligung der Harvard Universität berichtet auf der Basis von 29 analysierten Einzelstudien mit insgesamt 2.668 Testpersonen, dass MBSR „große Auswirkungen auf Stress" hat.[623] Eine zusammenfassende Sichtung der hier vorgestellten Studien erlaubt daher folgenden Schluss: MBSR reduziert Stress!

Die meisten Studien zur Wirksamkeit von MBSR basieren auf Fragebogendaten. Es stellt sich somit die Frage, ob die Wirksamkeit auch auf physiologischer Ebene belegt werden kann. Eine US-amerikanische Untersuchung hat kürzlich nachgewiesen, dass MBSR im Vergleich zu einer Kontrollgruppe eine signifikante Reduktion von ACTH bewirkt.[624] Vielleicht können Sie sich an die Ausführungen in Kapitel 2 noch erinnern. In einer Stresssituation ist im Gehirn ua die Hypophyse aktiv, das führt zur Ausschüttung von ACTH (Adrenocorticotropic-Hormon). Dieses Hormon gelangt dann über den Blutstrom in die Nebennieren, wo es die Ausschüttung des Stresshormons Kortisol bewirkt. Vereinfacht dargestellt folgt daraus: Weniger ACTH = reduzierte Stimulation der Nebennieren = geringere Ausschüttung von Kortisol. Es wurde in der Studie weiter festgestellt, dass MBSR auch zu einem Rückgang bei entzündungsauslösenden Proteinen, sogenannten Zytokinen, führen kann. Das Stressreduktionspotenzial von MBSR ist somit auch biologisch belegt.

Natur

Im Jahr 1984 wurde in der Fachzeitschrift *Science* über ein spektakuläres Ergebnis berichtet.[625] Patienten, die sich einem chirurgischen Eingriff unterziehen mussten und danach einen stationären Aufenthalt im Krankenhaus hatten, unterschieden sich in wichtigen Gesundheitsparametern wie Dauer des Krankenhausaufenthalts und Menge der eingenommenen Schmerzmittel nach der Operation. Die eine Gruppe der Patienten hatte im Krankenhaus ein Zimmer mit Blick auf ein paar Laubbäume, die andere Gruppe blickte auf eine braune Ziegelmauer. Was glauben Sie, welche Gruppe hatte die verbesserten Gesundheitsparameter? *Natürlich* jene Patienten, die auf die Bäume blickten. Dieses Ergebnis belegt eindrucksvoll, dass bereits „ein wenig Natur" eine große Wirkung haben kann.

Nun zur Gegenwart. Eine aktuelle Studie aus den USA hat untersucht, ob das Verbringen von Zeit in der Natur einen wirksamen Beitrag zur Reduktion von Stress leisten kann.[626] Die Wissenschaftler sind wie folgt vorgegangen: Stadtbewohner wurden gebeten, über acht Wochen hinweg zumindest drei Mal wöchentlich für mindestens zehn Minuten in der Natur zu sein. Vier Mal wurden in diesem Zeitraum Speichelproben genommen, jeweils vor und nach dem Aufenthalt in der Natur. Anhand der Proben wurden zwei physiologische Stressparameter bestimmt: Kortisol und Alpha-Amylase. Beide Parameter sind gute Indikatoren für Sympathikusaktivität.[627] Das Ergebnis der Studie ist beeindruckend! Zum Kortisol wird berichtet, dass der Aufenthalt in der Natur zu einem 21,3%igen Rückgang je Stunde führte. Die tageszeitbedingten Veränderungen dieses Hormons sind hierbei bereits berücksichtigt. Zu Alpha-Amylase wird angegeben, dass der Naturaufenthalt zu einem 28,1%igen Rückgang je Stunde führte, tageszeitbedingte Veränderungen sind auch hier berücksichtigt. Im Gegensatz zu Alpha-Amylase war beim Kortisol der Rückgang sogar unabhängig von der Aktivität, also ob die Testpersonen beim Aufenthalt in der Natur saßen oder sich bewegten. Zudem geben die Forscher an, dass ein Naturaufenthalt von 20 bis 30 Minuten „am effizientesten" war, da in diesem Zeitfenster der größte Rückgang bei den beiden Stressparametern verzeichnet wurde. Wenn Sie also das nächste Mal digital gestresst sind, dann raus in die Natur! Machen Sie in der Mittagspause einen kurzen Spaziergang – wenn möglich im Grünen – und vor allen Dingen lassen Sie Ihr Smartphone dabei im Büro zurück.[628]

Ähnliche Untersuchungen aus Japan mit Hunderten Testpersonen bestätigen dieses Ergebnis aus den USA. Konkret wurde festgestellt, dass ein kurzer Aufenthalt im Wald zu signifikanten Kortisolrückgängen führen kann. Aber nicht nur das! Es wurde weiter nachgewiesen, dass dies auch den Puls reduziert und den Blutdruck senkt – kurzum: Sympathikusaktivität wird verringert und Parasympathikusaktivität erhöht.[629, 630] Eine weitere Untersuchung analysierte 43 Einzelstudien, um herauszufinden, ob das Verbringen von Zeit im Freien Stress reduziert. Im Fokus standen dabei Beobachten der Natur, Spaziergänge, Sport im Freien und Gartenarbeit. Den Befund ihrer umfangreichen Analyse fassen die Wissenschaftler wie folgt zusammen:

„Herzfrequenz, Blutdruck und via Fragebogen berichtete Stresswahrnehmungen lieferten die am meisten überzeugenden Beweise dafür, dass das Verweilen im Freien, insbesondere im Grünen, die Stressbelastung reduzieren und somit letztendlich die Gesundheit verbessern kann."[631]

Doch sind die positiven Wirkungen des Aufenthalts in der Natur nicht bloß Scheineffekte? Geht der Einfluss vielleicht von anderen Faktoren aus? Die zugrundeliegende Argumentation ist, dass wir in der Natur oft Sport ausüben oder anderen Menschen begegnen. Somit wäre nicht die Natur kausal für die Stressreduktion verantwortlich, sondern Bewegung oder die sozialen Kontakte, die nachweislich physiologischen Stress reduzieren können.[632] Stand des wissenschaftlichen Diskurses ist, dass *die Natur selbst* ursächlich zur Stressreduktion beiträgt.[633] Wie der kausale Wirkmechanismus aussehen könnte, kann durch die vom US-Wissenschaftler Roger Ulrich entwickelte Theorie zur Erholung von Stress (Stress Recovery Theory) erklärt werden.

Ulrichs Theorie basiert auf evolutionspsychologischen Überlegungen.[634, 635] Es wird argumentiert, dass es historisch für das Überleben des Menschen entscheidend war, rasch auf veränderte Bedingungen zu reagieren. Im Falle einer herausfordernden oder vielleicht potenziell sogar tödlichen Situation war es wichtig, automatisch und somit ohne nachzudenken zu reagieren – Ulrich nennt hier als Beispiele die Konfrontation mit einer giftigen Schlange und die plötzlich auftauchende Klippe. Es kommt zur unmittelbaren Aktivierung des Sympathikus.

Es war aber auch wichtig, nach einer Stressreaktion *so rasch wie möglich* wieder in den Normalzustand zu kommen, da dies Körperenergie sparte. Menschen hatten daher einen Drang, umgehend in eine positive Situation zurückzukommen. Dies geht mit Aktivierung des Parasympathikus und reduzierter Sympathikusaktivität einher. Lange Zeit in der Menschheitsgeschichte waren Pflanzen Auslöser für positive Emotionen: als Nahrung, um Unterschlupf zu finden oder als Hinweis auf eine Wasserquelle. Dies könnte erklären, warum wir heute noch immer eine Neigung dazu haben, unsere Aufmerksamkeit auf Pflanzen und Bäume sowie das Grüne im Allgemeinen zu richten. Es bringt uns in positive Stimmung, was auch mit positiven physiologischen Effekten einhergeht.

Diese Erklärung steht im Einklang mit der **Biophilie-Hypothese**. Biophilie bezeichnet die angeborene menschliche Tendenz, die Aufmerksamkeit auf das Leben und die Natur zu richten.[636, 637] Weiter wird argumentiert, dass Savannen-ähnliche Umgebungen, in denen der Mensch evolutionär betrachtet die meiste Zeit lebte, ein vergleichsweise geringes Ausmaß an „Komplexität, Intensität und Bewegung" aufweisen – dies ging mit reduzierter physiologischer Aktivierung und geringerem kognitiven Aufwand zur Wahrnehmung und Verarbeitung von Situationen in dieser Umgebung einher.[638, 639] Da Savannen-ähnliche Umgebungen durch Gräser und in lockeren Gruppen stehende Bäume und Sträucher gekennzeichnet sind, könnte dies eine weitere Erklärung dafür sein, warum wir eine natürliche Präferenz für Bäume, Sträucher und Gräser haben.

Wenn wir nun heute in unseren modernen Umgebungen gestresst sind und die Möglichkeit haben, in die Natur zu kommen, um dort Bäume und Grünflächen wahrzunehmen, dann bewirkt dies den Rückgang von Stress. Eine solche Reaktion ist in uns veranlagt; der Stressrückgang tritt innerhalb sehr kurzer Zeit ein, oftmals in wenigen Minuten.[640] Zehn Minuten Erholung im Grünen reichen nach aktuellen Forschungserkenntnissen bereits aus, um Stressrückgänge physiologisch nachzuweisen.[641]

Trotz der Verankerung der Theorie von Ulrich in der Evolutionspsychologie ist zu beachten, dass die positive Wirkung von Grünflächen und Wäldern eventuell auch kulturell erlernt sein könnte. Zumindest in westlichen Ländern assoziieren die meisten Menschen mit der Natur positive Situationen wie Erholung und Urlaub, was kraft dieser gedanklichen Assoziation stressmildernde Effekte auslösen kann.[642] Die evolutionspsychologische und die kulturelle Erklärung schließen sich jedoch nicht aus. Es ist daher davon auszugehen, dass beide einen Beitrag dazu leisten, die stressreduzierenden Wirkungen der Natur zu erklären.

Sollten Sie jemand sein, der den ganzen Tag so viel zu tun hat, dass er vom Computer überhaupt nicht wegkommt, dann versuchen Sie wenigstens in der Früh oder am Abend ein wenig Natur zu erleben. Idealer wäre natürlich, auch zwischendurch mal raus zu kommen, zB in der Mittagspause. Doch selbst für die „Digital Workaholics“ habe ich noch ein interessantes Forschungsergebnis.[643] In einem Experiment hatten sich Probanden mit sehr herausfordernden Aufgaben am Computer zu befassen. Ziel der Forscher war es, dadurch Stress und Ärger auszulösen. Danach füllten die Testpersonen einen Fragebogen zur Bestimmung von Stress und Ärger aus. Was den Probanden jedoch nicht bewusst war: Die Forscher hatten teilweise im Raum Poster an die Wand gehängt, ua mit Darstellungen von Naturszenen wie zB „Ile Saint-Martin“ von Claude Monet. Es gab noch weitere experimentelle Bedingungen, in einer davon waren keine Poster an der Wand. Zwei wesentliche Resultate waren:

1. bei Postern mit Naturszenen war sowohl der Stress als auch der Ärger signifikant geringer als beim PC-Arbeiten ohne Poster an der Wand, dieser Effekt wurde jedoch nur bei Männern, nicht jedoch bei Frauen gefunden. 2. Der kausale Zusammenhang bestand darin, dass die Poster mit Naturszenen den Stress reduzierten, was dann wiederum den Ärger verringerte.

Doch warum könnte der geschlechterspezifische Unterschied bestehen? Die Wissenschaftler bieten in ihrem Beitrag eine *mögliche* Erklärung, geben jedoch explizit an, dass in ihrer Untersuchung die Daten nicht erhoben wurden, um die Erklärung auch überprüfen zu können. Sie schreiben, dass es möglich ist, dass die experimentelle Herausforderung selbst, das Arbeiten am PC an nervigen Aufgaben, die Männer mehr stresste als die Frauen oder überhaupt nur die Männer stresste. Eine solche Erklärung wäre im Einklang mit den Erkenntnissen, dass Männer für Leistungsstress sensitiver sind als Frauen und dass ihre Sympathikusaktivität bei Herausforderungen in der Mensch-Computer-Interaktion signifikant mehr erhöht ist.[644] Daraus folgt, dass die Frauen im Experiment wahrscheinlich durch die Aufgabe am PC nicht, oder nicht genug, aktiviert und herausgefordert wurden. Die Frauen brauchten somit die Naturbilder nicht, um wieder „runterzukommen", weil ihr Stresssystem gar nie aktiviert war.

In einer Gesamtschau aller hier vorgestellten Forschungsergebnisse empfehle ich Folgendes: Raus ins Grüne! Und wem's gefällt, der soll sich im Büro oder zu Hause Poster oder Bilder mit Naturszenenen aufhängen, denn bereits diese Maßnahme kann positive Effekte haben.

Last, but not least

Anhaltende Denkmuster werden bei Menschen oft zu Überzeugungen, die wiederum die Einstellung zu einer bestimmten Sache beeinflussen – wie zur Digitalisierung. Einstellungen bestimmen in weiterer Folge das Verhalten, auch im Bereich digitaler Technologien.[645, 646, 647, 648] Daraus folgt, dass eine negative Einstellung gegenüber digitalen Technologien mit Technologieakzeptanzproblemen einhergeht. Es ist keine vernünftige Strategie, in einer zunehmend digitalisierten Welt Technologien grundsätzlich abzulehnen und diese nicht oder nur widerwillig zu nutzen. Man beschneidet sich damit seiner beruflichen Chancen und auch im Privaten könnte es sein, dass man zum Einzelgänger wird. Man kann dann nicht oder kaum von den Vorteilen profitieren, die mit Technologienutzung einhergehen können, wie ein erhöhter Informationsstand, bessere Kommunikationsmöglichkeiten sowie Produktivitätssteigerungen. Es ist daher wichtig, digitale Technologien nicht grundsätzlich abzulehnen, sondern ihr Potenzial zu erkennen, um darauf aufbauend ganz bewusst zu entscheiden, wie für einen selbst ein maßvoller und zweckmäßiger Umgang aussehen kann. Es ist wichtig, zu erkennen, in welchen spezifischen Situationen bestimmte Technologien stressauslösend und somit schädlich sind, und in welchen nicht.

Ich plädiere daher für eine differenzierte Betrachtung. Digitale Technologien grundsätzlich abzulehnen ist absurd, der Vernunft widersprechend. Mindestens gleich absurd ist es aber, die Nebenwirkungen digitaler Technologien unberücksichtigt zu lassen. Eine der wichtigsten Nebenwirkungen ist digitaler Stress, weil er Gesundheit, Wohlbefinden und wirtschaftliche Leistungsfähigkeit negativ beeinflussen kann. Dies wurde in diesem Buch evidenzbasiert dargelegt.

Wird es nun in einer fernen Zukunft den stressbefreiten User geben – oder wird er eine Illusion bleiben? Es gibt heutzutage viele wirksame Bewältigungsstrategien und weitere werden kommen. Zudem werden die „intelligenten" Technologien zum Stressmanagement auf lange Sicht durch die rasanten Weiterentwicklungen im Bereich der Künstlichen Intelligenz und den Neuro-Informationssystemen (www.NeuroIS.org) an Effektivität und Effizienz gewinnen.[649, 650, 651] Dennoch ist es meine tiefste Überzeugung, dass der stressbefreite User *immer* eine Illusion bleiben wird.

Im Jahr 1941 setzte Konrad Zuse den ersten funktionsfähigen Computer in die Welt. Das war auch die Geburtsstunde des digitalen Stresses, auch wenn erst in den 1980er Jahren mit der wissenschaftlichen Dokumentation und Erforschung des Phänomens begonnen wurde. Vier Jahrzehnte befassen wir uns nun damit, das Problem in den Griff zu bekommen. Bislang sind wir einer nachhaltigen Lösung in der Praxis kaum nähergekommen. Vielmehr haben neue Technologien wie zB das Smartphone oder Sprachassistenten zusätzliche Probleme wie die ständigen Unterbrechungen sowie den Verlust der Privatsphäre geschaffen. Zudem sind die altbekannten Probleme wie mangelnde Usability und Unzuverlässigkeiten wie Abstürze und lange Antwortzeiten geblieben.

Im Jahr 1986 formulierte der US-amerikanische Technikhistoriker Melvin Kranzberg (1917–1995) die sechs „Kranzbergschen Technologiegesetze".[652] Das erste Gesetz lautet: *„Technologie ist weder gut noch böse, noch ist sie neutral."* Wenn wir uns in Wissenschaft und Praxis nicht noch mehr anstrengen als bisher, könnte in nicht allzu langer Zeit unsere Überzeugung soweit gefestigt sein, dass eine Umformulierung des Gesetzes notwendig wird. Doch es kann *nicht* das Ziel einer aufgeklärten Gesellschaft sein, eines Tages mit Sicherheit feststellen zu müssen, dass digitale Technologien „böse" sind. Die Maxime ist daher, *nicht (!)* nach immer noch mehr technologischer Durchdringung in Wirtschaft und Gesellschaft zu streben. Vielmehr sollten wir die Fähigkeit entwickeln, jene Situationen zu unterscheiden, in denen Technologie „Freund" und wann sie „Feind" ist. Diese Fähigkeit wird dabei helfen, den digitalen Stress zu reduzieren.

Kapitel 9:

Zu den Folgen von Lockdowns und Home Office: Eine Stressperspektive

Ende 2019 wurde in China eine Krankheit unbekannter Ursache bestätigt. Im März 2020 erklärte die Weltgesundheitsorganisation WHO das Geschehen um die mittlerweile als COVID-19[653] bekannte Krankheit zur Pandemie. Mit 1. März 2021 gab es laut Daten der Johns Hopkins Universität weltweit rund 114 Millionen Personen, die sich mit dem Virus infiziert hatten, und über 2,5 Millionen Todesfälle.[654] Die medizinischen, sozialen und wirtschaftlichen Konsequenzen dieser Pandemie sind enorm. Forscher haben sich auch mit den Stresswirkungen von COVID-19 befasst. Diese Forschungen umfassen unter anderem die Folgen verhängter Lockdowns und von Home Office. Gehen Lockdowns und die dadurch ausgelöste verstärkte Nutzung digitaler Technologien mit mehr Stress einher? Welchen Einfluss hat die vermehrte Nutzung von Home Office auf den digitalen Stress? Ermüden und stressen uns Videokonferenzen? Diesen und weiteren Fragen widmen wir uns in kompakter Form in diesem Kapitel.

Corona-Pandemie, Lockdowns und ansteigende Technologienutzung

Eine Jury der Gesellschaft für deutsche Sprache (GfdS) wählte das Wort *Corona-Pandemie* zum Wort des Jahres 2020; auf Platz 2 liegt das Wort *Lockdown*.[655] Auch in Österreich (*Babyelefant*) und der Schweiz (*pandemia*) fokussierten die Wörter des Jahres 2020 auf Begriffe in Zusammenhang mit der Corona-Krise.[656] Es ist nicht das erste Mal, dass Begriffe für Phänomene, die weltweite Krisen auslösen, zum Wort des Jahres gewählt wurden. Im Jahr 1986 war es etwa *Tschernobyl* und 2001 *der 11. September*.[657] Was die aktuelle Krise jedoch von vielen anderen Krisen wie Tschernobyl und Nine-Eleven unterscheidet, ist die Reichweite ihrer Folgen. Mit dieser Reichweite ist nicht ausschließlich die Zahl der Toten gemeint. Vielmehr geht es auch um die sozialen, wirtschaftlichen und technologischen Konsequenzen.

Um die Ausbreitung des Corona-Virus einzudämmen, wurden 2020 beginnend in China und danach in vielen anderen Ländern dieser Welt Lockdowns verhängt. Solche Ausgangssperren inklusive dem Schließen des Handels und der Hotellerie haben das Ziel, die durch Sozialkontakte in Realumgebungen stattfindende Virusverbreitung zu verlangsamen. Dies soll verhindern, dass Krankenhauskapazitäten, insbesondere in Intensivstationen, an ihre Grenzen stoßen.

Die Lockdowns führten dazu, dass Milliarden von Menschen weltweit auf Kommunikation von Angesicht zu Angesicht verzichten mussten. Ausgenommen davon waren lediglich die Kommunikation mit Personen des gleichen Haushalts sowie ein paar weitere notwendige Kontakte (zB Arztbesuche). Konsequenz der Lockdowns war und ist, dass die **ohnehin bereits vor der Corona-Krise intensive Nutzung digitaler Technologien im Zuge der Pandemie noch weiter anstieg**, in manchen Fällen sogar „kometenhaft“.

Zoom Video Communications ist ein US-amerikanisches Unternehmen, das Software für Videokonferenzen anbietet. Die Anzahl der monatlichen Besuche (Visits) der Unternehmenswebsite zoom.us stieg von rund 87 Millionen im Oktober 2019 auf rund 2,2 Milliarden im September 2020.[658] Auch die Download-Zahlen der Zoom-App erhöhten sich während der ersten Lockdownphase im Frühjahr 2020 exponentiell; konkret werden folgende Zahlen berichtet (in Millionen): Januar: 0,84; Februar: 2,35; März: 20,03; April: 35,95 – die Gesamtzahl der App-Downloads betrug von Januar bis November 2020 rund 175 Millionen.[659] Zoom ist nur einer von mehreren großen Anbietern von Software für Videokonferenzen. Weitere Anbieter bzw Produkte sind ua Google Meet, Skype und Teams von Microsoft sowie Cisco Webex. Auch diese haben durch die Krise enorm zugelegt. Microsoft gibt beispielsweise an, dass die Anzahl der täglich aktiven Nutzer der Teams-Software von 20 Millionen im November 2019 auf 115 Millionen im Oktober 2020 gestiegen ist.[660] Konsequenz ist, dass 2020 innerhalb kürzester Zeit Hunderte Millionen Menschen weltweit zu Viel- und Intensivnutzern von Videokonferenzsystemen wurden.

Zudem belegen Zahlen vom März 2020, also **während der ersten Lockdown-Welle, eine signifikant erhöhte Nutzung von sozialen Medien und Messaging-Diensten**. Bezüglich sozialer Medien wie Facebook, Instagram und Twitter zeigen internationale Studienergebnisse, dass bei den 16–23-Jährigen 58 % eine durch die Corona-Krise angestiegene Nutzungszeit berichten, bei den 24–37-Jährigen 48 %, bei den 38–56-Jährigen 36 % und bei den 57–64-Jährigen 22 %. Bezüglich Messaging-Diensten wie WhatsApp und Facebook Messenger ergibt sich folgendes Bild zur erhöhten Nutzungszeit: 16–23 Jahre: 62 %, 24–37 Jahre: 45 %, 38–56 Jahre: 40 %, 57–64 Jahre: 25 %.[661] Diese Ergebnisse zeigen, dass die **coronabedingt stark angestiegene Verwendung digitaler Kommunikationsmittel kein ausschließliches Phänomen der jüngeren Generationen** ist, sondern auch ältere Menschen betrifft.

Social Media und am Smartphone genutzte Messaging-Dienste haben enormes Stresspotenzial. Evidenz, die diese Aussage belegt, habe ich im Abschnitt „Smartphone, Social Media und Stress“ in Kapitel 3 vorgestellt. Auf die durch Videotelefonie ausgelöste Erschöpfung gehe ich in diesem Kapitel noch im Detail ein. Vorab ist jedoch Folgendes zu betonen: Die Aufrechterhaltung unserer Wirtschaft und Gesellschaft während der Corona-Krise verdanken wir nicht zuletzt dem Einsatz digitaler Technologien. Ohne ihre Nutzung wäre der durch die Corona-Pandemie verursachte Schaden noch viel größer. Zudem wäre der Unterricht vom Pflichtschul- bis zum Hochschulbereich im Lockdown ohne digitale Medien vermutlich zum Stillstand gekommen. Distance Learning über das Internet wurde zum Mittel der Wahl, auch wenn dies nicht überall reibungslos funktionierte[662] und Schüler, Lehrer sowie Eltern frustrierte und stresste.[663, 664] Man kann daher behaupten, dass Wirtschaft und Gesellschaft ohne den Einsatz digitaler Technologien kollabiert wären.

Dennoch ist die Frage zu stellen, welche **Implikationen die Corona-Krise und Lockdowns im Hinblick auf digitalen Stress** haben. Erste Erkenntnisse zeigen, dass Menschen, die zumindst zwei Tage in der Woche im Home Office arbeiten, ausgeprägten digitalen Stress wahrnehmen. Die wichtigsten Stressfaktoren sind hierbei das Verschwimmen beruflicher und privater Grenzen, Technologiekomplexität und die technologiebedingte ständige Beschleunigung von Arbeitsabläufen.[665] Zudem ist der durch mögliche IT-Sicherheitsprobleme ausgelöste Stress ein Problem.[666, 667] Weiter zeigen aktuelle Diskussionen, dass die computerbasierte Überwachung durch Arbeitgeber (vgl Kapitel 6) beim Arbeiten im Home Office eine signifikante Stressquelle sein kann.

Unter anderem geriet kürzlich Microsoft in die Kritik, weil es innerhalb des Produkts „Office 365" eine Softwarefunktionalität entwickelte, um die „Produktivität" von Mitarbeitern auszuwerten und darzustellen (zB wie viele E-Mails wurden in einem bestimmten Zeitraum gesendet, wie oft und wie lange wurde über das Videokonferenz-Tool Teams gesprochen oder gechattet).[668] Das Schweizer Nachrichtenportal Watson kritisierte bereits kurz nach Verhängung des ersten Lockdowns ein anderes Tool – es schreibt: „Die ‚Sneek'-App fotografiert Homeoffice-Leute im Minutentakt: Eine britische Firma vermarktet ihre Software als praktisches Videochat-Tool, Kritiker reden von fieser Überwachung."[669] Diese App ist mittlerweile auch in den Fokus des Österreichischen Gewerkschaftsbundes geraten.[670] Österreichs meist gelesene Tageszeitung titelt auf ihrem Online-Portal „Gläserne Angestellte: Konzerne intensivieren Überwachung im Home-Office" und bringt ua folgendes – meines Erachtens alarmierendes – Beispiel:

„[...] Bildschirmpausen daheim zählen: Manche Arbeitgeber, zum Beispiel in der Finanzwelt, begründen ihre verstärkte Überwachung im Home-Office damit, dass es um ihre Pflicht zur Überprüfung der Regeltreue und ihre Aufsichtspflicht gehe [...] hat jüngst mit einem Gesichtserkennungs-Tool für solche Kundschaft Aufsehen erregt, das mitzählt, wie oft die Mitarbeiter im Home-Office sich von ihrem Computer entfernen. Datenschützer sind besorgt, bei [...] betont man, dass es sich um eine rein konzeptionelle Idee handle, die bisher nicht zum Einsatz gebracht worden sei."[671]

Zusammengefasst kann an dieser Stelle bereits ausgesagt werden, dass Home Office den digitalen Stress eher erhöht, als ihn zu reduzieren. Es werden zudem bereits Stimmen laut, die Remote-Interaktion und den aktuell sehr hohen Nutzungsstatus auch nach dem Ende der Corona-Krise beibehalten wollen. *Remote* bedeutet, nicht in unmittelbarer Nähe befindlich, aber durch Informations- und Kommunikationstechnologien miteinander verbunden sein, vom Lateinischen Wort „remotus": entfernt, entlegen. Es stellt sich somit die Frage, ob Geschäftsmeetings, Schulunterricht, Vorlesungen an Hochschulen, Arzt-Patienten-Gespräche und viele andere soziale Interaktionen auch in Zukunft in hohem Ausmaß über das Internet und somit technologiebasiert stattfinden sollen. Diese und ähnliche Fragen bedürfen einer umfassenden Reflexion der damit verbundenen Konsequenzen, jene in Bezug auf Stress dürfen dabei nicht fehlen.

Stressfolgen der Corona-Krise

Ein Forschungsprogramm der Universität Basel mit dem Titel „Swiss Corona Stress Study" untersucht seit dem Ausbruch der Corona-Krise depressive Symptome und psychischen Stress der Schweizerischen Bevölkerung sowie den Zusammenhang dieser beiden Faktoren mit anderen Variablen.[672] Zu mehreren Zeitpunkten wurden 2020 in der Schweiz lebende Personen von den Forschern online befragt: Anfang April (drei Wochen nach dem ersten Lockdown), von Mitte Mai bis Anfang Juni (während der teilweisen Aufhebung von Ausgangsbeschränkungen) und Mitte November (während der zweiten Covid-19-Welle). Bei der ersten Erhebung im April wurden die Befragten zudem gebeten, retrospektiv eine Einschätzung für Februar vorzunehmen (also vor dem ersten Lockdown). Die Stichprobengröße lag zu jedem Befragungszeitpunkt zwischen 10.000 und 12.000 Personen. Die Stichprobe ist also sehr groß. Wichtige Ergebnisse fassen die Studienautoren wie folgt zusammen:

- Der Anteil an Personen mit schweren depressiven Symptomen stieg kontinuierlich an: 3,4 % im Februar, 9,1 % im April, 11,7 % im Mai und 18,4 % im November.
- Besonders stark betroffen sind junge Menschen. Auf der Basis der Daten vom November zeigt sich hinsichtlich der Häufigkeit schwerer depressiver Symptome folgendes Bild: 14–24 Jahre: 29 %, 25–34 Jahre: 21 %, 35–44 Jahre: 17 %, 45–54 Jahre: 14 %, 55–64 Jahre: 13 %, über 65 Jahre: 6 %.
- Bedeutsame Ursachen der depressiven Symptome sowie des psychischen Stresses sind die Belastung durch coronabedingte Veränderungen in der Arbeit, der Schule sowie in der Ausbildung, finanzielle Probleme, die Zunahme von Konflikten zuhause und Zukunftsängste. Weitere Belastungstreiber sind sowohl die Angst, dass jemand aus dem engeren Familien- und Bekanntenkreis schwer erkranken oder eventuell sogar am Virus sterben könnte, als auch die Belastung durch die sozialen Einschränkungen.
- Bemerkenswert aus der Sicht des digitalen Stresses ist, dass die Forscher sowohl in Bezug auf depressive Symptome als auch in Bezug auf Stress einen statistisch signifikanten Zusammenhang mit jenen Belastungen festgestellt haben, die aus der „Umstellung auf digitale Medien/Unterricht/Lehre" resultieren. Dieses Ergebnis bestätigt eine Grundthese aus Kapitel 4, nämlich, dass durch Veränderungen im technologischen Umfeld hoher Stress entstehen kann, der nach der Umstellung nicht notwendigerweise wieder auf das Ursprungsniveau abfällt, sondern darüber verbleibt.
- Zu den stressreduzierenden Faktoren geben die Forscher an, „dass Personen, die körperlich aktiv sind, durchschnittlich leicht weniger Stress und depressive Symptome aufweisen als die körperlich weniger aktiven". Im Abschnitt zu den „Fantastischen Vier" in Kapitel 8 präsentiere ich Beispielstudien, die die stressreduzierende Wirkung von Bewegung nachweisen.

Die Resultate einer für die österreichische Bevölkerung von 18 bis 69 Jahren respäsentativen Studie bestätigen die Befunde der Schweizer Untersuchung.[673] Die Daten wurden während der ersten Lockdown-Woche im März 2020 erhoben. Der Stress der Menschen stieg deutlich an. Es wurde die folgende Frage gestellt: „Denken Sie bitte an die letzten Tage. Wie würden Sie die folgenden Dinge bewerten? Stress/Angst". Die Befragten hatten fünf Antwortmöglichkeiten zur Auswahl; die Ergebnisse sehen wie folgt aus: 2 % „viel weniger als üblich", 9 % „weniger als üblich", 50 % „wie üblich", 33 % „mehr als üblich" und 6 % „viel mehr als üblich". Es wurde zudem ein merklicher Rückgang der Schlafqualität festgestellt: 1 % „viel besser als üblich", 6 % „besser als üblich", 61 % „wie üblich", 27 % „schlechter als üblich" und 5 % „viel schlechter als üblich". Die Schlafdauer veränderte sich kaum. Es ist belegt, dass eine verminderte Schlafqualität mit ungünstigen physiologischen Stressreaktionen einhergeht, insbesondere mit erhöhten Werten des Stresshormons Kortisol.[674, 675, 676, 677]

Untersuchungen zum Stress während der Corona-Krise wurden auch in Deutschland durchgeführt. Die gesetzliche Krankenkasse DAK-Gesundheit hat eine repräsentative Studie in Auftrag gegeben, in der im Mai 2020 das Thema „Home Schooling" aus Eltern- sowie Kinderperspektive untersucht wurde. Die Kernergebnisse werden von der DAK-Gesundheit wie folgt zusammengefasst:

„Sorgen, Stress und Streit: Die aktuellen Schulschließungen durch die Corona-Pandemie sorgen in Familien für verstärkten Druck. Etwa 90 Prozent der Eltern sind wegen der Auswirkungen der Krise besorgt. Fast jeder zweite Elternteil ist oft oder sehr oft gestresst. In jeder vierten Familie gibt es Streit. Insgesamt sind die Mütter mehr belastet als die Väter. Vor allem jüngere Schülerinnen und Schüler leiden unter dem ausschließlichen Lernen zu Hause [...] Nach der Umfrage befürwortet mit 81 Prozent eine große Mehrheit der befragten Eltern eine schrittweise Wiedereröffnung der Schulen. Bei den Kindern sind es 62 Prozent."[678]

Eine Detailbetrachtung der Resultate zum Erleben von Stress während der Schulschließungen zeigt, dass 8 % der Eltern „nie", 44 % „selten", 32 % „oft" und 16 % „sehr oft" angaben. Bei den Kindern zeigte sich folgendes Bild (Summe aus „oft" und „sehr oft"): 10–12 Jahre: 63 %, 13–15 Jahre: 42 %, 16–17 Jahre: 31%. Jüngere Kinder erleben somit mehr Stress als ältere. Schlafprobleme werden von rund 35 % der Eltern angegeben, bei den Kindern und Jugendlichen sind es gut 20 %.

In der Studie aus Österreich wird auch über das durch den Lockdown geänderte Mediennutzungsverhalten berichtet.[679] Auf die Frage „Wenn Sie an die letzten Tage denken, wie oft haben Sie das Internet (auf Ihrem Telefon, Tablet oder Computer) benutzt?" antworteten 34 % mit „mehr als üblich" und 21 % mit „viel mehr als üblich". Bezüglich Alter wurden folgende Resultate gefunden: Bei den 60–69-Jährigen gaben 49 % an, das Internet „(viel) mehr als üblich" zu nutzen, bei den 18–29-Jährigen waren es 60 % und die übrigen Altersgruppen lagen innerhalb dieser Bandbreite (30–39 Jahre: 56 %, 40–49 Jahre: 56 %, 50–59 Jahre: 51 %).

Nach den Tätigkeiten im Internet befragt, gestalteten sich die Top-Ränge in Bezug auf „(viel) mehr als üblich" wie folgt: Nachrichten konsumieren: 68 %, Informationen zur Gesundheit recherchieren: 56 %, Social Media nutzen: 39 %, Kommunikations-Apps wie Skype, Facetime oder Messenger verwenden: 36 %.[680] Nachrichten auch online zu konsumieren (und somit nicht nur im Fernsehen oder über andere Medien) sowie sich über das Corona-Virus und seine möglichen Gesundheitswirkungen auf vertrauenswürdigen Websites zu informieren ist zweckmäßig. **Kommunikationsprozesse während einer Ausgangssperre primär oder vielleicht sogar ausschließlich über soziale Medien und Videotelefonie-Apps aufrechtzuerhalten, ist aus Stressperspektive ungünstig.**[681, 682] Warum das so ist, wird nachfolgend erläutert.

Telefonieren wiederentdecken

Sollten Sie sich jetzt fragen, was denn in Zeiten eines Lockdowns neben Medien mit hohem Stresspotenzial wie Social Media, Videotelefonie-Apps oder E-Mail sonst noch an elektronischen Kommunikationsmöglichkeiten zur Auswahl steht und zudem eher geringes Stresspotenzial hat, dann ist die Antwort einfacher, als Sie möglicherweise denken: Telefonieren! Die durchschnittliche tägliche Zeit fürs Telefonieren lag 2008 noch bei 46 Minuten, 2015 aber nur mehr bei sieben Minuten und dieser Wert stagnierte danach.[683, 684, 685]

Doch warum ist es empfehlenswert, bei Notwendigkeit von elektronischer Kommunikation, wie in Zeiten von Lockdowns, vorwiegend zu telefonieren, anstatt auf andere Medien zurückzugreifen? Der brasilianisch-amerikanische Wissenschaftler Ned Kock formulierte den **Lehrsatz vom Sprachimperativ**, im englischen Original als „Speech Imperative Proposition" bezeichnet.[686] Unter anderem leitet sich aus diesem Lehrsatz ab, dass die Qualität der Übermittlung von Inhalten beim Telefonieren nur unwesentlich schlechter ist als bei der Kommunikation von Angesicht zu Angesicht. Diese Aussage bezieht sich auf die Bedeutung des Gesprochenen, also die Semantik. Ned Kock schreibt: „Das Vermitteln und Hören von Sprache ist besonders wichtig für die Definition [der] Natürlichkeit [eines Kommunikationsmediums], mehr als der Grad des Mediums, die Verwendung von Gesichtsausdrücken und Körpersprache zu unterstützen."[687] Diese Aussage darf keinesfalls als grundsätzliches Argument gegen die Bedeutung von Mimik und Gestik in Kommunikationsprozessen verstanden werden; es wird damit vielmehr die enorme Relevanz des Hörens für die Erfassung der Bedeutung des Gesprochenen zum Ausdruck gebracht, wenn Mimik und Gestik bei computerbasierter Interaktion nicht oder nicht adäquat wahrgenommen werden können.

Aus dem Lehrsatz vom Sprachimperativ folgt, dass Videotelefonie – obwohl diese der Kommunikation von Angesicht zu Angesicht sehr ähnlich ist (man sieht *und* hört sich) – im Regelfall nicht vorteilhafter ist als klassisches Telefonieren. Dies gilt unabhängig davon, ob via Handy, Festnetz oder Internet telefoniert wird, guter Empfang vorausgesetzt. Vielmehr kann Videotelefonie sogar zu erhöhtem Stress führen, darauf gehe ich in diesem Kapitel noch ein. Weiter besagt der Lehrsatz, dass das Entfernen der Audio-Komponente bei elektronischer Interaktion (zB beim Umstieg auf textbasierten Chat in Social Media oder E-Mail) folgende Effekte[688] hat:

- Die Kommunikationsambiguität steigt, es entstehen also Mehrdeutigkeiten.[689]
- Der Kommunikationsfluss reduziert sich in etwa um das Zehnfache.[690, 691]
- Die mentale Anstrengung bei den Kommunizierenden steigt signifikant an; dies kann mit Ermüdung und kognitivem Stress einhergehen.[692, 693]

Doch warum geht das Entfernen der Audio-Komponente bei elektronischer Interaktion mit so negativen Effekten einher? Die Gründe für diese Phänomene liegen in der Evolution und der enormen Bedeutung des Sprechens und Hörens für das Überleben der menschlichen Spezies.[694, 695, 696]

Komplexe Sprache entstand in den vergangenen 100.000 Jahren.[697] Anatomisch spielt beim Sprechen neben dem Gehirn mit seinen Sprachzentren und weiteren Strukturen wie dem Zungenbein der Kehlkopf eine entscheidende Rolle. Dieser erhöht die Vielfalt generierbarer Laute signifikant.[698, 699] Die Evolution hat den modernen Menschen somit mit spezifischen anatomischen Grundlagen ausgestattet, um durch Sprechakte den Kommunikationspartnern Botschaften äußerst effektiv zu übermitteln und diese auch zu verstehen. Dies erhöhte die Überlebenswahrscheinlichkeit, weil Lernen nun durch Wissenstransfer im Gespräch möglich wurde und nicht an direkte Erfahrung bzw Beobachtung aus nächster Nähe gebunden war. Beispielsweise in einem Gespräch von der potenziell tödlichen Gefahr einer *Smilodon fatalis* (Säbelzahnkatze) oder des *Ursus spelaeus* (Höhlenbär) zu erfahren, war für das Überleben vorteilhafter, als selbst durch Konfrontation diese Erfahrung zu machen. Die Entwicklung des Kehlkopfes hatte für den sprechbasierten Nachrichtentransfer eine dermaßen hohe Bedeutung, dass er sich sogar trotz evolutionär „hoher Kosten" entwickelte. Beispiele für „hohe Kosten" sind etwa eine erhöhte Wahrscheinlichkeit, bei der Nahrungsaufnahme durch Verschlucken zu sterben oder an gastroösophagalem Rückfluss (Reflux bzw Sodbrennen) zu leiden. Zudem wird durch den Kehlkopf das Atmen während des Trinkens erschwert. Ausreichend Sauerstoff ist jedoch für das Funktionieren von Gehirn und Bewegungsapparat notwendig und kann entscheidend sein, wenn es um das Überleben in freier Wildbahn geht.[700]

Das Akzentuieren von Wörtern und Sätzen, der zeitliche Verlauf der Tonhöhe (Itonation) sowie Rhythmus und Pausen beim Sprechen sind wichtige Grundlagen unserer Kommunikationseffektivität. Die Prosodie, so der Fachausdruck, ist somit eine wichtige Basis unseres Sprechreportires und seiner enormen Wirksamkeit.[701] Meine zentrale Botschaft ist somit, dass **Telefonieren** – also Audio ohne Video – im Regelfall **mit geringer kognitiver Anstrengung und hoher Kommunikationseffektivität einhergeht**. Eine gute Merkmalskombination, die gerade in Zeiten von Lockdowns stressreduzierend sein kann, wenn sie als Alternative zu Social-Media-Kommunikation und Videokonferenzen verwendet wird, die beide relativ hohes Stresspotenzial haben.[702, 703, 704]

Beachten Sie hierbei, dass klassisches Telefonieren mit dem Handy bezüglich Kommunikationseffektivität mit Festnetztelefonie und Internettelefonie (zB Skype ohne Video) gleichgestellt ist, stabile Technik vorausgesetzt. Die Botschaft ist daher nicht, verstärkt zum Handy zu greifen, sondern rein audiobasierte Kommunikationsmedien zu verwenden, also zB auch Festnetztelefonie oder Internettelefonie. Ich betone dies deshalb, weil wissenschaftliche Befunde zeigen, dass langes Telefonieren mit dem Handy (insbesondere, wenn Sie das Gerät permanent am Ohr und somit am Kopf angelegt halten), mit negativen Folgen für die Gesundheit einhergehen kann. Weitere Informationen dazu finden Sie beispielsweise unter https://www.diagnose-funk.org/ und https://www.emfdata.org/de, zwei Informationsplattformen von Diagnose-Funk – Umwelt- und Verbraucherorganisation zum Schutz vor elektromagnetischer Strahlung e. V. Beachten Sie in diesem Zusammenhang auch die Empfehlungen des deutschen Bundesamts für Strahlenschutz. In einem 2019 veröffentlichten Bericht werden ua folgende Maßnahmen benannt, um das Schadenspotenzial von Mobiltelefonen, die hochfrequente elektromagnetische Felder abstrahlen, zu begrenzen (wörtlich zitiert): nicht bei schlechtem Empfang telefonieren; Headsets verwenden; Telefonate per Handy kurz halten; wann immer möglich das Festnetz verwenden; Handys mit niedrigem SAR-Wert verwenden.[705] SAR steht für Spezifische Absorptionsrate.[706]

Geht Home Office mit mehr oder weniger Stress einher?

Das Arbeiten im Home Office hat durch die Corona-Pandemie weltweit an Bedeutung gewonnen. Eine Untersuchung in der Schweiz im Herbst 2020 hat herausgefunden, dass in Branchen wie Medien und Journalismus (72 %), Technik und Informatik (67 %), Gestaltung und Kommunikation (65 %), Finanzen und Recht (64 %), Analyse, Forschung und Entwicklung (63 %), Politik und Verwaltung (56 %) sowie Administration und Organisation (53 %) ein überwiegender Teil der Beschäftigten nur noch im Home Office oder teilweise von zuhause arbeitet.[707] Eine österreichische Studie unter Beteiligung der Universitäten Wien und Graz vom Frühjahr 2020 zeigt, dass 58 % der befragten Unternehmensvertreter angaben, dass „alle Mitarbeiter" während des Lockdowns im Home Office waren (vor der Corona-Krise waren es 2 %).[708] Eine Studie aus Deutschland vom Frühjahr 2020 zeigt, dass 28 % „(fast) täglich" im Home Office arbeiten und 11 % „mehrmals pro Woche" (vor der Corona-Krise lagen die Raten bei 10 % „(fast) täglich" und 8 % „mehrmals pro Woche"). Eine Gesamtschau dieser Erhebungen belegt: Lockdowns und Social Distancing haben auch im deutschsprachigen Raum zu einem signifikanten Anstieg von Home Office geführt.

Ein überwiegender Anteil der Arbeitnehmerinnen und Arbeitnehmer in Deutschland, Österreich und der Schweiz, die vor der Krise noch nie von zuhause aus gearbeitet haben, wollen auch nach überstandener Krise zumindest teilweise Home Office beibehalten.[709, 710, 711] Diese Präferenz legt nahe, dass Home Office Vorteile mit sich bringt. Unter anderem sind dies die Ersparnis des Arbeitsweges, freiere Arbeitszeitgestaltung, kein Dresscode, Hausarbeit nebenher erledigen können, ungestörteres Arbeiten, produktiveres Arbeiten, selbstbestimmteres Arbeiten, mehr Pausen während des Arbeitstages, bessere Vereinbarkeit von Beruf und Familie – Dinge, die insgesamt zu höherer Mitarbeiterzufriedenheit führen und die vielfach stressreduzierend wirken.[712, 713, 714]

Eine von der gesetzlichen Krankenkasse DAK-Gesundheit in Deutschland in Auftrag gegebene Studie hat herausgefunden, dass der Anteil jener Erwerbstätigen, die *vor* der Corona-Krise „meistens / die ganze Zeit" Stress hatte, 21 % betrug (Daten vom Dezember 2019 und Januar 2020) und dieser Wert dann auf 15 % *während* der Krise gesunken ist (Daten vom April und Mai 2020); Stress „zu keinem Zeitpunkt / ab und zu" hatten vor der Krise 48 % und während der Krise 57 %.[715] Home Office verringerte somit den Arbeitsstress, was wiederum einen positiven Einfluss auf den gesamten erlebten Stress hatte. In der Veröffentlichung der DAK-Gesundheit finden sich aber auch Aussagen, die das hohe Stresspotenzial von Home Office untermauern, ua steht in der Studie zu lesen:[716]

- „Die Befragung zeigt jedoch auch, dass ein Teil der Beschäftigten auch Nachteile sieht, weil z.B. die Kontaktmöglichkeiten zu Kollegen/innen und Vorgesetzten erschwert, Arbeitsmaterialien nicht greifbar oder zu viele Ablenkungen vorhanden sind."
- „Homeoffice birgt auch Risiken. Unsere Studie zeigt, dass insbesondere die jüngeren Arbeitnehmer es nicht immer schaffen, Beruf und Privatleben ausreichend zu trennen."
- „Beim Arbeiten im eigenen Wohnzimmer mit unpassender Ausstattung gehen Standards der Arbeitsplatz-Ergonomie verloren."

Ein gleichfalls ambivalentes Stressbild zeichnet eine im Dezember 2020 publizierte Untersuchung aus Deutschland, in der Stress vor (Dezember 2018 bis Februar 2019) und während der Corona-Krise (April und Mai 2020) erhoben wurde.[717] Als Kernergebnisse werden vier Resultate angeführt:

- Die Arbeit wird weniger, aber länger. Es verlängern sich somit die Zeiträume, in denen gearbeitet wird (insbesondere in den Abend hinein), was eine stärkere Vermischung von Privat- und Arbeitsleben bewirkt.
- Die privaten Anforderungen steigen, was mit einem ansteigenden Work-Home-Konflikt einhergeht.
- Manche digitalen Stressoren steigen an, während andere fallen. Am ungünstigsten hat sich beim Arbeiten von zuhause die Nicht-Verfügbarkeit bzw die eingeschränkte Funktionsfähigkeit von digitalen Technologien herausgestellt. Schwache Netzwerkverbindungen und selbst bereitgestellte Arbeitsmittel wie Computer, Bildschirme und Drucker haben sich als bedeusame Stressquelle herauskristallisiert. Dies passt zu dem in Kapitel 5 dargestellten Stresspotenzial unzuverlässiger Technologien. Diese Problematik wird noch weiter verschärft, weil auch herausgefunden wurde, dass die Befragten die Verfügbarkeit eines kompetenten IT-Supports während der Corona-Krise als geringer eingestuft haben. Nicht zuverlässig funktionierende IT-Geräte und dazu ein nicht ausreichend vorhandener Helpdesk sind eine aus Stressperspektive ungünstige Kombination (vgl dazu den Abschnitt „IT-Helpdesk: Die letzte Hoffnung" in Kapitel 5).
- Der digitale Stress im Home Office ist stark durch individuelle Kontextfaktoren bestimmt. Personen mit Führungsverantwortung sind im Regelfall stärker an die digitale Arbeit gewöhnt, sie haben daher weniger digitalen Stress. Zudem leiden Menschen ohne Kinder weniger unter den digitalen Belastungen. Weiter nehmen Personen mit wenig Erfahrung und wenig Zuversicht im Umgang mit digitalen Technologien verstärkt digitalen Stress wahr.

Eine Reflexion dieser Studie aus Deutschland vor dem Hintergrund eigener Forschungsergebnisse, die mein Team und ich zusammen mit Professor Martin Reuter von der Universität Bonn erarbeitet haben, führt zu einer eher ungünstigen Einschätzung der Lage. In unserer vor Bekanntwerden der Corona-Pandemie durchgeführten Befragung zum digitalen Stress mit jeweils über 1.000

Personen aus Deutschland, Österreich und der Schweiz (Gesamtstichprobengröße 3.333) identifizierten wir eine gestörte Work-Life Balance sowie Unzuverlässigkeit von digitalen Technologien und technische Störungen als sehr bedeusame Facetten des digitalen Stresses. Zudem belegen unsere Daten, dass der digitale Stress mit mehreren negativen Konsequenzen in einem statistisch signifikanten Zusammenhang steht, konkret mit emotionaler Erschöpfung, reduzierter Arbeitszufriedenheit, Arbeitsstress, mangelnder Benutzerzufriedenheit, Gesundheitsproblemen und depressiven Symptomen.[718] Wenn somit jetzt die Studie aus Deutschland, in der Corona-Effekte bereits berücksichtigt sind, Work-Home-Konflikte und die Nicht-Verfügbarkeit von digitalen Technologien als durch das Home Office ungünstig beeinflusst identifiziert, also zwei Faktoren, die zu den allerwichtigsten Facetten des digitalen Stresses gehören, dann kann daraus folgender Schluss gezogen werden: **Coronabedingtes Home Office hat großes Potenzial, den digitalen Stress noch weiter in die Höhe zu treiben.** Eine aktuelle Untersuchung aus Italien bestätigt, dass Home Office mit ausgeprägtem Digitalstress einhergehen kann.[719]

Unter Zugrundelegung der hier dargebotenen Erkenntnisse ziehe ich daher folgendes **Fazit**: Das Arbeiten von zuhause erhöht nicht notwendigerweise den Lebens- und Arbeitsstress, ua deshalb, weil möglicherweise die Flexibilität und somit der Handlungsspielraum ansteigen (sofern nicht individuelle Belastungsfaktoren wie betreuungspflichtige Kinder zum Tragen kommen) – zumindest manche Arbeitnehmerinnen und Arbeitnehmer empfinden das Arbeiten von zuhause in Summe sogar als weniger stressbehaftet. Der digitale Stress hingegen, eine wesentliche Komponente des Lebens- und Arbeitsstresses, wird sich durch Home Office eher erhöhen. Ein maßgeblicher Grund hierfür liegt darin, dass die gemeinhin als besonders wichtig geltenden Stressfaktoren, wie längere oder ständige Erreichbarkeit (zB am Smartphone) und nicht-funktionierende sowie instabile Hardware und Software, beim Arbeiten im Home Office stärker zur Wirkung kommen. Zudem ist bereits bekannt, dass computerbasierte Überwachung im Home Office ein bedeutsamer Stressfaktor sein kann.[720, 721] Schließlich ist davon auszugehen, dass sowohl die IT-Mitarbeiter in Unternehmen als auch die Benutzer zuhause Stress erleben, der mit IT-Sicherheitsproblemen, notwendigen Updates und Ähnlichem einhergeht.[722] Dazu passt, dass wir in einer unserer Studien herausgefunden haben, dass unter den Top-10-Digitalstressoren von insgesamt 50 untersuchten drei dabei sind, die unmittelbar IT-Sicherheit betreffen. Auf dem unrühmlichen dritten Platz liegt beispielsweise: „Ich fürchte, dass meine persönlichen Daten im Internet leicht von anderen gestohlen werden können.“[723]

Es gibt aber auch eine gute Nachricht: Obwohl ein wichtiges „Schutzschild“ gegen digitalen Stress, nämlich ein gut funktionierender Helpdesk, beim Arbeiten von zuhause aus weniger wirksam ist als im Betrieb,[724] legen andere Erkenntnisse nahe, dass weitere „Schutzschilder“ im Home Office effektiver zur Anwendung kommen können. Ein Befund zeigt beispielsweise, dass die Anzahl der Pausen während des Arbeitstages im Home Office größer als im Betrieb ist.[725] Pausen sind eine der wirksamsten Bewältigungsstrategien gegen digitalen Stress (vgl den Abschnitt „Auf die Pausengestaltung achten“ in Kapitel 5). Zudem hörte ich in letzter Zeit immer mehr Berichte von Menschen, die im Home Office mehr Flexibilität haben, um Sport zu treiben und sich in der Natur aufzuhalten; zB auch mal während eines Arbeitstages, wenn ein bis zwei Stunden keine Termine anstehen (vgl den Abschnitt „Die Fantastischen Vier: Bewegung, Ernährung, Achtsamkeit, Natur“ in Kapitel 8).

Erschöpfung und Stress durch Videokonferenzen

In diesem Abschnitt folgt die Beschreibung eines neuen Stressphänomens, das durch Home Office und damit verbundenes stark ansteigendes Videoconferencing entstanden ist – es trägt den Namen „Zoom Fatigue“ bzw „Chronisches Zoom-Syndrom“. Eine Untersuchung vom September 2020 aus Deutschland bestätigt die enorme Relevanz der Thematik, 60 % der Befragten berichten über Müdigkeit und Erschöpfung durch Videokonferenzen, nehmen also „Zoom Fatigue“ wahr.[726] Zudem wird dort über Symptome wie Konzentrationsrückgang, Reizbarkeit, Kopf- und Rückenschmerzen sowie Schlafstörungen berichtet.

Das Abhalten von Videokonferenzen hat während der coronabedingten Lockdowns enorm an Bedeutung gewonnen. Von Business Meetings über Distance Learning bis hin zu Arzt-Patienten-Gesprächen und sogar Gerichtsverhandlungen[727] – vieles von dem, was vor der Krise an Interaktion in Realumgebungen stattfand, wurde und wird nun als Video-Audio-Kommunikation über das Internet abgewickelt. Bei der Beurteilung, ob wir das hohe Ausmaß an Videokonferenzen auch nach der Krise beibehalten wollen, sollten die Erkenntnisse eines von mir kürzlich verfassten wissenschaftlichen Artikels berücksichtigt werden, der die möglichen neurokognitiven Wirkungen von Videotelefonie aus Stressperspektive behandelt.[728] Im Folgenden fasse ich wesentliche Erkenntnisse aus diesem Beitrag zusammen.

Im Frühjahr 2020, kurz nach der ersten weltweiten Lockdown-Welle und dem damit verbundenen Anstieg der Verwendung von Videokonferenzsystemen, wurde ein neues Phänomen beschrieben: **Zoom Fatigue**. „Zoom" steht dabei für das Unternehmen Zoom Video Communications aus Kalifornien bzw das gleichnamige Videokonferenz-Tool. „Fatigue" kommt aus dem Englischen und steht für Ermüdungssyndrom. Es werden somit die Erschöpfung und der Stress beschrieben, die sich als Folge der intensiven und langen Nutzung von Videokonferenzsystemen einstellen. Das Phänomen bezieht sich nicht nur auf den Softwarehersteller Zoom Video Communications und dessen Produkt, sondern auch auf alle anderen Systeme (zB Skype, Teams, Webex).

Mittlerweile wird bereits darüber nachgedacht, dieses neue Phänomen in internationale Klassifikationssysteme zur Diagnose von Krankheiten aufzunehmen (zB „diagnostischer und statistischer Leitfaden psychischer Störungen", im englischen Original „Diagnostic and Statistical Manual of Mental Disorders", kurz: DSM). Beispielsweise schreiben australische Wissenschaftler über das **Chronische Zoom-Syndrom**: „eine neue Diagnose von größter Bedeutung […], die gegebenenfalls in internationale diagnostische Klassifikationen aufgenommen werden sollte [und diese] vorgeschlagene Diagnose basiert auf klinischen Beobachtungen einer heimtückischen und schwächenden, durch Video-Meetings herbeigeführten Störung".[729] Ich definiere Zoom Fatigue bzw. Videokonferenz-Erschöpfung wie folgt:

„Die körperliche und kognitive Erschöpfung, die durch die intensive und/oder unangemessene Verwendung von Videokonferenz-Tools verursacht wird, häufig begleitet von verwandten Symptomen wie Müdigkeit, Sorge, Angst, Burnout und Stress."[730]

Doch warum haben Videokonferenzen so hohes Potenzial, uns auszulaugen und zu stressen? Fünf wahrscheinliche Ursachen können gemäß meiner Analyse und Synthese vorliegender wissenschaftlicher Befunde benannt werden.[731]

Nicht am selben Ort sein, fehlende Synchronität und mangelnde Wahrnehmung der Körpersprache

Bei der Kommunikation von Angesicht zu Angesicht verwenden Menschen in *synchroner* Weise verschiedenste Gesten, Gesichtsausdrücke und Sprechmuster. Obwohl Videokonferenzen idealtypisch Interaktionen von Angesicht zu Angesicht ähneln, argumentieren Experten, dass der Unterschied zwischen diesen beiden Modi signifikant größer ist, als weithin angenommen. Die Professorin Jena Lee von der medizinischen Fakultät der University of California Los Angeles (UCLA) sowie leitende Ärztin am dortigen Santa Monica Medical Center schreibt:

„Ein Großteil der Kommunikation ist tatsächlich unbewusst und nonverbal, da der emotionale Inhalt schnell durch soziale Signale wie Berührung, gemeinsame Aufmerksamkeit und Körperhaltung verarbeitet wird. Diese nonverbalen Signale werden nicht nur verwendet, um Informationen über andere zu erhalten, sondern auch direkt benutzt, um eine adaptive Antwort vorzubereiten und sich auf gegenseitige Kommunikation einzulassen, alles in wenigen Millisekunden. Auf Video sind die meisten dieser Signale jedoch schwieriger sichtbar zu machen, da nicht dieselbe Umgebung geteilt wird (was die gemeinsame Aufmerksamkeit einschränkt), und subtile Gesichtsausdrücke sowie Körpersprache werden möglicherweise nicht erfasst. Ohne die Hilfe dieser unbewussten Signale, auf die wir uns seit unserer Kindheit sozial-emotional verlassen haben, um uns gegenseitig zu bewerten und um eine Verbindung aufzubauen, sind kompensatorische kognitive und emotionale Anstrengungen erforderlich."[732]

Das Argument sieht somit zusammengefasst so aus: Weil Kommunikation über Videoconferenzsysteme kaum Körpersprache umfasst, nicht am selben Ort stattfindet und damit nicht vollständig synchron ist, unser Gehirn aber nach Synchronität strebt, arbeitet es mit erhöhtem Aufwand. Dieser gesteigerte kognitive Aufwand zur Herstellung synchroner Wahrnehmung manifestiert sich nach einiger Zeit in Ermüdung, Erschöpfung und Stress. Beachten Sie dabei, dass Menschen Asynchronität bereits im Ausmaß von Bruchteilen einer Sekunde wahrnehmen können, also im Millisekundenbereich, was durch Untersuchungen von Hirnaktivierungsmustern auf Basis der funktionellen Kernspintomografie belegt ist.[733, 734]

Erhöhte Selbstwahrnehmung

Viele Benutzer von Videokonferenzsystemen verwenden aktiv das Feature, den eigenen Livestream einzublenden. Damit sieht man sich in einem kleinen Fenster selbst. Es ist, als würde man in den Spiegel schauen. Die Nutzung dieses Features führt zu einer gesteigerten Selbstwahrnehmung. Dies kann mit negativen Konsequenzen einhergehen.

Die Forschung zeigt, dass eine erhöhte Selbstwahrnehmung die Empfindlichkeit für die Bewertung von einem selbst durch Dritte erhöht.[735] Daraus folgt, dass die durch den eigenen Livestream ausgelöste Selbstwahrnehmung zu einer ausgeprägten Reaktion auf negative Bewertungen führen kann. Denken Sie hier beispielsweise an Kritik, die man in einer Videokonferenz erhält, ua im Distance Learning oder in einem Online-Meeting mit Kollegen oder Kunden. Dies kann wiederum zu erhöhten Stressreaktionen führen. Sozialer Bewertungsstress geht mit einem signifikanten Anstieg von Markern für entzündliche Aktivität im Körper einher (sTNFαRII, IL-6).[736] Zusätzlich wurde herausgefunden, dass ein deutlicherer Anstieg von einem Marker (sTNFαRII) mit verstärkter Aktivität in Hirnregionen zusammenhängt, die mit negativen Emotionen assoziiert sind (anteriorer cingulärer Kortex und Insel). Eine Gesamtschau dieser Befunde legt daher nahe, dass eine ausgeprägtere Selbstwahrnehmung deshalb zu mehr körperlichem und psychischem Stress führt, weil man empfindlicher auf die Kritik durch Kommunikationspartner reagiert. Denken Sie bei der nächsten Videokonferenz an diese Erkenntnis und entscheiden Sie dann bewusst, ob Sie Ihr eigenens Video aufdrehen oder es besser abgeschaltet lassen.

Neben diesem Stresseffekt sollten Sie zudem beachten, dass eine erhöhte Selbstwahrnehmung im Gehirn automatisch ablaufende Informationsverarbeitungsprozesse unterbrechen kann und somit zu mehr bewussten kognitiven Abläufen führt. Dies geht typischerweise mit einem Anstieg des mentalen Aufwands einher.[737] Kanadische Wissenschaftler schreiben dazu, dass die erhöhte Selbstwahrnehmung bei Videokonferenzen Folgendes bewirken kann: „Aufmerksamkeit und Interesse könnten sich von der eigentlichen Interaktion dahin verlagern, wie diese Interaktion von anderen wahrgenommen wird".[738] Solche Gedanken *über* die gerade stattfindende Interaktion stören den eigentlichen Kommunikationsablauf, erhöhen den mentalen Aufwand und reduzieren mit hoher Wahrscheinlichkeit auch die Kommunikationseffektivität.

Fehlender Augenkontakt

Wenn Menschen einander in die Augen schauen, haben sie Augenkontakt. Fehlender Augenkontakt kann negative Folgen für die zwischenmenschliche Interaktion haben. US-amerikanische Wissenschaftler schrieben bereits 2006, als sich Videokonferenzsysteme auszubreiten begannen: „In der Kommunikation von Angesicht zu Angesicht wird das Nicht-Aufrechterhalten von Augenkontakt universell als Zeichen der Täuschung angesehen und dies führt zu Misstrauen."[739] Bei Videokonferenzen ist durch die Trennung von Bildschirm und Kamera typischerweise kein Augenkontakt wahrnehmbar.

Zwei weit verbreitete Nutzungsszenarien sehen wie folgt aus: (1) PC-Nutzung, wobei hierbei die Kamera meist über dem Bildschirm montiert ist. (2) Verwendung eines Laptops, bei dem die Kamera normalerweise im oberen Bereich des Geräts eingebaut ist. Ein wesenticher Unterschied zwischen Szenario (1) und (2) ist, dass die Kamera bei (1) über den Augen des Users positioniert ist, wohingegen sie bei (2) unterhalb der Augen liegt. Konsequenz ist, dass in beiden Szenarien kein Augenkontakt wahrnehmbar ist.

Stellen Sie sich vor, Sie konferieren über Video mit der Benutzerin wie in den Abbildungen 12 und 13 dargestellt. In Szenario (1) blicken Sie von oben in ihr Gesicht und der Blick der Benutzerin ist somit eher nach unten orientiert. In Szenario (2) blicken Sie hingegen von unten in ihr Gesicht und ihr Blick ist eher nach oben orientiert. Abbildung 12 visualisiert Szenario (1). Abbildung 13 zeigt Szenario (2). Verschärft werden die negativen Folgen fehlenden Augenkontakts (zB Misstrauen) durch den Umstand, dass Menschen in Interaktionssituationen bereits Blickabweichungen von wenigen Grad wahrnehmen.[740] Abweichungen von 20 Grad und mehr sind bei Videokonferenzen keine Seltenheit.[741] Daraus folgt, dass das Problem fehlenden Augenkontaks bei Videoconferencing weit verbreitet ist.

Abb 12: Typisches PC-Nutzungsszenario bei Videokonferenzen und fehlender Augenkontakt

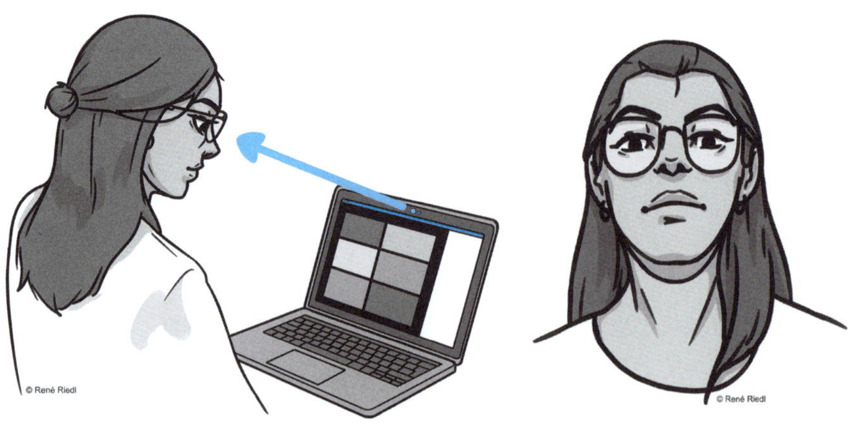

Abb 13: Typisches Laptop-Nutzungsszenario bei Videokonferenzen und fehlender Augenkontakt

Aus den vorgestellten Befunden folgt, dass der bei Videokonferenzen im Regelfall fehlende Augenkontakt zu Misstrauen sowie zu Schwierigkeiten beim Aufbau und bei der Aufrechterhaltung von Vertrauen führen kann. Forschungsergebnisse bestätigen diese These. Eine US-amerikanische Studie untersuchte die Wirkungen von vier Kommunikationsmodi auf die Vertrauensbildung: von Angesicht zu Angesicht, Videokonferenz, Audiokonferenz und rein textbasierter Chat. Die Studienergebnisse fassen die Wissenschaftler wie folgt zusammen:

„CMC [computer-mediated communication, also computervermittelte Kommunikation] kann die Vertrauensbildung verzögern, indem es das Tempo verlangsamt, mit dem Menschen nonverbale Vertrauenssignale erfassen können [...] dies macht sich vor allem bei rein textbasierter Kommunikation bemerkbar, es gibt jedoch auch eine Reduktion von Kommunikationskanälen bei den anderen computervermittelten Bedingungen – Sprachkommunikation mangelt es an visuellen Signalen [...] und selbst qualitativ hochwertiges Video schränkt das Sichtbare ein [...] das Fehlen von Körpersprache, Gesichtsausdrücken, subtilen Stimmveränderungen usw. kann dazu führen, dass es länger dauert, sich eine Meinung darüber zu bilden, ob man einem bislang Unbekannten vertrauen kann [...]“[742]

Die Studie hat zudem im direkten Vergleich von Videokonferenzkommunikation und Interaktion in Realumgebung herausgefunden, dass etabliertes Vertrauen bei Video rascher gebrochen wird, die Studienautoren sprechen wörtlich von „fragilem Vertrauen“. In einer Gesamtschau der Befunde gilt somit, dass bei Videokonferenzen – im Vergleich zu Kommunikation von Angesicht zu Angesicht – die Vertrauensentwicklung schwieriger ist, länger dauert und Menschen dazu neigen, gewonnenes Vertrauen leichter zu brechen; sie verhalten sich daher weniger vertrauenswürdig. Das alles hat Konsequenzen für den Stress, da weniger Vertrauen bzw mehr Misstrauen mit mehr Stress einhergeht.[743, 744, 745]

Multitasking

Während Videokonferenzen mit mehreren Gesprächspartnern neigen Menschen dazu, parallel anderen Aktivitäten nachzugehen.[746] Beispiele sind Online-Meetings von Projektteams oder Online-Unterricht im Distance Learning. In einem Praxisbericht wird dies treffend auf den Punkt gebracht:

„Bei einer persönlichen Besprechung ist es fast unmöglich, E-Mails unauffällig zu checken, Termine zu vereinbaren oder Nachrichten zu versenden, während Ihr Kollege ein Projekt bespricht. Wenn Sie jedoch bereits für einen Zoom-Anruf an Ihrem Computer sitzen, können Sie problemlos ein anderes Fenster öffnen oder auf Ihrer Tastatur tippen, ohne dass dies jemand bemerkt. Bei längeren Besprechungen nutzen die Teilnehmer ihre Zeit, um nebenbei andere Dinge zu erledigen. Die Idee ist, die Produktivität zu steigern, aber diese Art von Multitasking ist anstrengend und verringert die Qualität der eigenen Arbeit."[747]

In der Tat ist es so, wie es hier behauptet wird. In vielen Fällen erhöht Multitasking die Produktivität *nicht*, sondern sie bleibt unverändert oder verringert sich sogar. Zudem erhöht Multitasking die mentale Belastung, ermüdet, stresst und kann mit depressiven Tendenzen sowie Burnout einhergehen. Weiter ist belegt, dass es die Sympathikusaktivität anregt und damit zB den Blutdruck steigert. Alle diese Effekte habe ich im Abschnitt „Multitasking" in Kapitel 3 bereits näher ausgeführt. Ganz aktuelle Forschung, die in der weltbekannten Fachzeitschrift *Nature* veröffentlicht wurde, weist zudem auf der Basis pyhsiologischer Messungen nach, dass ausgeprägteres Multitasking mit Aufmerksamkeits- und Gedächtnisdefiziten einhergehen kann.[748] Ähnliche kognitive Effekte werden in einer anderen Untersuchung berichtet.[749] Daraus folgt die Empfehlung, Multitasking während Videokonferenzen zu vermeiden.

Wahrnehmung vieler Gesichter, die einen anstarren

Jeder, der Nutzer von Videokonferenzsystemen ist, kennt das Phänomen: Man hat das Gefühl, von vielen Gesichtern angestarrt zu werden, und dies, obwohl gar kein direkter Augenkontakt besteht. Abbildung 14 visualisiert eine solche Situation. Unterbewusst kann dies mit der Wahrnehmung von Gefahr und Stress einhergehen.[750, 751] Es erklärt im Übrigen auch, warum wir in einem Aufzug mit anderen Menschen oftmals auf den Boden blicken –

direkter Augenkontakt ist wichtig (zB um Vertrauen aufzubauen), hält er aber für einige Sekunden an, meinen wir, zum „Ziel" eines anderen Menschen geworden zu sein. Dies führt evolutionär bedingt eher zu Vermeidungs- bzw Fluchtverhalten.[752] Es ist davon auszugehen, dass die Wahrnehmung vieler Gesichter, die einen anstarren, mit erhöhter Sympathikusaktivität einhergeht. Dies erhöht den Stress und kann über längere Zeiträume zu Erschöpfung führen.[753, 754]

Abb 14: Typischer Anwendungsfall von Videokonferenzsystemen mit vielen Gesichtern

Maßnahmen gegen das Chronische Zoom-Syndrom und Fatigue

Auf der Basis einer Sichtung von Praxisartikeln, persönlichen Gesprächen mit Betroffenen und wissenschaftlicher Fachliteratur habe ich die folgende Top-15-Liste an Bewältigungsstrategien entwickelt, um das Chronische Zoom-Syndrom bzw Zoom Fatigue zu vermeiden oder deren negative Folgen für die Gesundheit und Leistungsfähigkeit zumindest abzuschwächen (die Reihung gibt *keine* Wichtigkeit an):[755]

- Loggen Sie sich nicht „last minute“ ein, sondern ein paar Minuten vor dem Start des Meetings.
- Machen Sie sich mit den Features der Software vorab vertraut (zB Teilen von Medieninhalten via „Screensharing“).
- Kamera auch mal abschalten und nur Audio verwenden bzw auch mal zum Telefon greifen.
- Sollte „nur Audio“ nicht möglich sein, positionieren Sie die Kamera so, dass Sie möglichst direkt hineinsehen.
- Leuchten Sie Ihr Gesicht von vorne aus, damit die Gesprächspartner Ihre Mimik besser wahrnehmen können, und vermeiden Sie zudem einen sehr hellen Hintergrund, da Sie ansonsten wie eine Silhouette erscheinen.
- Beachten Sie, dass bei Verwendung eines Headsets die Sound-Qualität im Regelfall besser ist als bei Verwendung eines Mikrofons, das im Gerät (zB Laptop) verbaut ist.
- Pausen zwischen den virtuellen Meetings einplanen (zehn Minuten können bereits sehr wirksam sein).
- Weniger virtuelle Meetings abhalten und alternative Kommunikationsformen prüfen.
- Die Dauer eines einzelnen Meetings beschränken (zB maximal eine Stunde). Sollte dies nicht möglich sein, variieren Sie die sprechenden Personen sowie Aktivitäten (zB eine kurze Umfrage beim Distance Learning), um Monotonie zu vermeiden.
- Den eigenen Ton immer abschalten, wenn Sie nicht sprechen, um Unterbrechungen und Störungen zu vermeiden.
- Vermeiden Sie Multitasking.
- Sorgen Sie für eine gute technische Infrastruktur.
- Stehen Sie zwischendurch mal auf, stretchen Sie ein wenig.
- Die Verwendung bestimmter Software Features kann helfen, einen gemeinsamen Kontext wahrzunehmen (zB „Together mode“ von Microsoft Teams).
- Machen Sie sich in regelmäßigen Abständen mit den Features der Software vertraut, da Hersteller, auch um die hier beschriebenen negativen Effekte zu vermeiden, laufend an Weiterentwicklungen arbeiten (zB „FaceTime Attention Correction“, um das Gefühl eines direkten Augenkontakts zu vermitteln).

Fazit

Um die Ausbreitung des Corona-Virus zu verlangsamen, wurden Lockdowns verhängt. Die Aufrechterhaltung der Funktionsfähigkeit von Wirtschaft und Gesellschaft haben wir nicht zuletzt dem Einsatz von digitalen Technologien zu verdanken. Informations- und Kommunikationstechnologien haben geholfen, die Krise zu meistern. Die Forschung zeigt jedoch, dass coronabedigte Ausgangssperren und der damit einhergehende Anstieg von Home Office und Home Schooling oft erhöhten digitalen Stress nach sich ziehen. Aktuell werden bereits Stimmen laut, die Remote-Interaktion und den aktuell sehr hohen Nutzungsstatus digitaler Technologien (zB Social Media, Videoconferencing) auch nach dem Ende der Krise beibehalten wollen. Meines Erachtens sollten Geschäftsmeetings, Schulunterricht, Vorlesungen an Hochschulen, Arzt-Patienten-Gespräche und weitere soziale Interaktionen nach Überwindung der Corona-Pandemie wieder in einem signifikant höheren Ausmaß in Realumgebungen von Angesicht zu Angesicht stattfinden, als dies während der Krise der Fall war. Dies trägt zur Reduktion von digitalem Stress bei.

Danksagung (2. Auflage)

Ich danke meiner Frau Ingrid für das Kommentieren des neu hinzugekommenen Kapitels 9. Gleiches gilt für meinen Sohn Pascal, der im Herbst 2020 an der Technischen Universität Wien ein Studium begann, das bislang aufgrund des Lockdowns fast ausschließlich über Distance Learning stattfand. Deine Erfahrungen haben geholfen, das Phänomen „Zoom Fatigue" insbesondere auch aus der Perspektive eines jungen Menschen zu verstehen und wie damit umgegangen werden kann. Dem Linde Verlag sei wie schon bei der ersten Auflage für die vorbildliche Unterstützung im gesamten Projektverlauf gedankt. Namentlich seien Geschäftsführer Mag. Klaus Kornherr sowie Frau Mag. Theresa Weiglhofer hervorgehoben, die auch das neue Kapitel lektoriert hat.

Danksagung (1. Auflage)

Allen voran danke ich meiner Frau Ingrid. Aufgrund der ohnehin vielen beruflichen Verpflichtungen hält sich üblicherweise die Begeisterung in Grenzen, wenn ich vom Entschluss, ein neues Buchprojekt zu starten, berichte. Konsequenz einer solchen Entscheidung ist, dass viel Freizeit auf der Strecke bleibt. In diesem Fall war es anders. Danke, mein Schatz, dass du das Buchprojekt so positiv und motivierend aufgenommen und den Entwurf des Manuskripts im Detail kommentiert hast! Dank gebührt auch einem unserer Söhne. Nils hat die Referenzliste sorgfältig geprüft und editiert. Marlene, dir danke ich für die Umsetzung der Illustrationen im Buch.

Seitens des Linde Verlags danke ich Mag. Klaus Kornherr, er nahm in seiner Funktion als Geschäftsführer die Idee zum Buch äußerst positiv auf und innerhalb kurzer Zeit lag die Entscheidung vor, das Projekt zu realisieren. Frau Dr. Gerit Kandutsch, Verlagsleiterin, und allen voran Mag. Theresa Weiglhofer, Programmleiterin, unterstützten mich im weiteren Projektverlauf in vorbildlicher Weise.

Die hohe Intensität, mit der ich mich seit rund zehn Jahren der Untersuchung des digitalen Stresses widmen kann, habe ich auch diversen Forschungsförderungsinstitutionen zu verdanken, insbesondere sind dies der Fonds zur Förderung der wissenschaftlichen Forschung (FWF), die Österreichische Forschungsförderungsgesellschaft (FFG), das Land Oberösterreich sowie das Social Sciences and Humanities Research Council Canada. Last but not least, Dank an alle Kolleginnen und Kollegen sowie das wissenschaftliche Personal an diversen Hochschulen im In- und Ausland.

Quellenverzeichnis

1 https://de.statista.com/statistik/studie/id/3179/dokument/smartphones-statista-dossier/.

2 https://de.statista.com/statistik/studie/id/3179/dokument/smartphones-statista-dossier/.

3 https://de.statista.com/statistik/studie/id/15441/dokument/internetnutzung-in-europa-statista-dossier/.

4 https://de.statista.com/statistik/daten/studie/910052/umfrage/mobile-internetnutzung-unterwegs-nach-laendern-in-europa/.

5 https://de.statista.com/statistik/studie/id/24350/dokument/e-mail-nutzung-statista-dossier/.

6 https://de.statista.com/statistik/daten/studie/209186/umfrage/zugriff-auf-social-media-via-mobiler-endgeraete-in-ausgewaehlten-laendern/.

7 https://de.statista.com/statistik/studie/id/17391/dokument/unternehmenssoftware-statista-dossier/.

8 https://de.statista.com/statistik/daten/studie/252278/umfrage/prognose-zur-zahl-der-taeglich-versendeter-e-mails-weltweit/.

9 https://de.statista.com/statistik/daten/studie/422274/umfrage/prognose-zur-anzahl-der-nutzer-von-e-mails-weltweit/.

10 https://www.finanzen100.de/top100/die-grossten-borsennotierten-unternehmen-der-welt/.

11 https://de.statista.com/statistik/daten/studie/162524/umfrage/markenwert-der-wertvollsten-unternehmen-weltweit/.

12 https://www.forbes.com/billionaires/.

13 https://seo-ag.de/seo-blog/google-aktuelle-zahlen-zum-taeglichen-suchvolumen.

14 Brynjolfsson, E., Hitt, L. M. (2000). Beyond computation: information technology, organizational transformation and business performance. *Journal of Economic Perspectives*, 23–48.

15 Ganju, K. et al. (2016). Does information and communication technology lead to the well-being of nations? A country-level empirical investigation. *MIS Quarterly*, 417–430.

16 Melville, N. et al. (2004). Information technology and organizational performance: an integrative model of IT business value. *MIS Quarterly*, 283–322.

17 Sparrow, B. et al. (2011). Google effects on memory: cognitive consequences of having information at your fingertips. *Science*, 776–778.

18 Tarafdar, M. et al. (2015). The dark side of information technology. *MIT Sloan Management Review*, 61–70.

19 Riedl, R. (2013). On the biology of technostress: literature review and research agenda. *ACM SIGMIS Database*, 18–55.

20 Brod, C. (1984). Technostress: the human cost of the computer revolution. Addison-Wesley.

21 Hudiburg, R. A. (1989). Psychology of computer use: vii. Measuring technostress: computer-related stress. *Psychological Reports*, 767–772.

22 Weil, M. M., Rosen, L. D. (1997). Technostress: coping with technology @work @home @play. Wiley.

23 Brod, C. (1984). Technostress: the human cost of the computer revolution. Addison-Wesley. Vorwort.

24 Weil, M. M., Rosen, L. D. (1997). Technostress: coping with technology @work @home @play. Wiley. Seite 5–6/28.

25 Anderson, A. (1985). Technostress: another Japanese discovery. *Nature*, 6.

26 Benzari, A. et al. (2020). The rise of technostress: a literature review from 1984 until 2018. *Proceedings of the European Conference on Information Systems*, 1–24.

27 https://www.stress.org/.

28 https://de-statista-com.fhooe.idm.oclc.org/infografik/13752/gestresste-arbeitnehmer-in-europa/.

29 Hassard, J. et al. (2018). The cost of work-related stress: a systematic review. *Journal of Occupational Health Psychology*, 1–17.

30 Gimpel, H. et al. (2018). Digitaler Stress in Deutschland: Eine Befragung von Erwerbstätigen zu Belastung und Beanspruchung durch Arbeit mit digitalen Technologien.

31 Gimpel, H. et al. (2019). Gesund digital arbeiten?! Eine Studie zu digitalem Stress in Deutschland.

32 Fischer, T. et al. (2019). Is the technostress creators inventory still an up-to-date measurement instrument? Results of a large-scale interview study. *Proceedings of the International Conference on Wirtschaftsinformatik*, 1–12.

33 Zum Zeitpunkt der Endredaktion des vorliegenden Buches waren die Befunde noch nicht veröffentlicht. Weitere Informationen finden Sie auf www.digitalstress.info.

34 Körner, U. et al. (2019). Perceived stress in human-machine interaction in modern manufacturing environments: results of a qualitative interview study. *Stress and Health*, 187–199.

35 Lee, Y.-K. et al. (2014). The dark side of smartphone usage: psychological traits, compulsive behavior and technostress. *Computers in Human Behavior*, 373–383.

36 Vahedi, Z., Saiphoo, A. (2018). The association between smartphone use, stress, and anxiety: a meta-analytic-review. *Stress and Health*, 1–12.

37 Schick, B. et al. (2019). Fahrerlebnis versus mentaler Stress bei der assistierten Querführung. *ATZ*, 70–75.

38 Eisel, M. (2016). Understanding the influence of in-vehicle information systems on range stress: insights from an electric vehicle field experiment. *Traffic Psychology and Behaviour*, 199–211.

39 Fischer, T., Riedl, R. (2017). Technostress research: a nurturing ground for measurement pluralism? *Communications of the Association for Information Systems*, 375–401.

40 Moody, G., Galletta, D. F. (2015). Lost in cyberspace: the impact of information scent and time constraints on stress, performance, and attitudes online. *Journal of Management Information Systems*, 192–224.

41 Chen, A., Karahanna, E. (2018). Life interrupted: the effects of technology-mediated work interruptions on work and nonwork outcomes. *MIS Quarterly*, 1023–1042.

42 Tams, S. et al. (2014). NeuroIS – alternative or complement to existing methods? Illustrating the holistic effects of neuroscience and self-reported data in the context of technostress research. *Journal of the Association for Information Systems*, 723–753.

43 Bailey, B. P., Konstan, J. A. (2006). On the need of attention-aware systems: measuring effects of interruption on task performance, error rate, and affective state. *Computers in Human Behavior*, 685–708.

44 Brooks, S. (2015). Does personal social media usage affect efficiency and well-being? *Computers in Human Behavior*, 26–37.

45 Benzari, A. et al. (2020). The rise of technostress: a literature review from 1984 until 2018. *Proceedings of the European Conference on Information Systems*, 1–24.

46 Stadin, M. et al. (2016). Information and communication technology demands at work: the association with job strain, effort-reward imbalance and self-rated health in different socio-economic strata. *International Archives of Occupational and Environmental Health*, 1049–1058.

47 Thomée, S. et al. (2012). Computer use and stress, sleep disturbances, and symptoms of depression among young adults: a prospective cohort study. *BMC Psychiatry*, 176.

48 Zimbardo, P. G., Gerrig, R. J. (2004). Psychologie (16. A.), Pearson. Seite 562.

49 Robinson, A. M. (2018). Let's talk about stress: history of stress research. *Review of General Psychology*, 1–9.

50 Bild: Verändertes Original nach https://creativecommons.org/licenses/by/4.0/

51 Selye, H. (1936). A syndrome produced by diverse nocuous agents. *Nature*, 32.

52 Chrousos, G. P. (2009), Stress and disorders of the stress system. *Nature Reviews Endocrinology*, 374–381.

53 Selye, H. (1946). The general adaption syndrome and the diseases of adaption. *Journal of Clinical Endocrinology & Metabolism*, 117–230.

54 Cannon, W. B. (1929). Bodily changes in pain, hunger, fear and rage (2nd ed.). Appleton.

55 Bild: Verändertes Original nach https://creativecommons.org/licenses/by/4.0/

56 Cannon, W. B. (1942). Voodoo death. *American Anthropologist*, 169–181.

57 Sternberg, E. M. (2002). Walter B. Cannon and "voodoo death": a perspective from 60 years on. *American Journal of Public Health*, 1564–1566.

58 Cannon, W. B. (1915). Bodily changes in pain, hunger, fear and rage. Appleton.

59 Bracha, S. et al. (2004). Does „fight or flight" need updating? *Psychosomatics*, 448–449.

60 Bracha, S. et al. (2004). Does „fight or flight" need updating? *Psychosomatics*, 448–449.

61 Karnath, H.-O., Thier, P. (2006). Neuropsychologie. Springer.

62 Nesse, R. M. (1999). Proximate and evolutionary studies of anxiety, stress and depression: synergy at the interface. *Neuroscience & Biobehavioral Reviews*, 895–903.

63 Bracha, S. et al. (2004). Does „fight or flight " need updating? *Psychosomatics*, 448–449.

64 Gray, J. A. (1987). The psychology of fear and stress (2nd ed.). Cambridge University Press.

65 Cannon, W. B. (1929). Organization for physiological homeostasis. *Psychological Review*, 399–431.

66 Cannon, W. B. (1935). Stresses and strains of homeostasis. *American Journal of the Medical Sciences*, 13–14.

67 Cannon, W. B. (1932). The wisdom of the body. Norton & Co.

68 Cannon, W. B. (1898). The movements of the stomach studied by means of the Röntgen rays. *American Journal of the Boston Society of Medical Sciences*, 59–66.

69 Bernard, C. (1872). La constitution physico-chimique du milieu intérieur. *Revue Scientifique*, 670–672.

70 Bild: Verändertes Original (Public Domain Bild)

71 Ligenza, D. (2015). Sir William Osler, the „ Father of Modern Medicine ". https://www.bartonassociates.com/blog/sir-william-osler-the-father-of-modern-medicine.

72 Osler, W. (1892). The principles and practice of medicine, designed for the use of practitioners and students of medicine. Appleton.

73 Bild: Verändertes Original (Public Domain Bild)

74 Robinson, A. M. (2018). Let's talk about stress: history of stress research. *Review of General Psychology*, 1–9.

75 Lazarus, R. S. (1966). Psychological stress and the coping process. McGraw-Hill Book Company.

76 Lazarus, R. S., Folkman, S. (1984). Stress, appraisal, and coping. Springer.

77 Riedl, R. (2013). Mensch-Computer-Interaktion und Stress. *HMD – Praxis der Wirtschaftsinformatik*, 97–106.

78 Lazarus, R. S., Folkman, S. (1984). Stress, appraisal, and coping. Springer.

79 Riedl, R. (2013). Mensch-Computer-Interaktion und Stress. *HMD – Praxis der Wirtschaftsinformatik*, 97–106.

80 Hobfoll, S. (1989). Conservation of resources: a new attempt at conceptualizing stress. *American Psychologist*, 513–524.

81 Hobfoll, S. et al. (2018). Conservation of resources in the organizational context: the reality of resources and their consequences. *Annual Review of Organizational Psychology and Organizational Behavior*, 103–128.

82 Lazarus, R. S. (1966). Psychological stress and the coping process. McGraw-Hill Book Company.

83 Riedl, R. (2013). On the biology of technostress: literature review and research agenda. *ACM SIGMIS Database*, 18–55.

84 Ward, C. V. et al. (2011). Complete fourth metatarsal and arches in the foot of Australopithecus afarensis. *Science*, 750–753.

85 Wynn, J. G. et al. (2013). Diet of Australopithecus afarensis from the pliocene hadar formation, Ethiopia. *PNAS*, 10495–10500.

86 Adolphs, R. et al. (2005). A mechanism for impaired fear recognition after amygdala damage. *Nature*, 68–72.

87 McHugh, S. B. et al (2004). Amygdala and ventral hippocampus contribute differentially to mechanisms of fear and anxiety. *Behavioral Neuroscience*, 63–78.

88 McGaugh, J. L. (2004). The amygdala modulates the consolidation of memories of emotionally arousing experiences. *Annual Review of Neuroscience*, 1–28.

89 Gianaros, P. J., Jennings J. R. (2018). Host in the machine: a neurobiological perspective on psychological stress and cardiovascular disease. *American Psychologist*, 1031–1044.

90 Gianaros, P. et al. (2017). A brain phenotype for stressor-evoked blood pressure reactivity. *Journal of the American Heart Association*, 1–15.

91 Gianaros, P.J., Wager, T. D. (2015). Brain-body pathways linking psychological stress and physical health. *Current Directions in Psychological Science*, 313–321.

92 Gianaros, P. et al. (2017). A brain phenotype for stressor-evoked blood pressure reactivity. *Journal of the American Heart Association*, 1–15.

93 Gianaros, P. J., Jennings J. R. (2018). Host in the machine: a neurobiological perspective on psychological stress and cardiovascular disease. *American Psychologist*, 1031–1044.

94 Riedl, R. et al. (2012). Technostress from a neurobiological perspective: system breakdown increases the stress hormone cortisol in computer users. *Business & Information Systems Engineering*, 61–69.

95 Gunnar, M., Quevedo, K. (2007). The neurobiology of stress and development. *Annual Review of Psychology*, 145–173.

96 McEwen, B. S. (2006). Protective and damaging effects of stress mediators: central role of the brain. *Dialogues in Clinical Neuroscience*, 367–381.

97 McEwen, B. S., Morrison, J. H. (2013). The brain on stress: vulnerability and plasticity of the prefrontal cortex over the life course. *Neuron*, 16–29.

98 Reuter, M. (2002). Impact of cortisol on emotions under stress and nonstress conditions: a pharmacopsychological approach. *Neuropsychobiology*, 41–48.

99 Het, S. et al. (2005). A meta-analytic review of the effects of acute cortisol administration on human memory. *Psychoneuroendocrinology*, 771–784.

100 Nater, U. M. et al. (2006). Psychosocial stress enhances time-based prospective memory in healthy young men. *Neurobiology of Learning and Memory*, 344–348.

101 Tsigos, C., Chrousos, G. P. (2002). Hypothalamicpituitary-adrenal axis, neuroendocrine factors and stress. *Journal of Psychosomatic Research*, 865–871.

102 Chrousos, G. P. (2009), Stress and disorders of the stress system. *Nature Reviews Endocrinology*, 374–381.

103 De Kloet, R. E. et al. (2005). Stress and the brain: from adaptation to disease. *Nature Reviews Neuroscience*, 463–475.

104 Gunnar, M., Quevedo, K. (2007). The neurobiology of stress and development. *Annual Review of Psychology*, 145–173.

105 McEwen, B. S. (2006). Protective and damaging effects of stress mediators: central role of the brain. *Dialogues in Clinical Neuroscience*, 367–381.

106 McEwen, B. S., Morrison, J. H. (2013). The brain on stress: vulnerability and plasticity of the prefrontal cortex over the life course. *Neuron*, 16–29.

107 McEwen, B. S. (1998). Protective and damaging effects of stress mediators. *New England Journal of Medicine*, 171–179.

108 Melamed, S. (1999). Chronic burnout, somatic arousal and elevated salivary cortisol levels. *Journal of Psychosomatic Research*, 591–598.

109 Walker, B. R. (2007) Glucocorticoids and cardiovascular disease. *European Journal of Endocrinology*, 545–559.
110 Gianaros, P. J., Jennings J. R. (2018). Host in the machine: a neurobiological perspective on psychological stress and cardiovascular disease. *American Psychologist*, 1031–1044.
111 Kreek, M. J. et al. (2005). Genetic influences on impulsivity, risk taking, stress responsivity and vulnerability to drug abuse and addiction. *Nature Neuroscience*, 1450–1457.
112 Joels, M., Baram, T. Z. (2009). The neurosymphony of stress. *Nature Reviews Neuroscience*, 459–466.
113 Judge, T. A. et al. (2012). Genetic influences on core self-evaluations, job satisfaction, and work stress: a behavioral genetics mediated model. *Organizational Behavior and Human Decision Processes*, 208–220.
114 Federenko, I. S. et al. (2004). The heritability of hypothalamus pituitary adrenal axis responses to psychosocial stress is context dependent. *Journal of Clinical Endocrinology & Metabolism*, 6244–6250.
115 Shalev, I. et al. (2009). BDNF Val66Met polymorphism is associated with HPA axis reactivity to psychological stress characterized by genotype and gender interactions. *Psychoneuroendocrinology*, 382–388.
116 Alexander, N. et al. (2010). The BDNF val66met polymorphism affects HPA-axis reactivity to acute stress. *Psychoneuroendocrinology*, 949–953.
117 Frustaci, A. et al. (2008). Meta-analysis of the brain-derived neurotrophic factor gene (BDNF) Val66Met polymorphism in anxiety disorders and anxiety-related personality traits. *Neuropsychobiology*, 163–170.
118 Canli, T. (2009). Molecular biology and genomic imaging in social and personality psychology. In Harmon-Jones, E., Beer, J. S. (eds.), Methods in social neuroscience. Guilford Press, 295–312.
119 Canli, T., Lesch, K.-P. (2007). Long story short: the serotonin transporter in emotion regulation and social cognition. *Nature Neuroscience*, 1103–1109.
120 Caspi, A. et al. (2003). Influence of life stress on depression: moderation by a polymorphism in the 5-HTT gene. *Science*, 386–389.
121 Rodrigues. S. M. et al. (2009). Oxytocin receptor genetic variation relates to empathy and stress reactivity in humans. *PNAS*, 21437–21441.
122 Ising, M., Holsboer, F. (2006). Genetics of stress response and stress-related disorders. *Dialogues in Clinical Neuroscience*, 433–444.
123 Smoller, J. W. (2016). The genetics of stress-related disorders: PTSD, depression, and anxiety disorders. *Neuropsychopharmacology, 297–319.*
124 Bouchard, T.J., McGue, M. (2003). Genetic and environmental influences on human psychological differences. *Journal of Neurobiology*, 4–45.
125 Plomin, R. et al. (2008). Behavioral genetics (5th ed.), Worth Publishers.
126 Heinrich, L. J. et al. (2014). Informationsmanagement: Grundlagen, Aufgaben, Methoden (11. A.). De Gruyter Oldenbourg Verlag.
127 Riedl, R. (2013). On the biology of technostress: literature review and research agenda. *ACM SIGMIS Database*, 18–55.
128 Riedl, R. (2019). Management von Informatik-Projekten: Digitale Transformation erfolgreich gestalten (2. A.). De Gruyter Oldenbourg Verlag.
129 Heinrich, L. J. et al. (2014). Informationsmanagement: Grundlagen, Aufgaben, Methoden (11. A.). De Gruyter Oldenbourg Verlag.
130 Krcmar, H. (2015). Informationsmanagement (6. A.). Springer Verlag.
131 Venkatesh et al. (2016). Unified theory of acceptance and use of technology: a synthesis and the road ahead. *Journal of the Association for Information Systems*, 328–376.
132 Joiko, K. et al. (2010). Psychische Belastung und Beanspruchung im Berufsleben: Erkennen – Gestalten (5. A.). Bundesanstalt für Arbeitsschutz und Arbeitsmedizin. Seite 7, 9, 42, 49.
133 Wallmüller, E. (2011). Software Quality Engineering: Ein Leitfaden für bessere Software-Qualität. Hanser Verlag. Seite 360.
134 BMAS (2018). Arbeitsstättenverordnung. https://www.bmas.de/DE/Service/Medien/Publikationen/A225-arbeitsstaettenverordnung.html. Seite 3, 41, 56.
135 RIS (2020). Rechtsinformationssystem des Bundes, ArbeitnehmerInnenschutzgesetz. Besondere Maßnahmen bei Bildschirmarbeit, § 68. https://www.ris.bka.gv.at/
136 Calisir, F., Calisir, F. (2004). The relation of interface usability characteristics, perceived usefulness, and perceived ease of use to end-user satisfaction with enterprise resource planning (ERP) systems. *Computers in Human Behavior*, 505–515.
137 https://www.cs.umd.edu/~ben/goldenrules.html.
138 https://www.nngroup.com/articles/ten-usability-heuristics/.
139 Riedl, R., Léger, P. -M. (2016). Fundamentals of NeuroIS: Information Systems and the Brain. Springer Verlag.
140 Brooke, J. (1996). SUS: A quick and dirty usability scale. In Jordan, P. W. et al. (eds.). Usability evaluation in industry. Taylor and Francis, 189–194.
141 Brooke, J. (2013). SUS: a retrospective. *Journal of Usability Studies*, 29–40.
142 Englisches Original nach John Brooke.
143 Die Korrelation ist r = 0,822.

144 Bangor, A. et al. (2009). Determining what individual SUS scores mean: adding an adjective rating scale. *Journal of Usability Studies*, 114–123.
145 Bangor, A. et al. (2008). An empirical evaluation of the system usability scale. *International Journal of Human-Computer Interaction*, 574–594.
146 Bangor, A. et al. (2009). Determining what individual SUS scores mean: adding an adjective rating scale. *Journal of Usability Studies*, 114–123.
147 Heinrich, L. J. et al. (2014). Informationsmanagement: Grundlagen, Aufgaben, Methoden (11. A.). De Gruyter Oldenbourg Verlag.
148 Heponiemi, T. et al. (2019). Usability factors associated with physicians' distress and information system-related stress: cross-sectional survey. *JMIR Medical Informatics*, e13466.
149 Krcmar, H. (2015). Informationsmanagement (6. A.). Springer Verlag. Seite 144.
150 Rohweder, P. et al. (2008). Informationsqualität: Definitionen, Dimensionen und Begriffe. In Hildebrand, K. et al. (Hrsg.). Daten- und Informationsqualität. Vieweg & Teubner Verlag, 25–45.
151 Wang, R.Y., Strong, D. M. (1996). Beyond accuracy: what data quality means to data consumers. *Journal of Management Information Systems*, 5–34.
152 Wamba, S. F. et al. (2019). Turning information quality into firm performance in the big data economy. *Management Decision*, 1756–1783.
153 Calisir, F., Calisir, F. (2004). The relation of interface usability characteristics, perceived usefulness, and perceived ease of use to end-user satisfaction with enterprise resource planning (ERP) systems. *Computers in Human Behavior*, 505–515.
154 Lansmann, S., Klein, S. (2018). How much collaboration? Balancing the needs for collaborative and uninterrupted work. *Proceedings of the European Conference on Information Systems*, 1–18.
155 Lee, A. R. et al. (2016). Information and communication technology overload and social networking service fatigue: a stress perspective. *Computers in Human Behavior*, 51–61.
156 Eppler, M., Mengis, J. (2004). The concept of information overload: a review of literature from organization science, accounting, marketing, MIS, and related disciplines. *Information Society*, 325–344.
157 Miller, G. A. (1956). The magical number seven, plus or minus two: some limits on our capacity for processing information. *Psychological Review*, 81–97.
158 Giora, Z. (1988). The magical number seven. *Occident and Orient*, 175.
159 Cowan, N. (2001). The magical number 4 in short-term memory: a reconsideration of mental storage capacity. *Behavioral and Brain Sciences*, 87–114.
160 Worringer, B. et al. (2019). Common and distinct neural correlates of dualtasking and taskswitching: a metaanalytic review and a neurocognitive processing model of human multitasking. *Brain Structure and Function*, 1845–1869.
161 Weißbecker-Klaus, X. (2014). Multitasking und Auswirkungen auf die Fehlerverarbeitung: Psychophysiologische Untersuchung zur Analyse von Informationsverarbeitungsprozessen. Projekt F 2247, Bundesanstalt für Arbeitsschutz und Arbeitsmedizin. Siehe die Arbeit selbst sowie die von S. 53-62 genannten Quellenverweise.
162 Stich, J.-F. et al. (2018). Electronic communication in the workplace: boon or bane? *Journal of Organizational Effectiveness: People and Performance*, 98–106.
163 Van der Schuur, W. A. et al. (2015). The consequences of media multitasking for youth: a review. *Computers in Human Behavior*, 204–215.
164 Tams, S. et al. (2018). Concentration, competence, confidence, and capture: an experimental study of age, interruption-based technostress, and task performance. *Journal of the Association for Information Systems*, 857–908.
165 Konig, C. J. et al. (2005). Working memory, fluid intelligence, and attention are predictors of multitasking performance, but polychronicity and extraversion are not. *Human Performance*, 243–266.
166 Worringer, B. et al. (2019). Common and distinct neural correlates of dualtasking and taskswitching: a metaanalytic review and a neurocognitive processing model of human multitasking. *Brain Structure and Function*, 1845–1869.
167 Riedl, R., VanMeter, K. (2020). Explaining inconsistent research findings on the relationship between age and technostress perceptions: insights from the neuroscience literature. Information Systems and Neuroscience, Springer.
168 Reinecke, L. et al. (2016). Digital stress over the life span: the effects of communication load and internet multitasking on perceived stress and psychological health impairments in a German probability sample. *Media Psychology*, 1–26.
169 Kim, T. et al. (2016). Computer use at work is associated with self-reported depressive and anxiety disorder. *Annals of Occupational and Environmental Medicine*, 1–8.
170 Thomée, S. et al. (2007). Prevalence of perceived stress, symptoms of depression and sleep disturbances in relation to information and communication technology (ICT) use among young adults: an explorative prospective study. *Computers in Human Behavior*, 1300–1321.

171 Hung, W. -H. et al. (2015). Does the proactive personality mitigate the adverse effect of technostress on productivity in the mobile environment? *Telematics and Informatics*, 143–157.
172 Lee, S. B. et al. (2016). Technostress from mobile communication and its impact on quality of life and productivity. *Total Quality Management & Business Excellence*, 775–790.
173 Wetherell, M. A., Carter, K. (2014). The multitasking framework: the effects of increasing workload on acute psychobiological stress reactivity. *Stress Health*, 103–109.
174 Wetherell, M. A., Carter, K. (2014). The multitasking framework: the effects of increasing workload on acute psychobiological stress reactivity. *Stress Health*, 103–109. Seite 107.
175 Phillips, A. (2011). Blunted as well as exaggerated cardiovascular reactivity to stress is associated with negative health outcomes. *Japanese Psychological Research*, 177–192.
176 Addas, S., Pinsonneault, A. (2015). The many faces of information technology interruptions: a taxonomy and preliminary investigation of their performance effects. *Information Systems Journal*, 231–273.
177 Addas, S., Pinsonneault, A. (2018). E-mail interruptions and individual performance: is there a silver lining? *MIS Quarterly*, 381–405.
178 Carton, A. M., Aiello, J. R. (2009). Control and anticipation of social interruptions: reduced stress and improved task performance. *Journal of Applied Social Psychology*, 169–185.
179 Galluch, P. et al. (2015). Interrupting the workplace: examining stressors in an information technology context. *Journal of the Association for Information Systems*, 1–47.
180 Karr-Wisniewski, P., Lu, Y. (2010). When more is too much: operationalizing technology overload and exploring its impact on knowledge worker productivity. *Computers in Human Behavior*, 1061–1072.
181 O'Leary, M. B. et al. (2011). Multiple team membership: a theoretical model of its effects on productivity and learning for individuals and teams. *Academy of Management Review*, 461–478.
182 Csikszentmihályi, M. (1990). Flow: the psychology of optimal experience. Harper & Row.
183 Csikszentmihályi, M. (2012). Flow im Beruf: Das Geheimnis des Glücks am Arbeitsplatz. Klett-Cotta.
184 Engeser, S., Rheinberg, F. (2008). Flow, performance and moderators of challenge-skill balance. *Motivation and Emotion*, 158–172.
185 Jackson, S. A. et al. (2001). Relationships between flow, self-concept, psychological skills, and performance. *Journal of Applied Sport Psychology*, 129–153.
186 Privette, G. (1983). Peak experience, peak performance, and flow: a comparative analysis of positive human experiences. *Journal of Personality and Social Psychology*, 1361–1368.
187 Hsu, C.-L. et al. (2012). The impact of website quality on customer satisfaction and purchase intention: perceived playfulness and perceived flow as mediators. *Information Systems and E-Business Management*, 549–570.
188 Ding, D. X. et al. (2010). The impact of service system design and flow experience on customer satisfaction in online financial services. *Journal of Service Research*, 96–110.
189 Markowetz, A. (2015). Digitaler Burnout: Warum unsere permanente Smartphone-Nutzung gefährlich ist. Droemer Verlag. Seite 11–14.
190 Yu, L. et al. (2018). Excessive social media use at work: exploring the effects of social media overload on job performance. *Information Technology & People*, 1091–1112.
191 DeMarco, T., Lister, T. (2014). Wien wartet auf dich! Produktive Projekte und Teams. Hanser Verlag. Seite 64.
192 Lansmann, S., Klein, S. (2018). How much collaboration? Balancing the needs for collaborative and uninterrupted work. *Proceedings of the European Conference on Information Systems*, 1–18.
193 Lansmann, S., Klein, S. (2018). How much collaboration? Balancing the needs for collaborative and uninterrupted work. *Proceedings of the European Conference on Information Systems*, 1–18. Seite 11.
194 McAfee, A. P. (2006). Enterprise 2.0: the dawn of emergent collaboration. *MIT Sloan Management Review*, 21–28.
195 Riedl, R. (2019). Management von Informatik-Projekten: Digitale Transformation erfolgreich gestalten (2. A.). De Gruyter Oldenbourg Verlag.
196 Heponiemi, T. et al. (2019). Usability factors associated with physicians' distress and information system-related stress: cross-sectional survey. *JMIR Medical Informatics*, e13466.
197 Addas, S., Pinsonneault, A. (2015). The many faces of information technology interruptions: a taxonomy and preliminary investigation of their performance effects. *Information Systems Journal*, 231–273.
198 Kahneman, D. (1973). Attention and effort. Prentice Hall.
199 https://de.statista.com/statistik/daten/studie/252278/umfrage/prognose-zur-zahl-der-taeglich-versendeter-e-mails-weltweit/.
200 https://de.statista.com/statistik/daten/studie/422274/umfrage/prognose-zur-anzahl-der-nutzer-von-e-mails-weltweit/.

201 Addas, S., Pinsonneault, A. (2018). E-mail interruptions and individual performance: is there a silver lining? *MIS Quarterly*, 381–405.

202 Dabbish, L. A., Kraut, R. E. (2006). Email overload at work: an analysis of factors associated with email strain. *Proceedings of the Conference on Computer Supported Cooperative Work*, 431-440.

203 Fischer, T., Riedl, R. (2017). Stress durch E-Mail: Forschungsbefunde und Praxisimplikationen. *Wirtschaftsinformatik & Management*, 22–31.

204 Beispielfragen bei der Erfassung von Stress waren: „Wie oft haben Sie sich heute nervös oder gestresst gefühlt?" oder „Wie oft waren Sie heute aufgebracht, weil Sie die Dinge nicht unter Kontrolle hatten?".

205 Kushlev, K., Dunn, E. W. (2015). Checking email less frequently reduces stress. *Computers in Human Behavior*, 220–228.

206 Kushlev, K., Dunn, E. W. (2015). Checking email less frequently reduces stress. *Computers in Human Behavior*, 220-228. Seite 220.

207 Reinke, K., Chamorro-Premuzic, T. (2014). When email use gets out of control: understanding the relationship between personality and email overload and their impact on burnout and work engagement. *Computers in Human Behavior*, 502–509.

208 Jerejian, A. C. et al. (2013). The contribution of email volume, email management strategies and propensity to worry in predicting email stress among academics. *Computers in Human Behavior*, 991–996.

209 Barley, S. R. et al. (2011). E-mail as a source and symbol of stress. *Organization Science*, 887–906.

210 Fischer, T., Riedl, R. (2017). Stress durch E-Mail: Forschungsbefunde und Praxisimplikationen. *Wirtschaftsinformatik & Management*, 22–31.

211 Burgess, A. et al. (2005). Email training significantly reduces email defects. *International Journal of Information Management*, 71–83.

212 Byron, K. (2008). Carrying too heavy a load? The communication and miscommunication of emotion by email. *Academy of Management Review*, 309–327.

213 Addas, S., Pinsonneault, A. (2018). E-mail interruptions and individual performance: is there a silver lining? *MIS Quarterly*, 381–405.

214 manager-magazin.de (2017). Betriebsrat fordert neue Regeln: Porsche will Mails in Freizeit löschen lassen. https://www.manager-magazin.de/unternehmen/autoindustrie/porsche-uwe-hueck-will-mails-nach-feierabend-loeschen-lassen-a-1183934.html.

215 Fischer, T., Riedl, R. (2017). Stress durch E-Mail: Forschungsbefunde und Praxisimplikationen. *Wirtschaftsinformatik & Management*, 22–31.

216 Gupta, A. et al. (2011). You've got email! Does it really matter to process emails now or later? *Information Systems Frontiers*, 637–653.

217 Gupta, A. et al. (2011). You've got email! Does it really matter to process emails now or later? *Information Systems Frontiers*, 637–653. Seite 637.

218 Dabbish, L. A., Kraut, R. E. (2006). Email overload at work: an analysis of factors associated with email strain. *Proceedings of the Conference on Computer Supported Cooperative Work*, 431–440.

219 Robbins, S. (2004). Tips for mastering e-mail overload. Harvard Business School Working Knowledge. http://hbswk.hbs.edu/item.jhtml?id=4438&t=srobbins.

220 Akbar, F. et al. (2019). Email makes you sweat: examining email interruptions and stress with thermal imaging. *Proceedings of the CHI Conference on Human Factors in Computing Systems*, 1–14.

221 Zaman, S. et al. (2019). Stress and productivity patterns of interrupted, synergistic, and antagonistic office activities. *Scientific Data: A Nature Research Journal*, 1–18.

222 Shastri, D. et al. (2009). Imaging facial signs of neurophysiological responses. *IEEE Transactions on Biomedical Engineering*, 477–484.

223 Shastri, D. et al. (2012). Perinasal imaging of physiological stress and its affective potential. *IEEE Transactions on Affective Computing*, 366–378.

224 Soucek, R., Moser, K. (2010). Coping with information overload in email communication. Evaluation of a training intervention. *Computers in Human Behavior*, 1458–1466.

225 Brown, S. A. et al. (2004). Who's afraid of the virtual world? Anxiety and computer-mediated communication. *Journal of the Association for Information Systems*, 79–107.

226 Burgess, A. et al. (2005). Email training significantly reduces email defects. *International Journal of Information Management*, 71–83.

227 Fischer, T., Riedl, R. (2017). Stress durch E-Mail: Forschungsbefunde und Praxisimplikationen. *Wirtschaftsinformatik & Management*, 22–31.

228 Jauernig, D. et al. (2016). E-Mails und kein Ende: Eine Forschungsagenda für mehr Effizienz. *Proceedings Multikonferenz Wirtschaftsinformatik*, 1535–1546.

229 Barley, S. R. et al. (2011). E-mail as a source and symbol of stress. *Organization Science*, 887–906.

230 Kielholz, A. (2008). Online-Kommunikation: Die Psychologie der neuen Medien für die Berufspraxis. Springer. Seite 123–126.

231 Kielholz, A. (2008). Online-Kommunikation: Die Psychologie der neuen Medien für die Berufspraxis. Springer. Seite 125.

232 Kielholz, A. (2008). Online-Kommunikation: Die Psychologie der neuen Medien für die Berufspraxis. Springer. Seite 125.
233 Haar, J. M. et al. (2014). Outcomes of work-life balance on job satisfaction, life satisfaction and mental health: a study across seven cultures. *Journal of Vocational Behavior*, 361–373.
234 Lunau, T. et al. (2014). A balancing act? Work-life balance, health and well-being in European welfare states. *European Journal of Public Health*, 422–427.
235 Giauque, D. et al. (2019). Stress and turnover intents in international organizations: social support and work-life balance as resources. *International Journal of Human Resource Management*, 879–901.
236 Stich, J.-F. et al. (2018). Electronic communication in the workplace: boon or bane? *Journal of Organizational Effectiveness: People and Performance*, 98–106. Seite 10.
237 Kakabadse, N. et al. (2007). Addicted to technology. *Business Strategy Review*, 81-85.
238 Montag, C., Reuter, M. (2016). Internet Addiction. Springer Verlag.
239 Sha, P. et al. (2019). Linking Internet communication and smartphone use disorder by taking a closer look at the Facebook and WhatsApp applications. *Addictive Behaviors Reports*, 100148.
240 Hill, J. E. et al. (1998). Influences of the virtual office on aspects of work and work/life balance. *Personnel Psychology*, 667–683.
241 Haar, J. M. et al. (2014). Outcomes of work-life balance on job satisfaction, life satisfaction and mental health: a study across seven cultures. *Journal of Vocational Behavior*, 361–373.
242 Karkoulian, S. et al. (2016). A gender perspective on work-life balance, perceived stress, and locus of control. *Journal of Business Research*, 4918–4923.
243 Lunau, T. et al. (2014). A balancing act? Work-life balance, health and well-being in European welfare states. *European Journal of Public Health*, 422–427.
244 Benlian, A. (2020). A daily field investigation of technology-driven stress spillovers from work to home. *MIS Quarterly*, published online August 3, 2020.
245 Zitiert nach Villadsen, K. (2016). Constantly online and the fantasy of work-life balance. Reinterpreting work-connectivit as cynical practice and fetishism. *Culture and Organization*, 1–16. Seite 1.
246 Villadsen, K. (2016). Constantly online and the fantasy of work-life balance. Reinterpreting work-connectivit as cynical practice and fetishism. *Culture and Organization*, 1–16.
247 Chesley, N. (2014). Information and communication technology use, work intensification and employee strain and distress. *Work, Employment and Society*, 589–610.
248 Yun, H. et al. (2012). A new open door: the smartphone's impact on work-to-life conflict, stress, and resistance. *International Journal of Electronic Commerce*, 121–152.
249 Mazmanian, M. et al. (2013). The autonomy paradox: the implications of mobile email devices for knowledge professionals. *Organization Science*, 1337–1357.
250 Middleton, A., Catherine A. (2007). Illusions of balance and control in an always-on environment: a case study of blackberry users. *Continuum*, 165–178.
251 Lazarus, R. S., Folkman, S. (1984). Stress, appraisal, and coping. Springer Verlag.
252 Derks, D. et al. (2016). Work-related smartphone use, work-family conflict and family role performance: the role of segmentation preference. *Human Relations*, 1045–1068.
253 Kim, S., Hollensbe, E. (2018). When work comes home: technology-related pressure and home support. *Human Resource Development International*, 91–106.
254 Harris, K. J. et al. (2015). Resource loss from technology overload and its impact on work-family conflict: Can leaders help? *Computers in Human Behavior*, 411–417.
255 Syrek, C. J. et al. (2013). Stress in highly demanding IT jobs: transformational leadership moderates the impact of time pressure on exhaustion and work-life balance. *Journal of Occupational Health Psychology*, 252–261.
256 Chiang, F. F. T. et al. (2010). The moderating roles of job control and work-life balance practices on employee stress in the hotel and catering industry. *International Journal of Hospitality Management*, 25–32.
257 Derks, D. et al. (2015). Smartphone use and work-home interference: the moderating role of social norms and employee work engagement. *Journal of Occupational and Organizational Psychology*, 155–177.
258 Peters, A. et al. (2017). Uncertainty and stress: why it causes diseases and how it is mastered by the brain. *Progress in Neurobiology*, 164–188.
259 Frison, E., Eggermont, S. (2015). The impact of daily stress on adolescents' depressed mood. *Computers in Human Behavior*, 315–325.
260 George, D. R. et al. (2013). Facebook-based stress management resources for first-year medical students: a multi-method evaluation. *Computers in Human Behavior*, 559–562.
261 Nabi, R.L. et al. (2013). Facebook friends with (health) benefits? Exploring social network site use and perceptions of social support, stress, and wellbeing. *Cyberpsychology, Behavior, and Social Networking*, 721–727.

262 Rus, H. M., Tiemensma, J. (2018). Social media as a shield: facebook buffers acute stress. *Physiology & Behavior*, 46–54.

263 Zhang, R. (2017). The stress-buffering effect of self-disclosure on Facebook. *Computers in Human Behavior*, 527–537.

264 Hamari, J. et al. (2014). Does gamification work? A literature review of empirical studies on gamification. *Proceedings of Hawaii International Conference on System Sciences*, 1–10.

265 Howard-Jones, P. A. et al. (2016). Gamification of learning deactivates the default mode network. *Frontiers in Psychology*, 1891.

266 Hou, Y. et al. (2019). Social media addiction: its impact, mediation, and intervention. *Cyberpsychology: Journal of Psychosocial Research on Cyberspace*, 4.

267 Meshi, D. et al. (2013). Nucleus accumbens response to gains in reputation for the self relative to gains for others predicts social media use. *Frontiers in Human Neuroscience*, 7.

268 Sherman, L. et al. (2016). The power of the like in adolescence: effects of peer influence on neural and behavioral responses to social media. *Psychological Science*, 1027–1035.

269 Turel, O. et al. (2014). Examination of neural systems sub-serving facebook 'addiction'. *Psychological Reports*, 675–695.

270 Schultz, W. et al. (1997). A neural substrate of prediction and reward. *Science*, 1593–1599.

271 Schultz, W. (2002). Getting formal with dopamine and reward. *Neuron*, 241–263.

272 Schultz, W. (2006). Behavioral theories and the neurophysiology of reward. *Annual Review of Psychology*, 87–115.

273 Facebook (2020). Nutzerzahlen: Facebook, Instagram, Messenger, und WhatsApp, Highligths, Umsätze, uvm. https://allfacebook.de/toll/state-of-facebook.

274 DAK Forschung (2017). WhatsApp, Instagram und Co. – so süchtig macht Social Media: DAK-Studie: Befragung von Kindern und Jugendlichen zwischen 12 und 17 Jahren. https://www.dak.de/dak/download/internetsucht-studie-pdf-2106324.pdf.

275 Wikipedia (2020). Internetabhängigkeit. https://de.wikipedia.org/wiki/Internetabh%C3%A4ngigkeit.

276 Brailovskaia, J. et al. (2019). The relationship between daily stress, social support and facebook addiction disorder. *Psychiatry Research*, 167–174.

277 Samaha, M., Hawi, N. S. (2016). Relationships among smartphone addiction, stress, academic performance, and satisfaction with life. *Computers in Human Behavior*, 321–325.

278 Przybylski, A. K. et al. (2013). Motivational, emotional, and behavioral correlates of fear of missing out. *Computers in Human Behavior*, 1841–1848.

279 Sha, P. et al. (2019). Linking Internet communication and smartphone use disorder by taking a closer look at the Facebook and WhatsApp applications. *Addictive Behaviors Reports*, 100148.

280 Beyens, I. et al. (2016). I don't want to miss a thing: adolescents fear of missing out and its relationship to adolescents social needs, Facebook use, and Facebook related stress. *Computers in Human Behavior*, 1–8.

281 Campisi, J. et al. (2012). Facebook, stress, and incidence of upper respiratory infection in undergraduate college students. *Cyberpsychology, Behavior, and Social Networking*, 675–681.

282 Chrousos, G. P. (2009). Stress and disorders of the stress system. *Nature Reviews Endocrinology*, 374–381.

283 Chen, C., Bello, R. (2017). Does receiving or providing social support on Facebook influence life satisfaction? Stress as mediator and self-esteem as moderator. *International Journal of Communication*. 2926–2939.

284 Vanman, E. et al. (2018). The burden of online friends: the effects of giving up Facebook on stress and well-being. *The Journal of Social Psychology*, 496–507.

285 Rus, H. M., Tiemensma, J. (2017). Social Media under the skin: Facebook use after acute stress impairs cortisol recovery. *Frontiers in Psychology*, 1609.

286 Vahedi, Z., Saiphoo, A. (2018). The association between smartphone use, stress, and anxiety: a meta-analytic-review. *Stress and Health*, 1–12.

287 Coulon, S. et al. (2016). A systematic, multi-domain review of mobile smartphone apps for evidence-based stress management. *American Journal of Preventive Medicine*, 95–105.

288 Dillon, A. et al. (2016). Smartphone applications utilizing biofeedback can aid stress reduction. *Frontiers in Psychology*, 832

289 Economides, M. et al. (2018). Improvements in stress, affect, and irritability following brief use of a mindfulness-based smartphone app: A randomized controlled trial. *Mindfulness*, 1584–1593.

290 Mistretta, E. G. (2018). Resilience training for work-related stress among health care workers: results of a randomized clinical trial comparing in-person and smartphone-delivered interventions. *Journal of Occupatinal and Environmental Medicine*, 559–568.

291 Stein, A. (2019). Smartphones sorgen für mehr Verkehrstote als Alkohol. https://www.welt.de/gesundheit/article204374052/Smartphones-sorgen-fuer-mehr-Verkehrstote-als-Alkohol.html.

292 Thompson, L. et al. (2013). Impact of social and technological distraction on pedestrian crossing behaviour: an observational study. *Injury Prevention*, 232–237.

293 Naime, G. et al. (2020). Using a smartphone while walking: the cost of smartphone-addiction proneness. *Addictive Behaviors*, 106.
294 Chen, P., Pai, C. (2018). Pedestrian smartphone overuse and inattentional blindness: an observational study in Taipei, Taiwan. *BMC Public Health*, 1342.
295 Appel, M. et al. (2019). Smartphone zombies! Pedestrians' distracted walking as a function of their fear of missing out. *Journal of Environmental Psychology*, 130–133.
296 Kotusev, S. (2020). The hard side of business and IT alignment. *IT Professional*, 47-55.
297 Korunka C. et al. (1996). Working with new technologies: hormone excretion as an indicator for sustained arousal: a pilot study. *Biological Psychology*, 439–452.
298 Korunka C. et al. (1996). Working with new technologies: hormone excretion as an indicator for sustained arousal: a pilot study. *Biological Psychology*, 439–452. Seite 449.
299 Korunka C. et al. (1996). Working with new technologies: hormone excretion as an indicator for sustained arousal: a pilot study. *Biological Psychology*, 439–452. Seite 441.
300 Heinrich, L. J. et al. (2014). Informationsmanagement: Grundlagen, Aufgaben, Methoden (11. A.). De Gruyter Oldenbourg Verlag.
301 Riedl, R. (2019). Management von Informatik-Projekten: Digitale Transformation erfolgreich gestalten (2. A.). De Gruyter Oldenbourg Verlag.
302 Streich, R. K. (1997). Veränderungsmanagement. In Reiß, M. et al. Change Management: Programme, Projekte und Prozesse. Schäffer-Poeschel Verlag, 237–254.
303 Modell nach Richard K. Streich.
304 Chrousos, G. P. (2009), Stress and disorders of the stress system. *Nature Reviews Endocrinology*, 374–381.
305 Korunka C. et al. (1996). Working with new technologies: hormone excretion as an indicator for sustained arousal: a pilot study. *Biological Psychology*, 439–452.
306 Riedl, R. (2013). On the biology of technostress: literature review and research agenda. *ACM SIGMIS Database*, 18–55.
307 Hjortskov, N. et al. (2004). The effect of mental stress on heart rate variability and blood pressure during computer work. *European Journal of Applied Physiology*, 84–89.
308 Knani, M. (2013). Exploratory study of the impacts of new technology implementation on burnout and presenteeism. *International Journal of Business and Management*, 92–97.
309 Berg-Beckhoff, G. et al. (2017). Use of information communication technology and stress, burnout, and mental health in older, middle-aged, and younger workers: results from a systematic review. *International Journal of Occupational and Environmental Health*, 160–171. Seite 160.
310 Gardner, R. L. et al. (2019). Physician stress and burnout: the impact of health information technology. *Journal of the American Medical Informatics Association*, 106–114.
311 Heponiemi, T. et al. (2019). Usability factors associated with physicians' distress and information system-related stress: cross-sectional survey. *JMIR Medical Informatics*, e13466.
312 Stich, J.-F. et al. (2018). Electronic communication in the workplace: boon or bane? *Journal of Organizational Effectiveness: People and Performance*, 98–106.
313 Knani, M. (2013). Exploratory study of the impacts of new technology implementation on burnout and presenteeism. *International Journal of Business and Management*, 92–97.
314 Schultz, A. B. et al. (2009). The cost and impact of health conditions on presenteeism to employers a review of the literature. *Pharmacoeconomics*, 365–378.
315 Schultz, A. B., Edington, E. W. (2007). Employee health and presenteeism: a systematic review. *Journal of Occupational Rehabilitation*, 547–579.
316 Johns, G. (2010). Presenteeism in the workplace: a review and research agenda. *Journal of Organizational Behavior*, 519–542.
317 Knani, M. (2013). Exploratory study of the impacts of new technology implementation on burnout and presenteeism. *International Journal of Business and Management*, 92–97.
318 Arnetz, B. B. (1996). Techno-stress: a prospective psychophysiological study of the impact of a controlled stress-reduction program in advanced telecommunication systems design work. *Journal of Occupational and Environmental Medicine*, 53–65.
319 Gregg, D., Goldschmidt-Clermont, P. J. (2003). Platelets and cardiovascular disease. *Circulation*, 88–90.
320 Willoughby, S. et al. (2002). Platelets and cardiovascular disease. *European Journal of Cardivscular Nursing*, 273–288.
321 Arnetz, B. B. (1996). Techno-stress: a prospective psychophysiological study of the impact of a controlled stress-reduction program in advanced telecommunication systems design work. *Journal of Occupational and Environmental Medicine*, 53–65.
322 Esch, T. et al. (2007). Mind/body techniques for physiological and psychological stress reduction: stress

management via tai chi training: a pilot study. *Medical Science Monitor*, 488–497.

323 Jin, P. T. (1992). Efficacy of tai chi, brisk walking, meditation, and reading in reducing mental and emotional-stress. *Journal of Psychosomatic Research*, 361–370.

324 Michalsen, A. et al. (2005). Rapid stress reduction and anxiolysis among distressed women as a consequence of a three-month intensive yoga program. *Medical Science Monitor*, 555–561.

325 Sandlung, E.S., Norlander, T. (2000). The effects of Tai Chi Chuan relaxation and exercise on stress responses and well-being. An overview of research. *International Journal of Stress Management*, 139–149.

326 Korunka, C., Vitouch, O. (1999). Effects of the implementation of information technology on employees' strain and job satisfaction: a context-dependent approach. *Work & Stress*, 341–363.

327 Gupta, S. et al. (2010). End-user training methods: what we know, need to know. *ACM SIGMIS Database*, 9–39.

328 Wagner, E. (2016). Key User – die wichtigsten Botschafter für Ihr IT-Projekt. Teil 1: Fachbereichsvertreter aktiv auswählen und durchsetzen. *Projekt Magazin*, 1–5.

329 Wagner, E. (2016). Key User – die wichtigsten Botschafter für Ihre IT-Projekt: Teil 2: Fachbereichsvertreter richtig einsetzen und fördern. *Projekt Magazin*, 1–8.

330 Sharma, R., Yetton. P. (2007). The contingent effects of training, technical complexity, and task interdependence on successful information systems implementation. *MIS Quarterly*, 219–238.

331 Konradin Mediengruppe (2011). Einsatz von ERP-Lösungen in der Industrie. https://industrieanzeiger.industrie.de/wp-content/uploads/k/o/konradin_erp-studie2011.pdf.

332 Trovarit (2018). Herausforderungen im ERP-Projekt. https://www.trovarit.com/ergebnisse-erp-praxis-2018/.

333 Sharma, R., Yetton. P. (2007). The contingent effects of training, technical complexity, and task interdependence on successful information systems implementation. *MIS Quarterly*, 219–238.

334 Chen, S. et al. (2009). Impact of enhanced resources on anticipatory stress and adjustment to new information technology: a field-experimental test of conservation of resources theory. *Journal of Occupational Health Psychology*, 219–230.

335 Der Stressfragebogen enthielt Fragen der folgenden Art: „Wie oft ist es in Ihrem Job notwendig, die Arbeiten sehr rasch zu verrichten?" oder „Wie oft müssen Sie mehr Arbeit verrichten als Sie eigentlich ordentlich verrichten können?".

336 Riedl, R. (2019). Management von Informatik-Projekten: Digitale Transformation erfolgreich gestalten (2. A.). De Gruyter Oldenbourg Verlag. Seite 354.

337 Korunka, C. et al. (1993). Effects of new technologies with special regard for the implementation process per se. *Journal of Organizational Behavior*, 331–348.

338 Korunka, C., Vitouch, O. (1999). Effects of the implementation of information technology on employees' strain and job satisfaction: a context-dependent approach. *Work & Stress*, 341–363.

339 Wastell, D., Newman, M. (1993). The behavioural dynamics of information system development: a stress perspective. *Accounting, Management and Information Technology*, 121–148.

340 Riedl, R. (2019). Management von Informatik-Projekten: Digitale Transformation erfolgreich gestalten (2. A.). De Gruyter Oldenbourg Verlag.

341 Wastell, D., Newman, M. (1993). The behavioural dynamics of information system development: a stress perspective. *Accounting, Management and Information Technology*, 121–148.

342 Abelein, U., Paech, B. (2015). Understanding the influence of user participation and involvement on system success: a systematic review. *Empirical Software Engineering*, 28–81.

343 He, J., King, W. R. (2008). The role of user participation in information systems development: implications from a meta-analysis. *Journal of Management Information Systems*, 301–331.

344 Hartwick, J., Barki, H. (1994). Explaining the role of user participation in information system use. *Management Science*, 440–465.

345 Lazarus, R. S., Folkman, S. (1984). Stress, appraisal, and coping. Springer Verlag.

346 Brodbeck, F., Guillaume, Y. (2012). Umgang mit Informationen und Meinungsbildung in Projekten. In Wastian, M. et al. (Hrsg.). Angewandte Psychologie für das Projektmanagement: Ein Praxisbuch für die erfolgreiche Projektleitung (2. A.). Springer Verlag, 41–60.

347 Wastell, D., Cooper, C. (1996). Stress and technological innovation: a comparative study of design practices and implementation strategies. *European Journal of Work and Organisational Psychology*, 377–397.

348 Wastell, D., Newman, M. (1993). The behavioural dynamics of information system development: a stress perspective. *Accounting, Management and Information Technology*, 121–148.

349 Wastell, D., Newman, M. (1996). Stress, control and computer system design: a psychophysiological field study. *Behaviour and Information Technology*, 183-192.
350 Wastell, D., Newman, M. (1996). Information systems development in the ambulance service: a tale of two cities. *Accounting, Management and Information Technology*, 283–300.
351 Tvedt, S. D. et al. (2009). Does change process healthiness reduce the negative effects of organizational change on the psychosocial work environment? *Work & Stress*, 80–98.
352 Riedl, R. (2019). Management von Informatik-Projekten: Digitale Transformation erfolgreich gestalten (2. A.). De Gruyter Oldenbourg Verlag. Seite 408.
353 Höfler, M. et al. (2014). Abenteuer Change Management: Handfeste Tipps aus der Praxis für alle, die etwas bewegen wollen. Frankfurter Allgemeine Buch.
354 Kotter, J. P. (2011). Leading Change. Wie Sie Ihr Unternehmen in acht Schritten erfolgreich verändern. Vahlen.
355 Vahs, D., Weiand, A. (2013). Workbook Change Management: Methoden und Techniken. Schäffer-Poeschel Verlag.
356 Sayer, K. (1998). Denying the technology: middle management resistance to business process re-engineering. *Journal of Information Technology*, 247–257.
357 Riedl, R. (2019). Management von Informatik-Projekten: Digitale Transformation erfolgreich gestalten (2. A.). De Gruyter Oldenbourg Verlag.
358 Reuter, M. (2011). Psychologie im Projektmanagement: Eine Einführung für Projektmanager und Teams. Publicis Verlag. Seite 207.
359 Daniel, A. (2001). Implementierungsmanagement: Ein anwendungsorientierter Gestaltungsansatz. Deutscher Universitäts-Verlag.
360 Riedl, R. (2019). Management von Informatik-Projekten: Digitale Transformation erfolgreich gestalten (2. A.). De Gruyter Oldenbourg Verlag. Seite 423–424.
361 Riedl, R. (2019). Management von Informatik-Projekten: Digitale Transformation erfolgreich gestalten (2. A.). De Gruyter Oldenbourg Verlag. Seite 424.
362 Riedl, R. (2019). Management von Informatik-Projekten: Digitale Transformation erfolgreich gestalten (2. A.). De Gruyter Oldenbourg Verlag.
363 Korunka, C., Vitouch, O. (1999). Effects of the implementation of information technology on employees' strain and job satisfaction: a context-dependent approach. *Work & Stress*, 341–363.
364 Rafaeli, A. (1986). Employee attitudes toward working with computers. *Journal of Occupational Behaviour*, 89-106.
365 Rafaeli, A. (1986). Employee attitudes toward working with computers. *Journal of Occupational Behaviour*, 89–106.
366 Rafaeli, A. (1986). Employee attitudes toward working with computers. *Journal of Occupational Behaviour*, 89–106.
367 Salanova, M., Schaufeli, W. B. (2000). Exposure to information technology and is relation to burnout. *Behavior and Information Technology*, 385-392.
368 Salanova, M. et al. (2013). The dark side of technologies: Technostress among users of information and communication technologies. *International Journal of Psychology*, 422-436.
369 Riedl, R. (2013). On the biology of technostress: literature review and research agenda. *ACM SIGMIS Database,* 18–55.
370 Salanova, M., Schaufeli, W. B. (2000). Exposure to information technology and is relation to burnout. *Behavior and Information Technology*, 385–392.
371 Arakawa, T. et al. (2019). Psychophysical assessment of a driver's mental state in autonomous vehicles. *Transportation Research Part A*, 587–610. Seite 588.
372 CEDR (2014). Conference of European Directors of Roads: Mobility & ITS – Description of Research Needs. http://www.bast.de/DE/BASt/Forschung/Forschungsfoerderung/Downloads/cedr_call_2014_2.pdf?__blob=publicationFile&v=2.
373 https://de.statista.com/statistik/studie/id/30065/dokument/autonome-fahrzeuge-statista-dossier/.
374 Arakawa, T. et al. (2019). Psychophysical assessment of a driver's mental state in autonomous vehicles. *Transportation Research Part A*, 587–610.
375 Schick, B. et al. (2019). Fahrerlebnis versus mentaler Stress bei der assistierten Querführung. *ATZ*, 70-75.
376 Mittermüller, N. et al. (2019). Digitaler Stress im Smart Home: Eine empirische Untersuchung. *HMD – Praxis der Wirtschaftsinformatik*, 587–597.
377 Brod, C. (1984). Technostress: the human cost of the computer revolution. Addison-Wesley.
378 Fischer, T. et al. (2019). Is the technostress creators inventory still an up-to-date measurement instrument? Results of a large-scale interview study. *Proceedings of the International Conference on Wirtschaftsinformatik*, 1–12.
379 Trimmel, M., Huber, R. (1998). After-effects of human-computer interaction indicated by P300 of the event-related brain potential. *Ergonomics*, 649–655.
380 Mino, Y. et al. (1993). Depressive states in workers using computers. *Environmental Research*, 54-59.
381 Boucsein, W., Thum, M. (1997). Design of work/rest schedules for computer work based on psychophysiological recovery measures. *International Journal of Industrial Ergonomics*, 51–57.

382 Hjortskov, N. et al. (2004). The effect of mental stress on heart rate variability and blood pressure during computer work. *European Journal of Applied Physiology*, 84–89.

383 https://www.hochdruckliga.de/tl_files/content/dhl/downloads/patientenleitfaden/TW-Patientenleitlinien2019-Internet.pdf

384 Coles-Brennan, C. et al. (2019). Management of digital eye strain. *Clinical and Experimental Optometry*, 18–29.

385 AUVA (2018). Bildschirmarbeitsplätze. Merkblatt M 026. https://www.auva.at/cdscontent/load?contentid=10008.544628&version=1461319709. Seite 23.

386 AUVA (2018). Bildschirmarbeitsplätze. Merkblatt M 026. https://www.auva.at/cdscontent/load?contentid=10008.544628&version=1461319709. Seite 24.

387 Pelletier, C. L. (2004). The effect of music on decreasing arousal due to stress: a meta-analysis. *Journal of Music Therapy*, 192–214.

388 Nomura, S. et al. (2005). A physiological index of the mental stresses caused by the deskwork with VDT and the relaxation by music. *Proceedings of the IEEE Asian Conference on Sensors & International Conference on New Techniques in Pharmaceutical and Biomedical Research*, 130–134.

389 Jemmott, J. B., McClelland, D. C. (1989). Secretory IgA as as measure of resistance to infectous-disease: comments on Stone, Cox, Valdimarsdottir and Neale. *Behavioral Medicine*, 63–71.

390 Nomura, S. (2006). Prediction of deskwork stress with visual display terminal by human immune substance in saliva. *IEEE International Conference on Systems, Man and Cybernetics*, 2843–2848.

391 Tsujita, S., Morimoto, K. (1999). Secretory IgA in saliva can be a useful stress marker. *Environmental Health and Preventive Medicine*, 1–8.

392 Knight, W. E., Rickard, N. S. (2001). Relaxing music prevents stress-induced increases in subjective anxiety, systolic blood pressure, and heart rate in healthy males and females. *Journal of Music Therapy*, 254–272.

393 Pelletier, C. L. (2004). The effect of music on decreasing arousal due to stress: a meta-analysis. *Journal of Music Therapy*, 192–214.

394 Chanda, M. L., Levitin, D. J. (2013). The neurochemistry of music. *Trends in Cognitive Sciences*, 179–193.

395 Gefen, D., Riedl, R. (2018). Adding background music as new stimuli of interest to information systems research. *European Journal of Information Systems*, 46–61.

396 Wolf, L., Wolf, T. (2011). Music and health care, a paper commissioned by the musical connections program of Carnegie hall's Weill music institute. Carnegie Hall and Wolf Brown.

397 Pelletier, C. L. (2004). The effect of music on decreasing arousal due to stress: a meta-analysis. *Journal of Music Therapy*, 192–214.

398 Gefen, D., Riedl, R. (2018). Adding background music as new stimuli of interest to information systems research. *European Journal of Information Systems*, 46–61.

399 Glass, R. L. (1997). The ups and downs of programmer stress. *Communications of the ACM*, 17–19.

400 Lesiuk, T. (2000). The effect of music listening on a computer programming task. *Journal of Computer Information Systems*, 50–57.

401 Lesiuk, T. (2005). The effect of music listening on work performance. *Psychology of Music*, 173–191.

402 Lesiuk, T. et al. (2011). The effect of music listening, personality, and prior knowledge on mood and work performance of systems analysts. *International Journal of Human Capital and Information Technology Professionals*, 61–78.

403 Gefen, D., Riedl, R. (2018). Adding background music as new stimuli of interest to information systems research. *European Journal of Information Systems*, 46–61.

404 Hébert, S. et al. (2005). Physiological stress response to video-game playing: the contribution of built-in music. *Life Sciences*, 2371–2380.

405 Kohrs, C. et al. (2016). Delays in human-computer interaction and their effects on brain activity. *PLoS ONE*, e0146250.

406 Miller, R. B. (1968). Response time in man-computer conversational transactions. *Proceedings of Fall Joint Computer Conference*, 267-277.

407 Trimmel, M. et al. (2003). Stress response caused by system response time when searching for information on the internet. *Human Factors*, 615–621.

408 Die Forscher haben die Interaktion der Testpersonen mit dem System auf Video aufgezeichnet. Nach Durchführung des Experiments wurden die Videos analysiert und so wurden die drei Klassen von Antwortzeiten festgelegt.

409 Das Ausgangsniveau war dabei als Zeitfenster zehn bis fünf Sekunden vor Beginn der Wartezeit definiert. Die Zeitspanne nach der Wartezeit wird in der Studie als „Post-Baseline" bezeichnet („post" ist ein Begriff, der aus dem Lateinischen stammt, und bedeutet „danach").

410 Cook S, T. et al. (2006). High heart rate: a cardiovascular risk factor? *European Heart Journal*, 2387–2393.

411 Reimers, A. K. et al. (2018). Effects of exercise on the resting heart rate: a systematic review and meta-analy-

sis of interventional studies. *Journal of Clinical Medicine*, 1–30.

412 Zu dieser Erkenntnis kamen die Forscher, da sich die Probanden sowohl aus erfahrenen als auch unerfahrenen Internet-Usern zusammengesetzt hatten und bei den Ergebnissen zwischen diesen beiden Gruppen keine Unterschiede festgestellt werden konnten.

413 Salmon, P. (2001). Effects of physical exercise on anxiety, depression, and sensitivity to stress: a unifying theory. *Clinical Psychology Review*, 33–61.

414 Kannel, W. B. et al. (1971). Systolic versus diastolic blood pressure and risk of coronary heart disease: the Framingham study. *The American Journal of Cardiology*, 335–346.

415 Dabrowski, J., Munson, E. V. (2011). 40 Years of searching for the best computer system response time. *Interacting with Computers*, 555–564.

416 Boucsein, W. (2009). Forty years of research on system response times: what did we learn from it. *Methods and Tools of Industrial Engineering and Ergonomics*, 575–593.

417 Kohrs, C. et al. (2016). Delays in human-computer interaction and their effects on brain activity. *PLoS ONE*, e0146250.

418 Miller, R. B. (1968). Response time in man-computer conversational transactions. *Proceedings of Fall Joint Computer Conference*, 267–277.

419 Grissom, N., Bhatnagar, S. (2009). Habituation to repeated stress: get used to it. *Neurobiology of Learning and Memory*, 215–224.

420 Boucsein, W. (2009). Forty years of research on system response times: what did we learn from it. *Methods and Tools of Industrial Engineering and Ergonomics*, 575–593.

421 Riedl, R., Fischer, T. (2018). System response time as a stressor in a digital world: literature review and theoretical model. *Proceedings of HCI International*, 175–186.

422 Yang, E., Dorneich, M. C. (2015). The effect of time delay on emotion, arousal, and satisfaction in human-robot interaction. *Proceedings of the Human Factors and Ergonomics Society Annual Meeting*, 443–447.

423 Yang, E., Dorneich, M. C. (2017). The emotional, cognitive, physiological and performance effects of variable time delay in robotic teleoperation. *International Journal of Social Robotics*, 491-508.

424 Bemerkenswert an der Studie ist, dass verschiedenste Messmethoden zum Einsatz gekommen sind, ua Fragebögen, Bestimmung der Hautleitfähigkeit und softwarebasierte Analyse von Emotionen in den Gesichtern der Benutzer. In der Wissenschaft gilt die Devise, dass Forschungsergebnisse, die auf der Basis eines Methoden-Mix erarbeitet werden, ein höheres Gewicht haben, als Erkenntnisse, die auf Basis einer einzelnen Methode gewonnen werden. Insofern kommt den Befunden dieser Studie hohe Bedeutung zu.

425 Kohrs, C. et al. (2016). Delays in human-computer interaction and their effects on brain activity. *PLoS ONE*, e0146250.

426 Kohrs, C. et al. (2012). Human striatum is differentially activated by delayed, omitted, and immediate registering feedback. *Frontiers in Human Neuroscience*, 243.

427 Die grafische Darstellung der Hirnregionen beruht auf Veränderungen und Ergänzungen der Originalabbildungen aus Kohrs, C. et al. (2016).

428 Ortiz de Guinea, A., Webster, J. (2013). An investigation of information systems use patterns: technological events as triggers, the effect of time, and consequences for performance. *MIS Quarterly*, 1165–1188.

429 Fischer, T. et al. (2019). Is the technostress creators inventory still an up-to-date measurement instrument? Results of a large-scale interview study. *Proceedings of the International Conference on Wirtschaftsinformatik*, 1–12.

430 Tarafdar, M. et al. (2007). The impact of technostress on role stress and productivity. *Journal of Management Information Systems*, 301–328.

431 Johansson, G., Aronsson, G. (1984). Stress reactions in computerized administrative work. *Journal of Occupational Behaviour*, 159–181.

432 Riedl, R. et al. (2012). Technostress from a neurobiological perspective: system breakdown increases the stress hormone cortisol in computer users. *Business & Information Systems Engineering*, 61–69.

433 Riedl, R. et al. (2013). Computer breakdown as a stress factor during task completion under time pressure: identifying gender differences based on skin conductance. *Advances in Human-Computer Interaction*, 1–8.

434 Dickerson S. S., Kemeny M. E. (2004). Acute stressors and cortisol responses: a theoretical integration and synthesis of laboratory research. *Psychological Bulletin*, 355–391.

435 De Kloet, R. E. et al. (2005). Stress and the brain: from adaptation to disease. *Nature Reviews Neuroscience*, 463–475.

436 Stroud, L. R (2002). Sex differences in stress responses: social rejection versus achievement stress. *Biological Psychiatry*, 318–327.

437 Taylor, S. et al. (2000). Biobehavioral responses to stress in females: tend-and-befriend, not fight-or-flight. *Psychological Review*, 411–429.

438 Tarafdar, M. et al. (2011). Crossing to the dark side: examining creators, outcomes, and inhibitors of technostress. *Communications of the ACM*, 113–120.

439 Alpass, F. (2004). Stress in dairy farming and the adoption of new technology. *International Journal of Stress Management*, 270–281.
440 Elder, V. B. et al. (1987). Gender and age in technostress: effects on white collar productivity. *Government Finance Review*, 17–21.
441 Hirshfield, L. et al. (2014). Using noninvasive brain measurement to explore the psychological effects of computer malfunctions on users during human-computer interactions. *Advances in Human-Computer Interaction*. 1–14.
442 Böcker, M., Schröter, M. L. (2008). Signal- und bildgebende Verfahren: Nahinfrarot-Spektroskopie. In Gauggel, S., & Herrmann, M. (Hrsg.). Handbuch der Neuro- und Biopsychologie, Hofgrefe Verlag, 211–219.
443 Berkman, E., Lieberman, M. (2009). Using neuroscience to broaden emotion regulation: theoretical and methodological considerations. *Social and Personality Psychology Compass*, 475–493.
444 Golkar, A. et al. (2012). Distinct contributions of the dorsolateral prefrontal and orbitofrontal cortex during emotion regulation. *PLoS ONE*, e48107.
445 Hooker, C., Knight, R. (2006). The role of lateral orbitofrontal cortex in the inhibitory control of emotion. *The Orbitofrontal Cortex*, 307–324.
446 Hanson, J. L. et al. (2010). Early stress is associated with alterations in the orbitofrontal cortex: a tensor-based morphometry investigation of brain structure and behavioral risk. *Journal of Neuroscience*, 7466–7472.
447 Tarafdar, M. et al. (2011). Crossing to the dark side: examining creators, outcomes, and inhibitors of technostress. *Communications of the ACM*, 113–120.
448 Heinrich, L. J. et al. (2014). Informationsmanagement: Grundlagen, Aufgaben, Methoden (11. A.). De Gruyter Oldenbourg Verlag.
449 Jünger, A. (2019). Branchenübergreifende Studie untersucht Zufriedenheit im IT-Support. http://www.callcenterprofi.de/branchennews/detailseite/branchenuebergreifende-studie-untersucht-zufriedenheit-im-it-support-20196345/.
450 Vaske, H., Handgrätinger, S. (2018). IDG Research Services: Zentrale Ergebnisse der IT-Service-Management-Studie 2018. https://www.itsmf.de/services/itsm-studien.html.
451 Jünger, A. (2019). Branchenübergreifende Studie untersucht Zufriedenheit im IT-Support. http://www.callcenterprofi.de/branchennews/detailseite/branchenuebergreifende-studie-untersucht-zufriedenheit-im-it-support-20196345/.
452 https://www.aphorismen.de/.
453 Bendel, O. (2018). Sozialkreditsystem. https://wirtschaftslexikon.gabler.de/definition/sozialkreditsystem-100567/version-348761.
454 Wang, N. (2019). Digitale Überwachung: Wie China seine Bürger zur Gesichtserkennung zwingt. https://www.tagesspiegel.de/wirtschaft/digitale-ueberwachung-wie-china-seine-buerger-zur-gesichtserkennung-zwingt/25300320.html.
455 Back, M. D. et al. (2010). Facebook profiles reflect actual personality, not self-idealization. *Psychological Science*, 372–374.
456 Kosinski, M. et al. (2013). Private traits and attributes are predictable from digital records of human behavior. *PNAS*, 5802–5805.
457 Arbeiterkammer Österreich (2019). Big Brother am Arbeitsplatz. https://www.arbeiterkammer.at/beratung/arbeitundrecht/Arbeitsklima/Big_Brother_am_Arbeitsplatz.html.
458 Arbeitsrechte.de (2020). https://www.arbeitsrechte.de/mitarbeiterueberwachung/.
459 SECO (2015). Technische Überwachung am Arbeitsplatz. https://www.seco.admin.ch/seco/de/home/Publikationen_Dienstleistungen/Publikationen_und_Formulare/Arbeit/Arbeitsbedingungen/Broschuren/technische-ueberwachung-am-arbeitsplatz.html.
460 SECO (2020). Unzulässige technische Überwachung. https://www.seco.admin.ch/seco/de/home/Arbeit/Arbeitsbedingungen/gesundheitsschutz-am-arbeitsplatz/Psychosoziale-Risiken-am-Arbeitsplatz/Ueberwachung.html.
461 Detaillierte rechtliche Auskünfte erteilen Arbeitnehmervertreter-Organisationen sowie Rechtsanwälte.
462 GPS steht für Global Positioning System, ein globales Navigationssatellitensystem zur Positionsbestimmung. Dieses kann zB im Mobiltelefon oder Dienstwagen sein.
463 Arbeiterkammer Österreich (2019). Big Brother am Arbeitsplatz. https://www.arbeiterkammer.at/beratung/arbeitundrecht/Arbeitsklima/Big_Brother_am_Arbeitsplatz.html.
464 Gimpel, H. et al. (2019). Gesund digital arbeiten?! Eine Studie zu digitalem Stress in Deutschland.
465 https://www.sueddeutsche.de/wirtschaft/zalando-ueberwachung-zonar-1.4688431.
466 Backhaus, N. (2018). Review zur Wirkung elektronischer Überwachung am Arbeitsplatz und Gestaltung kontextsensitiver Assistenzsysteme. https://www.baua.de/DE/Angebote/Publikationen/Berichte/F2419.pdf?__blob=publicationFile&v=7. Seite 5/7.
467 Suen, H.-Y. (2018). The effects of employer SNS monitoring on employee perceived privacy violation, procedural justice, and leave intention. *Industrial Management & Data Systems*, 1153–1169.

468 Tredinnick, L., Laybats, C. (2019). Workplace surveillance. *Business Information Review*, 50–52.

469 Yost, A. B. et al. (2019). Reactance to electronic surveillance: a test of antecedents and outcomes. *Journal of Business and Psychology*, 71–86.

470 U.S. Congress, Office of Technology Assessment (1987). The electronic supervisor: New technology, new tensions, OTA-CIT-333. Washington, DC.

471 George, J. F. (1996). Computer-based monitoring: common perceptions and empirical results. *MIS Quarterly*, 459–480.

472 Wall Street Journal (1992). Labor Letter, May 26.

473 Nebeker, D. M., Tatum, B. C. (1993). The effects of computer monitoring, standards, and rewards on work performance, job satisfaction and stress. *Journal of Applied Social Psychology*, 508–536.

474 Mujtaba, B. G. (2003). Ethical implications of employee monitoring: what leaders should consider. *Journal of Applied Management and Entrepreneurship*, 22–47.

475 Aiello, J. R. (1993). Computer-based work monitoring: electronic surveillance and its effects. *Journal of Applied Social Psychology*, 499–507. Seite 502.

476 Backhaus, N. (2018). Review zur Wirkung elektronischer Überwachung am Arbeitsplatz und Gestaltung kontextsensitiver Assistenzsysteme. https://www.baua.de/DE/Angebote/Publikationen/Berichte/F2419.pdf?__blob=publicationFile&v=7. Seite 23–27, Abbildung 3.3.

477 Jeske, D., Kapasi, I. (2017). Electronic performance monitoring: lessons from the past and future challenges. *Annual Conference of the Italian Chapter of the Association of Information Systems*, 1–14. Seite 3.

478 Henderson, R. et al. (1998). Electronic monitoring systems: an examination of physiological activity and task performance within a simulated keystroke security and electronic performance monitoring system. *International Journal of Human-Computer Studies*, 143–157.

479 Henderson, R. et al. (1998). Electronic monitoring systems: an examination of physiological activity and task performance within a simulated keystroke security and electronic performance monitoring system. *International Journal of Human-Computer Studies*, 143–157. Seite 143/156.

480 Galletta, D., Grant, R. A. (1995). Silicon supervisors and stress: merging new evidence from the field. *Accounting, Management and Information Technologies*, 163–183.

481 Kalischko, T., Riedl, R. (2020). Physiological measurement in the research field of electronic performance monitoring: review and a call for NeuroIS studies. Information Systems and Neuroscience, Springer.

482 WHO (2019). https://icd.who.int/en/.

483 Quarks (2019). Darum ist Burnout keine Krankheit. https://www.quarks.de/gesellschaft/psychologie/darum-ist-burnout-keine-krankheit/.

484 Visser, W. A., Rothmann, S. (2008). Exploring antecedents and consequences of burnout in a call centre: empirical research. *SA Journal of Industrial Psychology*, 79–87.

485 Zur elektronischen Leistungsüberwachung wurden fünf Aussagen vorgestellt, um von den Teilnehmern die Zustimmung auf einer fünfstufigen Skala abzufragen, die von „stimme überhaupt nicht zu" bis „stimme voll und ganz zu" reichte. Eine Beispielaussage war:„Ich erlebe die Art, in der bei uns elektronische Leistungsüberwachung geschieht, als in die Privatsphäre eingreifend." Burnout wurde auf der Basis von sieben Aussagen und unter Zugrundelegung einer siebenstufigen Skala gemessen, die von „nie" bis „täglich" reichte. Eine Beispielaussage: „Ich habe das Gefühl, dass meine Arbeit meine emotionale Kraft verringert." Um jeweils den Gesamtscore von elektronischer Leistungsüberwachung sowie Burnout zu berechnen, wurde die Summe der Einzelwerte berechnet.

486 Visser, W. A., Rothmann, S. (2008). Exploring antecedents and consequences of burnout in a call centre: empirical research. *SA Journal of Industrial Psychology*, 79–87. Seite 80.

487 Smith, M. J. et al. (1992). Employee stress and health complaints in jobs with and without electronic performance monitoring. *Applied Ergonomics*, 17–27.

488 Hawk, S. R. (1994). The effects of computerized performance monitoring: an ethical perspective. *Journal of Business Ethics*, 949–957.

489 Hawk, S. R. (1994). The effects of computerized performance monitoring: an ethical perspective. *Journal of Business Ethics*, 949–957.

490 George, J. F. (1996). Computer-based monitoring: common perceptions and empirical results. *MIS Quarterly*, 459–480.

491 Backhaus, N. (2018). Review zur Wirkung elektronischer Überwachung am Arbeitsplatz und Gestaltung kontextsensitiver Assistenzsysteme. https://www.baua.de/DE/Angebote/Publikationen/Berichte/F2419.pdf?__blob=publicationFile&v=7.

492 Jeske, D., Kapasi, I. (2017). Electronic performance monitoring: lessons from the past and future challenges. *Annual Conference of the Italian Chapter of the Association of Information Systems*, 1–14.

493 Smith, M. J. et al. (1992). Employee stress and health complaints in jobs with and without electronic performance monitoring. *Applied Ergonomics*, 17–27.

494 Smith, M. J. et al. (1992). Employee stress and health complaints in jobs with and without electronic performance monitoring. *Applied Ergonomics*, 17–27.

495 Weiss, J. M. (1971). Effects of coping behavior in different warning signal conditions on stress pathology in rats. *Journal of Comparative and Physiological Psychology*, 1–13.

496 Spitzer, M. (2014). Rotkäppchen und der Stress: (Ent-)Spannendes aus der Gehirnforschung. Schattauer. Seite 1–3.

497 Karasek, R. (1979). Job demands, job decision latitude, and mental strain: implications for job redesign. *Administrative Science Quarterly*, 285–308.

498 Johnson, J. V., Hall, E.M. (1988). Job strain, work place social support and cardiovascular disease: a cross sectional study of a random sample of the Swedish working population. *American Journal of Public Health*, 1336–1342.

499 Holland, P. et al. (2015). Electronic monitoring and surveillance in the workplace: the effects on trust in management, and the moderating role of occupational type. *Personnel Review*, 161–175.

500 Westin, A. F. (1992). Two key factors that belong in a macroergonomic analysis of electronic monitoring: employee perceptions of fairness and the climate of organizational trust or distrust. *Applied Ergonomics*, 35–42.

501 Riedl, R., Javor, A. (2012). The biology of trust: Integrating evidence from genetics, endocrinology and functional brain imaging. *Journal of Neuroscience, Psychology, and Economics*, 63–91.

502 Aiello, J. R. (1993). Computer-based work monitoring: electronic surveillance and its effects. *Journal of Applied Social Psychology*, 499–507. Seite 501.

503 Fischer, T., Riedl, R. (2019). Lifelogging for organizational stress measurement: theory and applications. SpringerBriefs in Information Systems.

504 Gurrin, C. et al. (2014). Lifelogging: personal big data. *Foundations and Trends in Information Retrieval*, 1–107.

505 Selke, S. (2014). Lifelogging: Wie die digitale Selbstvermessung unsere Gesellschaft verändert. Econ Verlag.

506 https://quantifiedself.com/.

507 Nebeker, D. M., Tatum, B. C. (1993). The effects of computer monitoring, standards, and rewards on work performance, job satisfaction and stress. *Journal of Applied Social Psychology*, 508–536. Seite 511–512.

508 Alge, B. J. (2001). Effects of computer surveillance on perceptions of privacy and procedural justice. *Journal of Applied Psychology*, 797–804.

509 Nam, T. (2019). Technology usage, expected job sustainability, and perceived job insecurity. *Technological Forecasting & Social Change*, 155–165.

510 Campa, R. (2014). Technological growth and unemployment: a global scenario analysis. *Journal of Evolution and Technology*, 86–103.

511 Einstein, A. (2005). Aus meinen späten Jahren. Hebrew University of Jerusalem, Melzer Verlag. Seite 158.

512 Keynes, J. M. (1930). Economic possibilities for our grandchildren. Plassen Verlag.

513 Frank, M. R. et al. (2019). Toward understanding the impact of artificial intelligence on labor. *PNAS*, 6531–6539.

514 Leontief, W. (1952). Machines and man. *Scientific American*, 150–164.

515 Drucker, P. F. (1993). Die postkapitalistische Gesellschaft. Econ Verlag.

516 Toffler, A. (1991). Machtbeben – Powershift: Wissen, Wohlstand und Macht im 21. Jahrhundert. Econ Verlag.

517 Rifkin, J. (2014). Die Null-Grenzkosten-Gesellschaft: Das Internet der Dinge, kollaboratives Gemeingut und der Rückzug des Kapitalismus. Campus Verlag.

518 Frey, C. B., Osborne, M. A. (2013). The future of employment: how susceptible are jobs to computerisation? Oxford University.

519 Loos, M. (2018). Prognose: Zehntausende Banker werden durch Maschinen ersetzt. https://www.handelszeitung.ch/invest/prognose-zehntausende-banker-werden-durch-maschinen-ersetzt.

520 Die OECD ist eine internationale Vereinigung mit aktuell 36 Mitgliedstaaten, darunter zB Deutschland, Österreich, Schweiz, USA, Kanada, Japan, Australien, Neuseeland und viele weitere europäische Staaten, die sich der Demokratie und Marktwirtschaft verpflichtet fühlen. Der Sitz der Organisation ist in Paris.

521 Arntz, M. et al. (2016). The risk of automation for jobs in OECD countries: a comparative analysis. OECD Social, Employment and Migration Working Papers, 189.

522 OECD (2018). Putting faces to the jobs at risk of automation. Policy Brief on the Future of Work, OECD Publishing, Paris. https://www.oecd.org/employment/Automation-policy-brief-2018.pdf.

523 Brzeski, C., Burk, I. (2015). Die Roboter kommen: Folgen der Automatisierung für den deutschen Arbeitsmarkt. Economic Research, ING DiBa.

524 Wolter, M. I. (2015). Industrie 4.0 und die Folgen für Arbeitsmarkt und Wirtschaft. IAB-Forschungsbericht.

525 Arntz, M. et al. (2016). The risk of automation for jobs in OECD countries: a comparative analysis. OECD Social, Employment and Migration Working Papers, 189. Seite 4.

526 Nam, T. (2019). Technology usage, expected job sustainability, and perceived job insecurity. *Technological Forecasting & Social Change*, 155–165.

527 Sverke, M. et al. (2002). No security: a meta-analysis and review of job insecurity and its consequences. *Journal of Occupational Health Psychology*, 242–264.
528 Cheng, G. H.-L., Chan, D. K.-S. (2008). Who suffers more from job insecurity? A metaanalytic review. *Applied Psychology*, 272–303.
529 Gimpel, H. et al. (2019). Gesund digital arbeiten?! Eine Studie zu digitalem Stress in Deutschland.
530 Süddeutsche Zeitung (2019). Wenige haben Angst vor Jobverlust durch Digitalisierung. https://www.sueddeutsche.de/karriere/arbeit-wenige-haben-angst-vor-jobverlust-durch-digitalisierung-dpa.urn-newsml-dpa-com-20090101-190624-99-779608.
531 Nam, T. (2019). Citizen attitudes about job replacement by robotic automation. *Futures*, 39–49.
532 Nam, T. (2019). Citizen attitudes about job replacement by robotic automation. *Futures*, 39–49.
533 Nam, T. (2019). Citizen attitudes about job replacement by robotic automation. *Futures*, 39–49. Die in der Studie erfassten Kategorien „bin stark dafür“ und „bin dafür“ sowie „bin stark dagegen“ und „bin dagegen“ wurden zusammengefasst, so dass zwei Kategorien entstehen.
534 https://kirasystems.com/.
535 https://www.bluejlegal.com/.
536 Kleinberg, J. et al (2018). Human decisions and machine predictions. *Quarterly Journal of Economics*, 237–293. Seite 237.
537 Agrawal, A. et al. (2019). Artificial intelligence: the ambiguous labor market impact of automating prediction. *Journal of Economic Perspectives*, 31–50.
538 https://www.youtube.com/watch?v=2HMPRXstSvQ.
539 Agrawal, A. et al. (2019). Artificial intelligence: the ambiguous labor market impact of automating prediction. *Journal of Economic Perspectives*, 31–50. Seite 41–43.
540 https://www.onetonline.org/.
541 Thrall, J. H. et al. (2018). Artificial intelligence and machine learning in radiology: opportunities, challenges, pitfalls, and criteria for success. *Journal of the American College of Radiology*, 504–508.
542 https://de-statista-com.fhooe.idm.oclc.org/statistik/daten/studie/1031358/umfrage/umfrage-zu-bekanntheit-und-nutzung-verschiedener-sprachassistenten-in-deutschland/.
543 https://de-statista-com.fhooe.idm.oclc.org/statistik/daten/studie/872316/umfrage/gruende-fuer-die-nichtnutzung-von-sprachassistenten-in-deutschland/.
544 Kannan, A. et al. (2016). Smart reply: automated response suggestion for email. *Proceedings of ACM SIGKDD International Conference*, 1–10.
545 https://mailytica.com/.
546 Agrawal, A. et al. (2019). Artificial intelligence: the ambiguous labor market impact of automating prediction. *Journal of Economic Perspectives*, 31–50. Seite 36–37.
547 Javor, A. et al. (2016). Parkinson patients' initial trust in avatars: theory and evidence. *PLoS ONE*, e0165998.
548 Riedl, R. et al. (2014). Trusting humans and avatars: a brain imaging study based on evolution theory. *Journal of Management Information Systems*, 83–113.
549 Financial Brand (2018). Meet 11 of the most interesting chatbots in banking. https://thefinancialbrand.com/71251/chatbots-banking-trends-ai-cx/.
550 Kawohl, J., Haß, S. (2018). Customer Service 4.0: Wie gut sind Chatbots? Eine Analyse am Beispiel der DAX- und MDAX-Konzerne. https://www.heise.de/downloads/18/2/5/4/1/3/4/2/Studie_chatbots.pdf.
551 https://de-statista-com.fhooe.idm.oclc.org/statistik/daten/studie/872937/umfrage/bereitschaft-zur-kommunikation-mit-chatbots-nach-altersgruppen-in-deutschland/.
552 Ford, M. (2013). Could artificial intelligence create an unemployment crisis? *Communications of the ACM*, 37–39.
553 Frank, M. R. et al. (2019). Toward understanding the impact of artificial intelligence on labor. *PNAS*, 6531–6539.
554 Wilson, J. W. et al. (2017). The jobs that artificial intelligence will create. *Sloan Management Review*, 13–16.
555 https://job-futuromat.iab.de/faq.html.
556 Giannakakis, G. et al. (2019). Review on psychological stress detection using biosignals. *IEEE Transactions on Affective Computing*. Early access article.
557 Vom Brocke, J. et al. (2013). Application strategies for neuroscience in information systems design science research. *Journal of Computer Information Systems*, 1–13.
558 Carneiro, D. et al. (2019). New methods for stress assessment and monitoring at the workplace. *IEEE Transactions on Affective Computing*, 237–254.
559 Koldijk, S. et al. (2018). Detecting work stress in offices by combining unobtrusive sensors. *IEEE Transactions on Affective Computing*, 227–239.
560 Adam, M. et al. (2017). Design blueprint for stress-sensitive adaptive enterprise systems. *Business & Information Systems Engineering*, 277–291.
561 Baltaci, S., Gokcay, D. (2016). Stress detection in human-computer interaction: fusion of pupil dilation and facial temperature features. *International Journal of Human-Computer Interaction*, 956–966.
562 Bradley, M. M. et al. (2008). The pupil as a measure of emotional arousal and autonomic activation. *Psychophysiology*, 602–607.

563 Pedrotti, M. et al. (2014). Automatic stress classification with pupil diameter analysis. *International Journal of Human-Computer Interaction*, 220–236.
564 Zhai, J., Barreto, A. (2006). Stress detection in computer users based on digital signal processing of noninvasive physiological variables. *Proceedings of Annual International Conference of the IEEE Engineering in Medicine and Biology Society*, 1355–1358.
565 Zhai, J. et al. (2005). Realization of stress detection using psychophysiological signals for improvement of human-computer interaction. *Proceedings of the IEEE Southeast Conference*, 415–420.
566 Epp, C. et al. (2011). Identifying emotional states using keystroke dynamics. *Proceedings of the SIGCHI Conference on Human Factors in Computing Systems*, 715–724.
567 Hibbeln, M. et al. (2017). How is your user feeling? Inferring emotion through human-computer interaction devices. *MIS Quarterly*, 1–21.
568 Yamauchi, T., Xiao, K. (2018). Reading emotion from mouse cursor motions: affective computing approach. *Cognitive Science*, 771–819.
569 Riedl, R. et al. (2020). Consumer-grade EEG instruments: insights on the measurement quality based on a literature review and implications for NeuroIS research. Information Systems and Neuroscience, Springer Verlag.
570 Ciman, M., Wac, K. (2018). Individuals' stress assessment using human-smartphone interaction analysis. *IEEE Transactions on Affective Computing*, 51–65.
571 Exposito, M. et al. (2018). Affective keys: towards unobtrusive stress sensing of smartphone users. *Proceedings of MobileHCI*, 139–145.
572 Lefter, I. et alL. (2016). Recognizing stress using semantics and modulation of speech and gestures. *IEEE Transactions of Affective Computing*, 162–175.
573 Slavich, G. M. et al. (2019). Stress measurement using speech: recent advancements, validation issues, and ethical and privacy considerations. *International Journal on the Biology of Stress*, 408–413.
574 Dosi, G. (1982). Technological paradigms and technological trajectories. A suggested interpretation of the determinants and directions of technical change. *Research Policy*, 147–162.
575 Boaz, N.T., Almquist, A.J. (2001). Biological anthropology: a synthetic approach to human evolution. Prentice Hall.
576 Cartwright, J. (2000). Darwinian perspectives on human nature. MIT Press.
577 Kock, N. (2004). The psychobiological model: towards a new theory of computer-mediated communication based on Darwinian evolution. *Organization Science*, 327–348.
578 Kock, N. (2009). Information systems theorizing based on evolutionary psychology: an interdisciplinary review and theory integration framework. *MIS Quarterly*, 395–418.
579 Laitman, J. T. (1984). The anatomy of human speech. *Natural History*, 20–27.
580 Lieberman, P. 1998. Eve spoke: human language and human evolution. Norton and Company.
581 Laitman, J. T., Reidenberg, J. S. (1997). The human aerodigestive tract and gastroesophageal reflux: an evolutionary perspective. *The American Journal of Medicine*, 2–8.
582 Aubert, M. et al. (2019). Earliest hunting scene in prehistoric art. *Nature*, 442-445.
583 https://5300jahreschrift.materiale-textkulturen.de/.
584 Schulte, O. A. et al. (2001). Aufzeichnung technisch vermittelter Kommunikation: das Beispiel Videokonferenz. *Gesprächsforschung*, 222–242.
585 Goren, C.C. et al. (1975). Visual following and pattern discrimination of facelike stimuli by newborn infants. *Pediatrics*, 544–549.
586 Goren, C.C. et al. (1975). Visual following and pattern discrimination of facelike stimuli by newborn infants. *Pediatrics*, 544–549. Seite 545. Die vier Stimuli sind im Original dargestellt und wurden um die Kategorienbezeichnungen A, B, C und D ergänzt.
587 Kock, N. (2004). The psychobiological model: towards a new theory of computer-mediated communication based on Darwinian evolution. *Organization Science*, 327–348.
588 Ames, H. (2020). What is video call fatigue? https://www.medicalnewstoday.com/articles/video-call-fatigue.
589 Wiederhold, B. K. (2020). Connecting through technology during the coronavirus disease 2019 pandemic: avoiding "Zoom fatigue". *Cyberpsychology, Behavior, and Social Networking*, 437–438.
590 Karabasz, I. (2020). Zoom-Fatige: Warum uns Videokonferenzen auslaugen. https://www.handelsblatt.com/technik/digitale-revolution/digitale-revolution-zoom-fatigue-warum-uns-videokonferenzen-auslaugen/26002264.html?ticket=ST-7390786-VgGP0CF2jAswnSnnrbIh-ap2.
591 Wolf, C. R. (2020). Virtual platforms are helpful tools but can add to our stress. https://www.psychologytoday.com/ca/blog/the-desk-the-mental-health-lawyer/202005/virtual-platforms-are-helpful-tools-can-add-our-stress.
592 Kock, N. (2009). Information systems theorizing based on evolutionary psychology: an interdisciplinary review and theory integration framework. *MIS Quarterly*, 395–418.

593 Brown, D. W. et al. (2003). Associations between recommended levels of physical activity and health-related quality of life-findings from the 2001 behavioral risk factor surveillance system (BRFSS) survey. *Preventive Medicine*, 520–528.
594 Helmrich, S. P. et al. (1991). Physical activity and reduced occurrence of noninsulin-dependent diabetes mellitus. *New England Journal of Medicine*, 147–52.
595 Phillips, W. T. et al. (2002). The effects of physical activity on physical and psychological health. Handbook of Health Psychology, 627–659.
596 Stampfer, M. J. et al. (2000). Primary prevention of coronary heart disease in women through diet and lifestyle. *New England Journal of Medicine*, 16–22.
597 Walsh, N. P. et al. (2011). Position statement part one: immune function and exercise. *Exercise Immunology Review*, 6–63.
598 Goodwin, R. D. (2003). Association between physical activity and mental disorders among adults in the United States. *Preventive Medicine*, 698–703.
599 Stults-Kolehainen, M. A., Sinha, R. (2014). The effects of stress on physical activity and exercise. *Sports Medicine*, 81–121.
600 Macedonia, M. (2019). Beweg Dich! Und dein Gehirn sagt Danke. Brandstätter Verlag.
601 Salmon, P. (2001). Effects of physical exercise on anxiety, depression, and sensitivity to stress: a unifying theory. *Clinical Psychology Review*, 33–61.
602 Nabkasorn, C. et al. (2006). Effects of physical exercise on depression, neuroendocrine stress hormones and physiological fitness in adolescent females with depressive symptoms. *European Journal of Public Health*, 179–84.
603 In diesem Zusammenhang empfehle ich die Berücksichtigung der Karvonen-Formel, benannt nach dem finnischen Physiologen Martti Karvonen (1918–2008). Sie dient der Bestimmung der optimalen Herzfrequenz bei Ausdauersport unter Berücksichtigung Ihrer Leistungsfähigkeit.
604 Juster, R.-P. et al. (2010). Allostatic load biomarkers of chronic stress and impact on health and cognition. *Neuroscience and Biobehavioral Reviews*, 2–16.
605 Lupien, S. J. et al. (2009). Effects of stress throughout the lifespan on the brain, behaviour and cognition. *Nature Reviews Neuroscience*, 434–445.
606 Kiecolt-Glaser, J. K. (2010). Stress, food, and inflammation: psychoneuroimmunology and nutrition at the cutting edge. *Psychosomatic Medicine*, 365–369.
607 Zimmermann, M. et al. (2018). Burgerstein Handbuch Nährstoffe (13. A.), Trias Verlag. Seite 543.
608 Zimmermann, M. et al. (2018). Burgerstein Handbuch Nährstoffe (13. A.), Trias Verlag. Seite 252–257.
609 Beezhold, B. L. et al. (2010). Vegetarian diets are associated with healthy mood states: a cross-setional study in seventh day Adventist adults. *Nutrition Journal*, 9–26.
610 Lindseth, G. N. et al. (2014). Neurobehavioral effects of aspartame consumption. *Research in Nursing & Health*, 185–193.
611 https://www.efsa.europa.eu/de/topics/topic/aspartame.
612 https://www.oege.at/index.php/bildung-information/ernaehrung-von-a-z/1784-suessstoffe.
613 Parsons, C. E. et al. (2017). Home practice in mindfulness-based cognitive therapy and mindfulness-based stress reduction: a systematic review and meta-analysis of participants' mindfulness practice and its association with outcomes. *Behaviour Research and Therapy*, 29–41.
614 Kabat-Zinn, J. (2019). Gesund durch Meditation: Das große Buch der Selbstheilung mit MBSR. Knaur Verlag.
615 Lehrhaupt, L., Meibert, P. (2017). Mindfulness-based stress reduction: the MBSR program for enhancing health and vitality. New World Library.
616 Grossman, P. et al. (2004). Mindfulness-based stress reduction and health benefits: a meta-analysis. *Journal of Psychosomatic Research*, 35–43.
617 https://www.mbsr-verband.de/.
618 https://mbsr-mbct.at/.
619 https://www.mindfulness.swiss/.
620 Grossman, P. et al. (2004). Mindfulness-based stress reduction and health benefits: a meta-analysis. *Journal of Psychosomatic Research*, 35–43. Seite 39.
621 Chiesa, A., Serretti, A. (2009). Mindfulness-based stress reduction for stress management in Healthy people: a review and meta-analysis. *The Journal of Alternative and Complementary Medicine*, 593–600.
622 Gu, J. et al. (2015). How do mindfulness-based cognitive therapy and mindfulness-based stress reduction improve mental health and wellbeing? A systematic review and meta-analysis of mediation studies. *Clinical Psychology Review*, 1–12.
623 Khoury, B. et al. (2015). Mindfulness-based stress reduction for healthy individuals: a meta-analysis. *Journal of Psychosomatic Research*, 519–528. Seite 519.
624 Hoge, E. A. et al. (2018). The effect of mindfulness meditation training on biological acute stress responses in generalized anxiety disorder. *Psychiatry Research*, 328–332.
625 Ulrich, R. S. (1984). View through a window may influence recovery from surgery. *Science*, 420–421.
626 Hunter, M. R. (2019). Urban nature experiences reduce stress in the context of daily life based on salivary biomarkers. *Frontieres in Psychlogy*, 722.

627 Nater, U., Rohleder, N. (2009). Salivary alpha-amylase as a non-invasive biomarker for the sympathetic nervous system: current state of research. *Psychoneuroendocrinology*, 486–496.
628 Gladwell, V. F. et al. (2016). A lunchtime walk in nature enhances restoration of autonomic control during night-time sleep: results from a preliminary study. *International Journal of Environmental Research and Public Health*, 280.
629 Park, B. J. et al. (2010). The physiological effects of Shinrin-yoku (taking in the forest atmosphere or forest bathing): evidence from field experiments in 24 forests across Japan. *Environmental Health and Preventive Medicine*, 18–26.
630 Park, B.-J. et al. (2012). Effect of the forest environment on physiological relaxation using the results of field tests at 35 sites throughout Japan. *Forest Medicine*, 55-65.
631 Kondo, M. C. et al. (2018). Does spending time outdoors reduce stress? A review of real-time stress response to outdoor environments. *Health & Place*, 136–150. Seite 136.
632 Heinrichs, M. et al. (2003). Social support and oxytocin interact to suppress cortisol and subjective responses to psychosocial stress. *Biological Psychiatry*, 1389–1398.
633 Thompson, C. W. et al. (2012). More green space is linked to less stress in deprived communities: evidence from salivary cortisol patterns. *Landscape and Urban Planning*, 221–229.
634 Ulrich, R. S. (1983). Aesthetic and affective response to natural environment. In Altman, I., Wohlwill, J. F. (eds.). Human behavior and environment. Plenum Press, 85–125.
635 Ulrich, R. S. et al. (1991). Stress recovery during exposure to natural and urban environments. *Journal of Environmental Psychology*, 201–230.
636 Kellert, S. R., Wilson, E. O. (1993). The biophilia hypothesis. Island Press.
637 Wilson, E. O. (1984). Biophilia. Harvard University Press.
638 Ulrich, R. S. (1993). Biophilia, biophobia and natural landscapes. In Kellert, S. R., Wilson, E. O. (eds.). The biophilia hypothesis. Island Press, 73–137.
639 Ulrich, R. S. et al. (1991). Stress recovery during exposure to natural and urban environments. *Journal of Environmental Psychology*, 201–230.
640 Ulrich, R. S. et al. (1991). Stress recovery during exposure to natural and urban environments. *Journal of Environmental Psychology*, 201–230.
641 Hunter, M. R. (2019). Urban Nature Experiences Reduce Stress in the Context of Daily Life Based on Salivary Biomarkers. *Frontieres in Psychology*, 722.
642 Ulrich, R. S. et al. (1991). Stress recovery during exposure to natural and urban environments. *Journal of Environmental Psychology*, 201–230.
643 Kweon, B. et al. (2008). Anger and stress: the role of landscape posters in an office setting. *Environment and Behavior*, 355–381.
644 Riedl, R. et al. (2013). Computer breakdown as a stress factor during task completion under time pressure: identifying gender differences based on skin conductance. *Advances in Human-Computer Interaction*, 1–8.
645 Fishbein, M., Ajzen, I. (1975). Belief, attitude, intention and behavior. Addison-Wesley.
646 Davis, F. D. (1989). Perceived usefulness, perceived ease of use, and user acceptance of information technology. *MIS Quarterly*, 319–340.
647 Bhattacherjee, A., Premkumar, G. (2004). Understanding changes in belief and attitude toward information technology usage: a theoretical model and longitudinal test. *MIS Quarterly*, 229–254.
648 Breward, M. et al. (2017). Understanding consumers' attitudes toward controversial information technologies: a contextualization approach. *Information Systems Research*, 760–774.
649 Duan, Y. et al. (2019). Artificial intelligence for decision making in the era of big data: evolution, challenges and research agenda. *International Journal of Information Management*, 63–71.
650 Riedl, R., Léger, P. -M. (2016). Fundamentals of NeuroIS: Information Systems and the Brain. Springer Verlag.
651 http://www.neurois.org/.
652 Kranzberg, M. (1986). Technology and history: „Kranzberg's Laws". *Technology and Culture*, 544–560.
653 Corona virus disease-19 (deutsch: Coronavirus-Erkrankung 19).
654 https://coronavirus.jhu.edu/map.html.
655 Gesellschaft für deutsche Sprache (2020): Wort des Jahres – GfdS wählt „Corona-Pandemie" zum Wort des Jahres 2020. https://gfds.de/.
656 Österreich: *Babyelefant* (https://oewort.at/wort-des-jahres/2020/). Schweiz: *systemrelevant* im Deutschen, *coronagraben* im Französischen, *pandemia* im Italienischen, *mascrina* im Rätoromanischen (https://www.zhaw.ch/de/linguistik/ueber-uns/news-und-medien mitteilungen/detailansicht/event-news/wort-des-jahres-schweiz-2020-ist-gewaehlt/).
657 https://de.wikipedia.org/wiki/Wort_des_Jahres_(Deutschland).
658 https://de.statista.com/statistik/daten/studie/1113081/umfrage/anzahl-der-visits-pro-monat-von-zoom/.
659 https://de.statista.com/statistik/daten/studie/1113689/umfrage/anzahl-der-downloads-von-zoom-ueber-den-apple-app-store-weltweit/.

660 https://de-statista-com.fhooe.idm.oclc.org/statistik/daten/studie/1189929/umfrage/anzahl-der-taeglich-aktiven-nutzer-von-microsoft-teams-weltweit/.

661 https://de.statista.com/statistik/studie/id/72511/dokument/auswirkungen-des-coronavirus-auf-digitale-medien/.

662 Dies belegen zB groß angelegte Befragungsstudien der Universität Wien, auf die auf der Website des österreichischen Bundesministeriums für Bildung, Wissenschaft und Forschung referenziert wird: https://www.bmbwf.gv.at/Ministerium/Informationspflicht/corona/corona_lernen.html.

663 Fagell, P. L. (2020). Distance learning frustrations. *Phi Delta Kappan*, 66–67.

664 Panisoara, I. O. et al. (2020). Motivation and continuance intention towards online instruction among teachers during the COVID-19 pandemic: the mediating effect of burnout and technostress. *International Journal of Environmental Research and Public Health*, 8002.

665 Molino, M. et al. (2020). Wellbeing costs of technology use during Covid-19 remote working: an investigation using the Italian translation of the technostress creators scale. *Sustainability*, 5911.

666 D'Arcy, J. et al. (2014). Understanding employee responses to stressful information security requirements: a coping perspective. *Journal of Management Information Systems*, 285–318.

667 Riedl, R. et al. (2020): Digitaler Stress – Eine Befragungsstudie im deutschsprachigen Raum. https://www.digital-stress.info/studie-zum-digitalen-stress/.

668 Kremp, M. (2020). Ärger über „Produktivitätswert“: Microsoft entschärft Mitarbeiterüberwachung per Office. https://www.spiegel.de/netzwelt/apps/microsoft-entschaerft-mitarbeiterueberwachung-per-office-a-5f350929-83c4-4e6a-bc86-ad13b2aaf239.

669 https://www.watson.ch/!454635626.

670 https://www.oegb.at/cms/S06/S06_1.25.a/1342629509832/themen/arbeitsrecht/ueberwachung-im-home-office-was-der-chef-darf-und-was-nicht.

671 https://www.krone.at/2241462.

672 de Quervain, D. et al. (2020). The Swiss Corona Stress Study: second pandemic wave, November 2020. https://doi.org/10.31219/osf.io/6cseh. Die hier berichteten Zahlen und Fakten beziehen sich auf den 17. Dezember 2020, vgl https://www.coronastress.ch/.

673 Mindtake Research (2020). #zuhausebleiben, online leben. Österreicher im Corona-Lockdown sind gestresst, aber emotional engagiert. https://www.mindtake.com/de/studien.

674 Goodin, B. R. et al. (2012). Poor sleep quality and exaggerated salivary cortisol reactivity to the cold pressor task predict greater acute pain severity in a non-clinical sample. *Biological Psychology*, 36–41.

675 Kumari, M. et al. (2009). Self-reported sleep duration and sleep disturbance are independently associated with cortisol secretion in the Whitehall II study. *The Journal of Clinical Endocrinology and Metabolism*, 4801–4809.

676 Pesonen, A. K. et al. (2012). Sex-specific associations between sleep problems and hypothalamic-pituitary-adrenocortical axis activity in children. *Psychoneuroendocrinology*, 238–248.

677 Raikkonen, K. et al. (2010). Poor sleep and altered hypothalamicpituitary-adrenocortical and sympatho-adrenal-medullary system activity in children. *The Journal of Clinical Endocrinology and Metabolism*, 2254–2261.

678 DAK-Gesundheit (2020): Pressemeldung – Homeschooling in Corona-Zeiten: Erfahrungen von Eltern und Schülern. Seite 1.

679 Mindtake Research (2020). #zuhausebleiben, online leben. Österreicher im Corona-Lockdown sind gestresst, aber emotional engagiert. https://www.mindtake.com/de/studien.

680 Mindtake Research (2020). #zuhausebleiben, online leben. Österreicher im Corona-Lockdown sind gestresst, aber emotional engagiert. https://www.mindtake.com/de/studien.

681 Brooks, S. (2015). Does personal social media usage affect efficiency and well-being? *Computers in Human Behavior*, 26–37.

682 Wiederhold, B. K. (2020). Connecting through technology during the coronavirus disease 2019 pandemic: avoiding "Zoom fatigue". *Cyberpsychology, Behavior, and Social Networking*, 437–438.

683 https://de.statista.com/statistik/daten/studie/154619/umfrage/telefondauer-von-privaten-gespraechen-in-deutschland-nach-geschlecht/.

684 Markowetz, A. (2015). Digitaler Burnout: Warum unsere permanente Smartphone-Nutzung gefährlich ist. Droemer Verlag. Seite 13.

685 https://de.statista.com/infografik/13121/gespraechsminuten-festnetz-und-mobilfunk/.

686 Kock, N. (2004). The psychobiological model: towards a new theory of computer-mediated communication based on Darwinian evolution. *Organization Science*, 327–348.

687 Kock, N. (2004). The psychobiological model: towards a new theory of computer-mediated communication based on Darwinian evolution. *Organization Science*. 327–348. Seite 327.

688 Diese Effekte gelten insbesondere bei Kommunikation, die den Zweck von Wissenstransfer hat und weniger bei ausschließlicher Informationsübermittlung. Ein Beispiel für *Wissenstransfer*: Person A sagt zu Person B: „Wenn die Temperatur in Hörsaal 7 dauerhaft

auf 30 Grad erhöht wird, dann wird sich nach einiger Zeit ein Großteil der anwesenden Studierenden unwohl fühlen." Ein Beispiel für *Informationsübermittlung*: Person A sagt zu Person B: „Die Temperatur in Hörsaal 7, in dem sich 100 Studierende befinden, liegt aktuell bei 22 Grad." Beispiele in Anlehnung an: Kock, N. (2009). The evolution of costly traits through selection and the importance of oral speech in e-collaboration. *Electronic Markets*, 221–232.

689 Kock, N. (2009). The evolution of costly traits through selection and the importance of oral speech in e-collaboration. *Electronic Markets*, 221–232.

690 Kock, N., DeLuca, D. (2007). Improving business processes electronically: an action research study in New Zealand and the U.S. *Journal of Global Information Technology Management*, 6–27.

691 Kock, N. (2009). The evolution of costly traits through selection and the importance of oral speech in e-collaboration. *Electronic Markets*, 221–232.

692 Kock, N. (2009). Information systems theorizing based on evolutionary psychology: an interdisciplinary review and theory integration framework. *MIS Quarterly*, 395–418.

693 Graetz, K. A. et al. (1998). Information sharing in face-to-face, teleconferencing, and electronic chat groups. *Small Group Research*, 714–743.

694 Hockett, C. (1960). The origin of speech. *Scientific American*, 88–96.

695 Corballis, M. C. (2002). From hand to mouth: the origins of language. Princeton University Press.

696 Lieberman, P. (1984). The biology and evolution of language. Harvard University Press.

697 Kock, N. (2009). Information systems theorizing based on evolutionary psychology: an interdisciplinary review and theory integration framework. *MIS Quarterly*, 395–418.

698 Laitman, J. T. (1984). The anatomy of human speech. *Natural History*, 20–27.

699 Lieberman, P. (1998). Eve spoke: human language and human evolution. Norton and Company.

700 Kock, N. (2009). The evolution of costly traits through selection and the importance of oral speech in e-collaboration. *Electronic Markets*, 221–232. Seite 224.

701 Sollten Sie sich für diese Thematik näher interessieren, so befassen Sie sich mit der Phonetik, also mit der Wissenschaft von den sprachlichen Lauten, ihrer Art, Erzeugung und Verwendung in der Kommunikation. Pompino-Marschall, B. (2009). Einführung in die Phonetik (3. A.). De Gruyter Verlag.

702 Rus, H. M., Tiemensma, J. (2017). Social Media under the skin: Facebook use after acute stress impairs cortisol recovery. *Frontiers in Psychology*, 1609.

703 Campisi, J. et al. (2012). Facebook, stress, and incidence of upper respiratory infection in undergraduate college students. *Cyberpsychology, Behavior, and Social Networking*, 675–681.

704 Riedl, R. (2021). On the stress potential of videoconferencing: definition and root causes of Zoom Fatigue. Working Paper, zum Zeitpunkt der Endredaktion der 2. Auflage bei einer wissenschaftlichen Fachzeitschrift in Begutachtung.

705 Bundesamt für Strahlenschutz (2020). Strahlung und Strahlenschutz. April 2019. Seite 66–67.

706 Der SAR-Wert wird in Watt pro Kilogramm Körpermasse (W/kg) ausgedrückt. Laut dem Bundesamt für Strahlenschutz gilt gemäß internationalen und nationalen Empfehlungen, „dass der Teilkörper-SAR-Wert bei Benutzung von Handys nicht mehr als 2 W/kg betragen sollte. Diese Eigenschaft muss von den Herstellern für jeden Gerätetyp entsprechend europäischen Normen nachgewiesen werden".

707 https://de-statista-com.fhooe.idm.oclc.org/statistik/daten/studie/1118468/umfrage/erwerbstaetige-im-home-office-waehrend-der-corona-krise-in-der-schweiz-nach-taetigkeit/.

708 https://de-statista-com.fhooe.idm.oclc.org/statistik/daten/studie/733658/umfrage/nutzung-von-home-office-telearbeit-in-oesterreich/.

709 DAK-Gesundheit (2020). Digitalisierung und Homeoffice in der Corona-Krise: Sonderanalyse zur Situation in der Arbeitswelt vor und während der Pandemie.

710 https://de-statista-com.fhooe.idm.oclc.org/statistik/daten/studie/1116550/umfrage/home-office-wunsch-nach-der-corona-krise-in-oesterreich/.

711 https://de-statista-com.fhooe.idm.oclc.org/statistik/daten/studie/1180379/umfrage/voraussichtliche-homeoffice-regelung-in-schweizer-unternehmen-nach-der-corona-krise/.

712 https://de-statista-com.fhooe.idm.oclc.org/infografik/22164/positive-aspekte-am-homeoffice-in-zeiten-von-corona/.

713 https://de-statista-com.fhooe.idm.oclc.org/statistik/daten/studie/1122953/umfrage/vor-und-nachteile-des-home-office-in-oesterreich/.

714 https://de-statista-com.fhooe.idm.oclc.org/statistik/daten/studie/1135485/umfrage/vorteile-von-home office-in-deutschland/.

715 DAK-Gesundheit (2020). Digitalisierung und Homeoffice in der Corona-Krise: Sonderanalyse zur Situation in der Arbeitswelt vor und während der Pandemie.

716 DAK-Gesundheit (2020). Digitalisierung und Homeoffice in der Corona-Krise: Sonderanalyse zur Situa-

tion in der Arbeitswelt vor und während der Pandemie. Seite 28 und 32.

717 Gimpel, H. et al. (2020). Digitale Arbeit während der COVID-19-Pandemie. Eine Studie zu den Auswirkungen der Pandemie auf Arbeit und Stress in Deutschland.

718 Riedl, R. et al. (2020): Digitaler Stress – Eine Befragungsstudie im deutschsprachigen Raum. https://www.digital-stress.info/studie-zum-digitalen-stress/

719 Molino, M. et al. (2020). Wellbeing costs of technology use during Covid-19 remote working: an investigation using the Italian translation of the technostress creators scale. *Sustainability*, 5911.

720 Kremp, M. (2020). Ärger über „Produktivitätswert“: Microsoft entschärft Mitarbeiterüberwachung per Office. https://www.spiegel.de/netzwelt/apps/microsoft-entschaerft-mitarbeiterueberwachung-per-office-a-5f350929-83c4-4e6a-bc86-ad13b2aaf239.

721 Riedl, R. (2021). On the stress potential of videoconferencing: definition and root causes of Zoom Fatigue. Working Paper, zum Zeitpunkt der Endredaktion der 2. Auflage bei einer wissenschaftlichen Fachzeitschrift in Begutachtung.

722 D`Arcy, J. et al. (2014). Understanding employee responses to stressful information security requirements: a coping perspective. *Journal of Management Information Systems*, 285–318.

723 Riedl, R. et al. (2020): Digitaler Stress – Eine Befragungsstudie im deutschsprachigen Raum. https://www.digital-stress.info/studie-zum-digitalen-stress/.

724 Gimpel, H. et al. (2020). Digitale Arbeit während der COVID-19-Pandemie. Eine Studie zu den Auswirkungen der Pandemie auf Arbeit und Stress in Deutschland.

725 https://de-statista-com.fhooe.idm.oclc.org/statistik/daten/studie/1122953/umfrage/vor-und-nachteile-des-home-office-in-oesterreich/.

726 Rump, J., Brandt, M. (2020). Zoom fatigue. Hochschule für Wirtschaft und Gesellschaft Ludwigshafen.

727 Puddister, K., Small, T. A. (2020). Trial by Zoom? The response to COVID-19 by Canada's courts. *Canadian Journal of Political Science*, 373–377.

728 Riedl, R. (2021). On the stress potential of videoconferencing: definition and root causes of Zoom Fatigue. Working Paper, zum Zeitpunkt der Endredaktion der 2. Auflage bei einer wissenschaftlichen Fachzeitschrift in Begutachtung.

729 Anderson, K., Looi, J. C. (2020). Chronic Zoom Syndrome: emergence of an insidious and debilitating mental health disorder during COVID-19. *Australasian Psychiatry*, Seite 669.

730 Riedl, R. (2021). On the stress potential of videoconferencing: definition and root causes of Zoom Fatigue. Working Paper, zum Zeitpunkt der Endredaktion der 2. Auflage bei einer wissenschaftlichen Fachzeitschrift in Begutachtung.

731 Riedl, R. (2021). On the stress potential of videoconferencing: definition and root causes of Zoom Fatigue. Working Paper, zum Zeitpunkt der Endredaktion der 2. Auflage bei einer wissenschaftlichen Fachzeitschrift in Begutachtung.

732 Lee, J. (2020). A neuropsychological exploration of Zoom Fatigue. *https://www.psychiatrictimes.com/view/psychological-exploration-zoom-fatigue.*

733 Kohrs, C. et al. (2016). Delays in human-computer interaction and their effects on brain activity. *PLoS ONE*, e0146250.

734 Kohrs, C. et al. (2012). Human striatum is differentially activated by delayed, omitted, and immediate registering feedback. *Frontiers in Human Neuroscience*, 243.

735 Fenigstein, A. (1979). Self-consciousness, self-attention, and social interaction. *Journal of Personality and Social Psychology*, 75–86.

736 Slavich, G. M. et al. (2010). Neural sensitivity to social rejection is associated with inflammatory responses to social stress. *PNAS*, 14817–14822.

737 İşbilir, E. et al. (2019). Towards a multimodal model of cognitive workload through synchronous optical brain imaging and eye tracking measures. *Frontiers in Human Neuroscience*, 13.

738 Miller, M. K. et al. (2017). Through the looking glass: effects of feedback on self-awareness and conversation during video chat. *Proceedings of the Conference on Human Factors in Computing Systems*, 5271–5283. Seite 5274.

739 Bekkering, E., Shim, J. P. (2006). Trust in videoconferencing. *Communications of the ACM*, 103–107. Seite 105.

740 Chen, M. (2002). Leveraging the asymmetric sensitivity of eye contact for videoconference. *Proceedings of the SIGCHI Conference on Human Factors in Computing Systems*, 49–56.

741 Bekkering, E., Shim, J. P. (2006). Trust in videoconferencing. *Communications of the ACM*, 103–107.

742 Bos, N. et al. (2002). Effects of four computer-mediated communications channels on trust development. *Proceedings of the SIGCHI Conference on Human Factors in Computing Systems*, 135–140. Seite 137.

743 Ditzen, B. et al. (2009). Intranasal oxytocin increases positive communication and reduces cortisol levels during couple conflict. *Biological Psychiatry*, 728–731.

744 Guinot, J. et al. (2014). Interpersonal trust, stress and satisfaction at work: an empirical study. *Personnel Review*, 96–115.

745 Riedl, R., Javor, A. (2012). The biology of trust: Integrating evidence from genetics, endocrinology and functional brain imaging. *Journal of Neuroscience, Psychology, and Economics*, 63–91.

746 Fosslien, L., Duffy, M. W. (2020). How to combat Zoom Fatigue. Harvard Business Review. https://hbr.org/2020/04/how-to-combat-zoom-fatigue.

747 Ionos (2020). Zoom fatigue: how to avoid getting tired during video conferences. https://www.ionos.co.uk/digitalguide/online-marketing/online-sales/zoom-fatigue/.

748 Madore, K. P. et al. (2020). Memory failure predicted by attention lapsing and media multitasking. *Nature*, 87–91.

749 Ophir, E. et al. (2009). Cognitive control in media multitaskers. *PNAS*, 15583–15587.

750 Senju, A., Johnson, M. H. (2009). The eye contact effect: mechanisms and development. *Trends in Cognitive Sciences*, 127–134.

751 Morris, B. (2020). Why does Zoom exhaust you? Science has an answer. https://www.wsj.com/articles/why-does1202.

752 Harrod, E. G., et al. (2020). Social structure predicts eye contact tolerance in nonhuman primates: evidence from a crowd-sourcing approach. *Scientific Reports*, 6971.

753 Selye, H. (1946). The general adaption syndrome and the diseases of adaption. *Journal of Clinical Endocrinology & Metabolism*, 117–230.

754 Gunnar, M., Quevedo, K. (2007). The neurobiology of stress and development. *Annual Review of Psychology*, 145–173.

755 Riedl, R. (2021). On the stress potential of videoconferencing: definition and root causes of Zoom Fatigue. Working Paper, zum Zeitpunkt der Endredaktion der 2. Auflage bei einer wissenschaftlichen Fachzeitschrift in Begutachtung.

Hinweis

Alle in diesem Buch angegeben Links waren per 1. März 2021 funktionsfähig. Alle Zitate aus dem Englischen sind wörtliche Übersetzungen des Verfassers des vorliegenden Buchs. Weitere Informationen zur Thematik finden Sie unter www.digital-stress.info sowie zum Autor unter www.rene-riedl.at.